AMV

Gino Pugnetti

Handbuch der Katzenrassen

Mit 244 farbigen Abbildungen

Albert Müller Verlag
Rüschlikon-Zürich · Stuttgart · Wien

Aus dem Italienischen übersetzt von Hanny Bezzola. Titel der italienischen Originalausgabe: «Gatti», erschienen bei Arnoldo Mondadori Editore S.p.A., Mailand.

– ISBN 3-275-00857-9. – 1/8-85. – Printed in Italy.

Inhaltsverzeichnis

Erklärung der Symbole

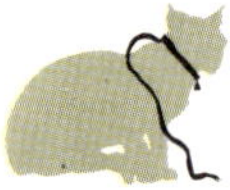

Kann an der Leine geführt werden: Die meisten Rassen haben eine ausgesprochene Abneigung gegen die Leine, aber es gibt Katzen, vor allem die Siamesen und andere orientalische Arten, die an die Leine gewöhnt werden können und denen ein Spaziergang Spaß macht.

Benötigt besondere Pflege: Langhaarige Rassen mit seidenen Haaren und/oder dichter Unterwolle müssen täglich gekämmt und gebürstet werden, damit ihr Fell den Glanz nicht verliert.

Gute Mäusefängerin: Ob eine Katze Beute jagt, fängt und tötet, hängt von verschiedenen Faktoren ab. Meist bringt die Mutter dem Jungtier bei, wie man Mäuse fängt. Es scheint jedoch, daß der Jagdinstinkt bei einigen Rassen ausgeprägter ist.

Benötigt Auslauf: Einige Rassen sind weit lebhafter, unternehmungslustiger und aktiver als andere. Alle Katzen können sich an ein Leben im Haus gewöhnen; diese «Abenteurer» indes schätzen einen Abstecher in den Garten.

Langlebig: Bei gewissen Rassen läßt sich eine überdurchschnittliche Lebenserwartung feststellen, aber natürlich nicht garantieren.

Kinderfreundlich: So wie es kinderliebende Menschen gibt, gibt es auch Katzen, die gerne mit Kindern spielen und mit Kindern die Hausgemeinschaft teilen.

Ruhig: Einige Rassen wie z. B. die Perser verhalten sich gesetzter als andere und sind weniger unternehmend.

Aktive Wohnungskatze: Viele Rassen, z. B. die Abessinier, sind am glücklichsten, wenn sie sich irgendwie betätigen können und wenn viel Betrieb herrscht. Sie sind ständig auf dem Sprung.

Häuslich: Diese Katzen ziehen die Annehmlichkeiten der häuslichen Geborgenheit den Verlockungen des ungebundenen Lebens im Freien vor.

Reist gerne: Den meisten Rassen fällt es schwer, die Umgebung zu wechseln. Aber es gibt auch solche, besonders die orientalischen, die ausgesprochen gerne reisen und sich über jede Veränderung freuen.

Stimmgewaltig: Siamesen und ihnen verwandte Rassen verfügen über ein reiches und ausdrucksvolles Lautrepertoire. Sie haben nicht nur charaktervolle und sehr vernehmliche Stimmen, sondern auch eine Menge zu erzählen.

Einführung

Die Wildkatzen der Vorzeit
Die Katze ist das geheimnisvollste und faszinierendste Tier, das mit dem Menschen zusammenlebt. Die Paläontologie – die Wissenschaft von den versteinerten Tier- und Pflanzenresten – liefert uns trotz moderner Forschungsmethoden nur sehr unvollständige Angaben über ihren Ursprung. Es steht indes fest, daß vor ungefähr fünfzig Millionen Jahren ein wildes Tier mit einem langgestreckten Körper und kurzen Beinen lebte. Es erhielt den Namen Miacis und ist der älteste Vorläufer der Katze. Die Vorfahren der Katze lebten in den Wäldern und glichen eher den heutigen Mardern. Sie kletterten auf die Bäume und konnten wie unsere heutigen Hauskatzen die Krallen an ihren Pfoten einziehen.
Ein berühmter Vorläufer unserer Katzen ist der Säbelzahntiger. Er verdankt seinen Namen den starken dolchähnlichen Eckzähnen, mit denen er selbst ausgewachsene Mammute zu töten vermochte. Er war vor ungefähr fünfunddreißig Millionen Jahren in Europa, Asien, Afrika und Nordamerika weitverbreitet, doch seine Spezialentwicklung (kleines Gehirnvolumen im Vergleich zu Körpergröße und Gebiß) – die lange für ihn lebenswichtig gewesen war – führte schließlich zu seinem Aussterben.

Das jüngste Haustier
Die ältesten Fossilien, die Ähnlichkeit mit den heutigen Katzen haben, sind zehn bis zwölf Millionen Jahre alt. Diese Urformen gab es also lange vor dem Menschen und vor dem Hund, Pferd und Schwein. Der Mensch machte sich diese Tiere, die wir heute als Haustiere bezeichnen, im Verlauf einiger Jahrtausende dienstbar. Den Hund als Jäger, das Pferd als Beförderungsmittel, Hornvieh und Schweine als Milch- und Fleischlieferanten. Die Katze dagegen, die scheinbar niemandem Nutzen brachte,

◂ *Schädel eines Säbelzahntigers mit den typischen dolchähnlichen Fangzähnen.*

blieb wild und unabhängig. Sie genoß lange ein ungebundenes Leben in der freien Wildbahn. Doch mußte diese schöne, wilde und geheimnisvolle Wanderin den Menschen nicht gezwungenermaßen in ihren Bann ziehen? Und mußte die Katze den Schmeicheleien des eigenartigen, zivilisierten Wesens «Mensch» nicht erliegen? Als letztes der domestizierten Tiere freundete die Katze sich mit dem Menschen an. Sie tat den Schritt in Wahrheit nicht aus Zuneigung, sondern aus Eigennutz, denn sie konnte den fetten Mäusen, die sich in Ägyptens Kornspeichern gütlich taten, nicht widerstehen. Der Mensch seinerseits unternahm daraufhin alles, um dieses nützliche Tier bei sich zu behalten.
Die Katze wandelte sich vom wildlebenden Tier zum Haustier. Wann das genau war, wissen wir nicht. Sie tat es jedoch mit vornehmer Würde und Zurückhaltung. Zum Mäusejagen war sie bereit, daneben aber verlangte sie Ruhe und Achtung. Sie war nicht gewillt, ein «Hundeleben» zu führen – Hunde gingen seit 4500 Jahren mit dem Menschen auf die Jagd –, sondern schmeichelte sich sofort in die Gunst der Könige.
Das älteste Zeugnis einer zahmen Katze fand sich in einem altägyptischen Grab aus der Mitte des dritten Jahrtausends vor Christi. Die Katze, wie wir sie heute kennen, ist ein junges Haustier. Weder die Antarktis noch Australien können sich einheimischer Katzen rühmen. Wilde Katzenarten gelangten dagegen infolge der Kontinentalverschiebung nach Südamerika. Südamerika verband sich erst vor zwei Millionen Jahren mit Nordamerika, was den Katzen die Einwanderung ermöglichte. In Australien dagegen entwickelten sich die Beuteltiere, die viele den Katzen ähnliche Arten umfaßten und dieselbe Nische in der Evolution besetzen.

Ein Blick auf die wilden Verwandten

Die katzenartigen Raubtiere (Familie Felidae) verbindet nebst einer Reihe gemeinsamer anatomischer Merkmale eine besondere zellulare Verwandtschaft. Nahezu alle haben achtunddreißig Chromosomen in jeder Zelle.
Die Klassifizierung der Katzen ist dennoch nicht einfach. Ein wichtiges Merkmal dabei ist der Bau des Zungenbeinapparates, der beim Löwen, Tiger und Leoparden teilweise aus Knorpel besteht. Der Stimmapparat ist dadurch beweglich, und darum können diese Großkatzen brüllen. Bei anderen Feliden ist das Zungenbein starr, was das Brüllen unmöglich macht. Katzen gehen im allgemeinen auf den Zehen, und deshalb können sie schneller laufen, als wenn sie mit der ganzen Pfote auftreten würden. Da die Hör- und Sehorgane der Feliden gut ausgebildet sind, vermögen sie – im Unterschied zu anderen Raubtieren – die Beute selbst in der Morgen- und Abenddämmerung zu erspähen. Der Geruchssinn spielt bei der Jagd des Löwen keine Rolle, dient aber dazu, andere Tiere auszumachen.
Die Farbe und die Zeichnung der Raubkatzen hat sich der natürlichen Umgebung angepaßt und dient in Gegenwart von Beutetieren als Tarnung und als Schutz vor Feinden. Gefleckte Katzen wie Leopard und Gepard leben in Wäldern und Steppen. Den im Dschungel heimischen Tiger tarnen Streifen, und der sandfarbene Löwe lebt in der afrikanischen Savanne. Der Leopard hat neben der gefleckten Form melanistische Farbvarianten ausgebildet, die als Panther bezeichnet werden und in der Dunkelheit besonders gut getarnt sind. Auch albinotische oder teilalbinotische Varianten wie Tiger mit roten und blauen Augen kommen vor.

Panthera leo. Ein großer männlicher Löwe erreicht eine Körperlänge bis zu 190 cm und eine Schulterhöhe von 90 cm. Er wiegt zwischen 150 und 230 kg.

Zoologische Tafel aus dem 18. Jahrhundert. Von der Hauskatze bis zum Tiger und Löwen sind alle Katzen in ihrer jeweiligen Größe dargestellt.

Panthera tigris (Tiger)

Außer in den Polargebieten sind Raubkatzen auf der ganzen Welt vertreten. Sie führen ein beschauliches, von Jagdzügen unterbrochenes Dasein. Sie können pro Mal ein Drittel ihres Eigengewichtes verzehren und nehmen, wenn sie sich sattgefressen haben, bis zu einer Woche lang keine Nahrung mehr auf. Sie schlafen oft achtzehn Stunden im Tag und rühren sich erst, wenn der Hunger sie plagt. Die Hauskatze ist ihnen darin nicht unähnlich.

Die meisten Feliden sind Einzelgänger. Eine Ausnahme machen die Löwen, die meist in Familienverbänden, angeführt von einem Leittier, zusammenleben. Bei anderen Gattungen leben Männchen und Weibchen nur während der Paarungszeit zusammen.

Der Tiger ist der größte Verwandte der Katze. Das Männchen der sibirischen Form kann (ohne Schwanz) bis zu 2,8 m lang und bis zu 1,4 m hoch werden und ein Gewicht von 300 kg erreichen. Löwen und Tiger sind einander sehr ähnlich. Anatomisch lassen sie sich kaum unterscheiden. Sie können sich paaren und Jungtiere zeugen, die sich ausnahmsweise ihrerseits wieder vermehren. Bei Artkreuzungen ist dies sonst nicht der Fall.

Der Gepard ist leicht zähmbar und nimmt innerhalb der Familie der Katzen eine Sonderstellung ein. Er wurde in Asien als Jagdhelfer abgerichtet und schließt sich, wenn er von jung an aufgezogen wird, dem Menschen an. Er gehorcht den Befehlen seines Herrn und kann an der Leine spazierengeführt werden. Bei der Verfolgung seiner Beutetiere läuft er sehr schnell und erreicht eine maximale Geschwindigkeit von etwa neunzig Stundenkilometern. Eigentliche Großkatzen sind neben Löwe und Tiger der Leopard, der Jaguar und der Schneeleopard, während der Puma und der Luchs zur Gattungsgruppe der Kleinkatzen (Felinae) gezählt werden.

Lynx rufus (Luchs)

Triumphaler Einzug in Ägypten

Die Wissenschafter sehen die Hauskatze als Kreuzung zwischen der Felis silvestris (europäische Wildkatze) und der Felis silvestris lybica (afrikanische Wildkatze) an und ordnen sie den fleischfressenden Säugetieren und der Familie der Feliden zu, der Gattung Felis genus und Felis catus. Von der großen Feliden-Familie ist sie die einzige Art, die sich herbeiließ, in den Häusern der Menschen zu leben.

Bevor die Katze zum Haustier wurde, lebte sie wie ein kleiner Tiger. Sie schlug ihre Beute, fror im Winter und litt oft Hunger. Das war der Preis der Freiheit. Es fiel ihr nicht ein, sich für ein Stück Fleisch oder die Wärme des Herdfeuers an den Menschen zu verkaufen. Das hielt sie so bis Mitte des dritten Jahrtausends vor Christi. Zu dieser Zeit begann ihr Dasein als Haustier. Am Hof der ägyptischen Pharaonen wurde die Katze geliebt und als Gottheit verehrt. Da die alten Ägypter glaubten, einige ihrer Götter nähmen zeitweilig die Gestalt einer Katze an, deuteten die Hohepriester deren Verhalten und lasen daraus die Zukunft.

Im alten Ägypten hatte es schon immer heilige Tiere gegeben. Die Katze fand daher einen fruchtbaren Boden für ihre «Karriere». Ursprünglich hatten die Priester dem Löwen einen Kult geweiht, doch er war gefährlich und schwierig zu halten. Kaum war die Katze entdeckt, setzte man sie deshalb an seine Stelle. Auch wenn sie nicht völlig zahm war, ließ sich doch leichter mit ihr umgehen. Zudem wurden die Jungtiere mit jedem Wurf zahmer und nahmen die Liebkosungen der Menschen gerne entgegen. Auch bewegte sich kein anderes Tier auf so faszinierende Weise und nahm so statuenhafte Posen ein.

Die «Mau» hält Einzug ins Haus

Als heiliges und daher verehrtes Tier hielt die Katze allmählich Einzug in die Häuser und akzeptierte die Gesellschaft der Menschen. Diese waren

Im Kästchen: Altägyptische Darstellung einer Katze an einer Leine und eines Tellers voll Futter.

ihr dankbar, räumte sie doch in den Kornspeichern mit den Mäusen auf. Da Katzen miauen, gaben die Ägypter ihnen den Namen «Mau».

Die katzenköpfige Göttin

Die Katze wurde in Nordafrika zum ersten Mal öffentlich geheiligt, als Bastet, die ägyptische Göttin der Fruchtbarkeit und Schönheit, mit einem geheimnisvoll blickenden Katzenkopf dargestellt wurde. Die Göttin wurde auch Bast oder Pasht genannt; vielleicht geht der Kosename Pussi darauf zurück.

Die schöne Göttin symbolisierte Licht, Wärme und Sonnenkraft. In der Gestalt der geheimnisvollen, die Nacht liebenden Katze wurde sie auch zur Mondgöttin. Sie galt zudem als Hüterin über die Fruchtbarkeit von Mensch und Tier, als Heilerin von Krankheiten und als Beschützerin der Seelen der Verstorbenen. Das erklärt, warum die Gesetze der Pharaonen die Katzen bedingungslos schützten. Wer eine Katze tötete, mußte mit der Todesstrafe rechnen.

Ein römischer Würdenträger, der in Ägypten ungewollt eine Katze tötete, entging nur knapp der Lynchjustiz der aufgebrachten Bevölkerung. Katzen starben damals meist eines natürlichen Todes und erhielten ein Staatsbegräbnis.

Dreihunderttausend Mumien

Die Pharaonen betrachteten auch Kühe, Schlangen und Fische als heilig. Aus diesem Grund waren die Ägypter während Jahrtausenden Vegetarier. Doch am heiligsten war stets die Mau. Die Verehrung und Pflege der Katze wurde aufs genauste vom Vater auf den Sohn vererbt. Starb das

Jagdszene vom Grab des Pharao Menes (Theben, um 2900 v. Chr.)

göttliche Tier, wurde es einbalsamiert, und die Familie trauerte, als wäre ein Angehöriger hingeschieden. Je wohlhabender die Familie war, desto kostbarer war der Sarkophag. Als Grabbeigaben wurden der Katze einbalsamierte Mäuse mitgegeben. Ein so sorgenfreies, ruhiges und kultiviertes Leben wie im alten Ägypten führte die Katze vermutlich danach nie wieder.

In der einstigen ägyptischen Hauptstadt Bubastis, der Stadt der Göttin Bastet, wurden 1890 über dreihunderttausend Katzenmumien gefunden. Sie befanden sich noch immer in ihren geschnitzten Holzsärgen oder waren in gefärbtes, geflochtenes Stroh gewickelt. Die Tiere selbst waren mit farbigen Binden einbandagiert. Das Gesicht bedeckte eine Maske, auf der Nase, Augen, Ohren und Schnurrhaare deutlich erkennbar waren.

Einige dieser Katzenmumien wurden an verschiedene Museen auf der ganzen Welt weitergegeben, doch es waren deren so viele, daß der größte Teil dieser «heiligen Leichname» als Dünger verwendet wurde. Möglicherweise steigerte er die Fruchtbarkeit des Bodens noch stärker als der Nil-Schlamm.

Im Jahre 525 v. Chr. belagerten die Perser erfolglos die ägyptische Hafenstadt Pelusium. Da kam König Kambyses II., der Sohn Kyros' des Großen, auf den Gedanken, sechshundert Soldaten mit einer Katze auszurüsten. Die ruchlosen Soldaten banden die heiligen Tiere auf ihre Schilde, worauf die Ägypter aus Furcht, eine der Katzen zu verwunden, jeden Widerstand aufgaben und Pelusium an die Perser überging.

Der Bastet-Kult verlor um 350 n. Chr. an Boden und geriet 390 auf Grund eines kaiserlichen Dekrets in Vergessenheit. Viele ägyptische Wandmalereien, die Katzen im Kreise der Familie zeigen, sind erhalten geblieben.

Zwei altägyptische Katzenmumien, die bei Ausgrabungen in Bubastis (d. h. Stadt der Göttin Bastet) entdeckt wurden. Sie befinden sich im British Museum.

Auf einer berühmten, im British Museum in London ausgestellten Darstellung ist eine langgestreckte, getigerte Katze zu sehen, die einen Mann auf der Jagd begleitet. Sie drückt zwei Vögel mit den Pfoten zu Boden und hält einen dritten im Maul.

Die Ankunft in Europa

Als Mäusejäger wurden im alten Europa lange Zeit einzig Frettchen, die domestizierte Iltisform, gehalten – wenig erfreuliche Tiere, nannte man doch den Iltis zu Recht auch «Stänker». Die mit Ägypten Handel treibenden Griechen lernten die Katze, diese andere Mäusejägerin, die zudem schön, edel und sauber war und vor allem nicht stank, als erste kennen. Trotz der Bitten der Griechen weigerten sich die Ägypter, ihr Gott-Tier zur Handelsware zu machen. Schließlich gelang es den Griechen – wahrscheinlich durch eine der Listen, an denen die Geschichte der Menschheit so reich ist – mindestens sechs Katzenpaare zu stehlen und mit nach Griechenland zu nehmen.

Nach zwei Monaten kamen die ersten Jungtiere zur Welt, und nach einigen Jahren waren die Katzenhalter in der Lage, den Römern, Galliern und anderen Völkern, Katzen zu verkaufen. Die sprichwörtliche Fruchtbarkeit der Katzen tat den Rest. So kam es, daß auch in ganz Europa die Mäuse, diese Plünderer der Kornspeicher und Krankheitsträger, die ersten Niederlagen erlitten.

Die Katze war im ersten Jahrhundert nach Christi, als der unfehlbare Chronist Plinius der Ältere ihre physischen Merkmale in seiner Naturgeschichte beschrieb, in Europa schon weit verbreitet. Ihre Unabhängigkeit muß die alten Römer beeindruckt haben, machten sie die Katze doch zum Freiheitssymbol.

Die Birmakatze stammt von jenen Katzen ab, die in den buddhistischen Tempeln als Gottheiten verehrt wurden. Die Priester glaubten, gläubige Menschen würden in Gestalt einer Katze auf die Erde zurückkehren.

Chinesische Katzenhändler führen Kunden ihre Tiere vor.

Eine Freundin der Buddhisten

Da zwischen Asien und Europa gute Handelsbeziehungen bestanden, wurde die Katze gegen Seide eingetauscht und kam so nach China. Sie hatte auch dort Erfolg. Ihrer Schönheit wegen wurde sie nicht nur als Mäusevertilgerin geschätzt, sondern überdies zum Symbol von Friede, Reichtum und glücklichem Familienleben gemacht. Noch heute werden an gewissen heiligen Stätten Asiens der Katze göttliche Kräfte zugeschrieben. So soll ihre Seele im Jenseits angeblich bei Buddha für ihren noch im Diesseits weilenden Besitzer Fürsprache einlegen.

Kleine Tonfiguren asiatischer Katzen zeugen von der Hochachtung, die diese Tiere genossen. Hinter den leeren Augenhöhlen wurden sogar kleine Öllämpchen angezündet, um die Mäuse glauben zu machen, ihre Feindinnen seien wach und würden gleich zupacken. Da die Katze im Dunkeln sieht, schrieb man ihr auch die Fähigkeit zu, die bösen Geister fernzuhalten, von denen man glaubte, sie trieben vor allem nachts ihr Unwesen. Aus diesem Grund schmückten oft Katzendarstellungen die Wände asiatischer Wohnstätten.

Nach dem Glauben der Leute brachte eine Katze, je älter und kahler sie war, desto mehr Glück. Die Buddhisten schätzten an der Katze besonders die ihr zugeschriebene Neigung zur Meditation. Dennoch fehlt sie unter den nach buddhistischer Lehre geschützten Tieren. Verantwortlich dafür ist eine Katze, die pflichtvergessen während der Beisetzungsfeierlichkeiten für Buddha einschlief.

In Indien langten die Katzen zur gleichen Zeit wie in China an. Die dortige Katzengöttin Sastht, Symbol der Mutterschaft, ist der ägyptischen Bastet vergleichbar. Der Hinduismus gebietet, jede Katze aufzunehmen

oder zumindest zu füttern. Im Mittelalter wurden die Katzen von China aus nach Japan eingeführt. Im Jahre 999 sollen die ersten japanischen Katzen einer Legende gemäß im Kaiserlichen Palast in Kioto aufgetaucht sein. Von diesem Augenblick an wurde das schöne Tier mit Ehren und Aufmerksamkeiten überhäuft und ebenso gepflegt und gehätschelt wie die berühmten Schoßhunde. Doch je besser die Katzen gehalten wurden, desto hemmungsloser vermehrten sich die Mäuse. Die Nager wurden zur bedrohlichen Plage, und um ihrer Herr zu werden, malten die Japaner Darstellungen blutrünstiger wilder Katzen an die Wände und schufen von Katzen Steinfiguren. Erst viel später, vermutlich im siebzehnten Jahrhundert, durften die über Jahrhunderte behüteten und verwöhnten japanischen Katzen frei jagen, wie es ihrer Natur entspricht.
Von Ägypten aus kam die Katze in die Länder Arabiens. Doch sie war bald allgemein beliebt und erfuhr dieselbe Wertschätzung wie das Pferd, ja wurde noch höher geachtet.
Selbst Mohammed besaß eine Katze. Sie hieß Muezza. Es wird berichtet, Muezza hätte eines Tages neben dem Propheten auf dem Diwan geschlafen. Als es für diesen Zeit gewesen sei, sich zu erheben, habe er, um die Katze nicht zu stören, den Teil seiner Dschellaba – seines Wollgewandes – abgeschnitten, auf dem das Tier lag.

Hexenjagd auf Unglück bringende Katzen

Die Berührung mit der Zivilisation brachte der Katze während einiger Jahrtausende nur Vorteile. Doch da die Gunst der Menschen unbeständig ist, begannen nach einer langen Zeit der gegenseitigen Liebe für die Katzen dramatische Jahre, die nicht totgeschwiegen werden dürfen.
Der Kirche war die Verehrung der Katze ein Dorn im Auge. Die Katze war zu sehr dem Heidentum zugeordnet. Allerdings verfolgte die Kirche sie nicht zu jeder Zeit. Sankt Patrick, der Apostel Irlands, der im fünften Jahrhundert lebte, und Papst Gregor der Große (540–604) waren große Katzenfreunde und hielten selbst mehrere Tiere. Auch die Heilige Agatha und die Heilige Gertrud wurden mit Katzen dargestellt. Die Klöster waren die ersten christlichen Institutionen, die aus dem Jagdinstinkt der Katzen Nutzen zogen. Mit der Katzenzucht befaßten sich besonders keltische Mönche. Außerdem ist das Gedicht eines irischen Priesters überliefert, das dieser seinem weißen Kater widmete, seinem treuen Freund.
Zu Beginn des Mittelalters war die Katze noch geduldet und wurde von vielen Menschen auch beschützt und geliebt. Wie überall, wo es Ställe und Speicher gab, bewunderte man ihr Geschick als Mäusejägerin. Sie stieg in der Achtung der Bevölkerung noch mehr, als Scharen von Hausratten, Getreide und Früchte fressend, das Land überzogen. Diese waren von Osten kommend vom Ende des elften Jahrhunderts an als blinde Passagiere in den Stauräumen der Schiffe nach Europa gelangt. Man erkannte bald, daß der Kampf gegen sie nur mit einem Heer jagender Katzen zu gewinnen war.
Doch gerade im Mittelalter, als die verheerende Rattenplage nur durch großangelegte Vertilgungsaktionen hätte gemeistert werden können, begann man die Katze als Verkörperung von bösen Hexen zu verschreien. Das Tier, das im alten Ägypten zur Gottheit erhoben worden war, wurde nun in die Hölle verstoßen und zum bösen Dämon gestempelt. Die Anfeindungen begannen in der Mitte des dreizehnten Jahrhunderts. Es scheint, daß der wiedererwachte Kult um die heidnische Fruchtbarkeitsgöttin Freya sie heraufbeschwor. Die Katze spielte in den an sie gebundenen Riten eine Rolle.

Der gnadenlosen Härte der Inquisition entsprechend, rief die Kirche im Kampf gegen die Katzengottheit zur bedingungslosen Verfolgung des Tieres auf. In der Bibel wird die Katze nie erwähnt, und so fand die irrationale Verdammung beim fanatisierten Volk offene Ohren. Auch der Adel verfiel dem Aberglauben, und die arme Katze wurde als Verursacherin allen Übels verfemt. Im England der Maria Stuart wurden Katzen als Symbol des ketzerischen Protestantismus verbrannt, und unter Elizabeth I. wurden sie es als Symbol des Katholizismus. Verbreitet war auch der Glaube, Hexen könnten sich in Katzen verwandeln, und das war ein Grund mehr, die unmenschliche Hetze fortzusetzen.
Die Inquisition ließ Ketzer, Hexen, Mörder und Katzen auf demselben großen Scheiterhaufen sterben, und das Volk ließ sich zu grausamen Schändlichkeiten hinreißen. Zu traurigem Ruhm gelangte das alljährlich am 24. Juni gefeierte Johannis- oder Mittsommerfest. Auf vielen öffentlichen Plätzen wurden an diesem Tag Roste errichtet und die vom Volk eingefangenen Katzen darauf geworfen. Während die Tiere elendiglich verbrannten, brach die Menge, die sich vom Teufel befreit glaubte, in hysterischen Jubel aus. Aus diesem Grunde war das gemarterte und gemordete Tier nicht zur Stelle, als die Pest hereinbrach. Um 1400 waren die Katzen beinahe ausgerottet, und die wenigen verbleibenden wurden der Ratten nicht Herr. Diese Nagetiere waren die Träger der die Krankheit verbreitenden Flöhe, und weil es zu wenig Katzen gab, starben zwei Drittel der Bevölkerung Europas an der Beulenpest.
Die Grausamkeiten im Gefolge des von der Kirche, aber auch von Herrschern und Adeligen verbreiteten Irrglaubens dauerten einige Jahrhunderte an. König Ludwig XIV. von Frankreich ließ schließlich die scheußlichen Zeremonien auf den öffentlichen Plätzen verbieten, doch erst nach der Französischen Revolution wurden sie von nahezu allen als Auswüchse eines dummen Wahns verurteilt.
Die wissenschaftlichen Entdeckungen Louis Pasteurs brachten Mitte des neunzehnten Jahrhunderts einen endgültigen Umschwung zu Gunsten der Katze. Krankheiten und ihre Übertragung – durch Mikroben, und nicht durch Hexen – wurden erklärbar, und die Katze, die sich an die zwanzigmal im Tag wäscht, als Muster an Reinlichkeit hingestellt.
Wenn die Katze auch heute noch oft als Unglücksbringerin verschrien wird – es gibt eine Menge diesbezüglicher Sprichwörter –, ist dies ein Überbleibsel der Ängste und des Aberglaubens vergangener Jahrhunderte.

«Qato» in der ganzen Welt
Nachdem die Katze in Oberägypten «Mau» genannt worden war, wurde die aus dem Syrischen stammende Benennung «Qato» geprägt. Auf «Qato» scheint auch das italienische «gatto» zurückzugehen. Andere leiten es vom lateinischen Adjektiv «cautus» in der Bedeutung von «vorsichtig» oder «gewitzt» ab, und noch andere vom französischen Verb «guetter» in der Bedeutung von «auflauern», «belauern», da die Katze Augen und Ohren stets offen hält. Doch dies sind wahrscheinlich etymologische Phantastereien, denn «qato» war schon in Ägypten gebräuchlich, Jahrhunderte bevor die Katze in Athen, Rom und Gallien auftauchte.
Immerhin scheint es eine gemeinsame Wurzel zu geben, sei sie nun syrischen (qato), spätlateinischen (cattus) oder arabischen (quett) Ursprungs. Sie liegt mit leichten Abänderungen dem Wort für Katze in

vielen Sprachen zugrunde. Im Unterschied zum Wort für «Hund», das in den verschiedenen Sprachen recht anders klingt (dog, chien, cane, Hund, perro usw.), heißt «Katze» auf französisch «chat», auf englisch «cat», auf spanisch «gato», auf schwedisch «katta», auf holländisch und dänisch «kat» usw.

Die Katze in der Literatur

Zwei große Fabeldichter erzählen hübsche Geschichten über Katzen. Der erste ist der griechische Fabeldichter Äsop (6. Jh. v. Chr.), der aus der Beziehung zwischen Mensch und Tier bissige Morallehren zieht. Viele Jahrhunderte später modernisierte der römische Dichter Phädrus Stil und Philosophie der äsopschen Fabeln. Nach Äsop schrieben auch der griechische Historiker Herodot (450 v. Chr.), der römische Redner Cicero (106–43 v. Chr.) und der unermüdliche Chronist Plinius der Ältere (23 oder 24–79 n. Chr.) über die Katze. In ihrem Gefolge widmeten viele weniger bedeutende Dichter der Katze schöne, elegische und treffliche Worte.
Doch nach dem Zerfall des Römischen Reiches verteufelten im katzenfeindlichen Mittelalter auch die Schreiberlinge – aus Kleinmut oder aus Einfallslosigkeit – dem Zeitgeist folgend die Katze. Aus dieser Epoche gibt es Gedichte zum Preise Gottes und der Frauen, doch kein literarisch gültiges Schriftstück über die Katze. Die Tierliebe des Heiligen Franz von Assisi (1181 oder 1182–1226) war ein schwacher, auf Umbrien begrenzter Lichtblick, der erst später Wirkung zeitigte.
Katzen scheinen eine Vorliebe für die Stille von Bibliotheken, die Vertrautheit von Studierstuben, die Unordnung auf papierübersäten Schreibtischen und ein Schläfchen auf Buchdeckeln zu haben. Aber auch die Dichter lieben ihre Gesellschaft, denn sie wissen, daß nur ein Liebesschnurren sie beim Schreiben stört.
Als das dunkle Mittelalter zu Ende ging und die Renaissance anbrach, bekannte sich der italienische Humanist und Dichter Francesco Petrarca

Die erste Stufe der Grausamkeit. Detail aus einem Stich von William Hogarth.

(1304–1374) öffentlich zu seiner Katzenliebe. Er zog sich im Alter in die Euganeischen Hügel bei Padua zurück, wo nur ein Kater seine Einsamkeit teilte. Sein vierbeiniger Freund war auch bei ihm, als sein Haupt 1374 auf ein offenes Buch sank und er starb. Im Andenken an die Zuneigung des Dichters zu diesem Kater werden dessen Überreste noch heute in einem Museum in Padua aufbewahrt.

Ein weiterer italienischer Dichter, Torquato Tasso (1544–1595), schrieb 1590, als er schon alt, vom Hof von Ferrara verstoßen, nahezu blind und so arm war, daß er sich nicht einmal mehr Öl für die Lampe kaufen konnte, ein anmutiges Sonett für seine Katze. Er vergleicht darin deren Augen mit zwei Sternen und bittet sie, auf das Blatt zu scheinen, damit er sein letztes Gedicht dem Leben zu widmen vermöge. Der spanische Dramatiker Lope de Vega (1562–1635) liebte Katzen so sehr, daß er die «Gattomachia» (Die Katzenschlacht) schrieb, eine schwülstige Dichtung, in der die Tugenden der Katze gelobt und die Fehler der Menschen lächerlich gemacht werden. Bei den Fabeldichtern des siebzehnten Jahrhunderts, angefangen bei La Fontaine, der in Frankreich Schule machte und Äsop und Phädrus zum Vorbild nahm, bis zu Charles Perrault («Der gestiefelte Kater»), personifizieren Katzen meist Menschen und führen deren Fehler – Heuchelei, Dieberei und Faulheit – vor Augen. Sie trieben schreibend ihren Scherz, sprachen von Katzen und kritisierten in Wahrheit die Menschen.

Ein Tierforscher, der französische Naturwissenschafter Georges Louis Leclerc Graf von Buffon (1707–1788), tat einen Schritt zurück. In seiner *Histoire naturelle* verurteilt er die Katze und bezeichnet sie als «ein treuloses Haustier, das wir nur der Not gehorchend halten». Gelten läßt er einzig ihre Verdienste als Mäusejägerin. Der Abt, Belletrist, National-

Der gestiefelte Kater hält eine Rede vor Bauern. Stich von Gustave Doré.

ökonome und Gesandter Italiens am französischen Hof Ferdinando Galiani (1728–1787) dagegen erklärte, er habe noch nie jemanden getroffen, der das Wesen der Katze ernsthaft studiert habe. Was über sie geschrieben werde, entspringe einzig Aberglaube und Bosheit.
Im achtzehnten Jahrhundert entstand in Frankreich geradezu ein Katzenkult. Dieser ging auf ein kleines Buch über Katzen des heute vergessenen Paradis de Moncrif zurück, der zwar von vielen zum öffentlichen Gespött gemacht wurde, dessen Einschätzung der Schlauheit und Klugheit der Katze aber von weiten Kreisen übernommen wurde.
Mitte des neunzehnten Jahrhunderts entdeckte Charles Baudelaire (1821–1867), der Dichter der berühmten «Fleurs du mal» (Die Blumen des Bösen), die Sinnlichkeit der Katze. Er beschrieb, was er fühlte, wenn seine Finger den Kopf, den geschmeidigen Rücken und den elektrisierenden Körper der Hauskatze streichelten, und er verglich seine Empfindungen mit denen, die die Berührung einer schönen Frau in ihm heraufbeschwor. Die vielsagenden, schmeichlerischen Verse lauten: «Komm, schöne Katze, auf mein liebend Herze/ Und halte noch zurück der Pfote Krallen;/ Laß tauchend mich in deine Augen fallen,/ Worin sich mischen Achat und Erze.»
Für Guy de Maupassant (1850–1893), den Verfasser von Kurzgeschichten und Romanen (sein Nachname beginnt mit «Mau»), ist die Katze selbst ein sinnliches Wesen. «Ich fühlte die hohle, in ununterbrochenem Schnurren pulsierende Flanke an meiner Wange, und manchmal legte sich eine gespreizte Pfote auf meinen Mund, fünf ausgestreckte Krallen drangen in meine Haut und zogen sich sofort wieder zurück.»
Von den verschiedenen Dichtern, die der Katze Lob sangen, darf François René Vicomte de Chateaubriand (1768–1848) nicht unerwähnt blei-

ben. In seinen autobiographischen «Mémoires d'outretombe» (Erinnerungen aus dem Jenseits) schildert er, wie seine Begegnung mit der Katze zu einem der entscheidenden Ereignisse seines Lebens wurde. Chateaubriand bekämpfte zudem die fragwürdigen Theorien des Naturwissenschafters und Katzenhassers de Buffon. Dies veranlaßte Papst Leo XII., Chateaubriand eine wunderbar rot gestromte Katze zu schenken. Chateaubriand schrieb: «Ich liebe an der Katze die erhabene Gelassenheit und Würde, mit der sie sich in Salons wie in der Gosse bewegt ...»
Es ist nicht einfach, die Wandlung in der Haltung der Kirche gegenüber der Katze bis hin zur Großherzigkeit Leos XII. zu erklären. Immerhin, schon der französische Kardinal und Staatsmann Richelieu (1585–1642) war ein großer Katzenfreund gewesen. Stets hatten Katzen bei ihm Gastrecht genossen. Und als er starb, hinterließ er ihnen eine beträchtliche Summe, damit sie auch ohne seinen Schutz versorgt würden.
Berühmte französische Katzenliebhaber des neunzehnten Jahrhunderts waren Alexandre Dumas Sohn (1824–1895), Besitzer eines kleinen Privatzoos und selbsternannter «Strafverteidiger aller Katzen der Welt»; die Schriftstellerin George Sand (1804–1876), die am Morgen aus derselben Tasse trank wie ihre Katze, und der Dichter Victor Hugo (1802–1885), der für seine Katze einen Sessel in der Form eines Thrones anfertigen ließ.
Die Tradition der katzenfreundlichen Literatur hat sich in Frankreich bis in unsere Zeit erhalten. Das ist vor allem das Verdienst des Dichters und Komponisten Jean Cocteau (1889–1963) und der beliebten Colette (1873–1954), die sich in der Pose einer Katzensphinx fotografieren ließ.
In der englischen Literatur wurde das Verhalten der Katze innerhalb der Gesellschaft immer wieder behandelt. William Shakespeare (1564–1616), der große Dramatiker, spricht im «Kaufmann von Venedig» und in «Heinrich V.» liebevoll von der Katze, und der Schriftsteller Rudyard Kipling (1865–1936) widmete ihr unvergeßliche Seiten.
Natürlich hat die Katze auch in der Literatur des deutschen Sprachraums seit jeher eine bedeutende Rolle gespielt. Erwähnt seien hier lediglich der romantische Schriftsteller und Komponist E.T.A. Hoffmann (1776–1822) mit seinen «Lebensansichten des Katers Murr» und der Schweizer Realist Gottfried Keller (1819–1890), der das bezaubernde Märchen «Spiegel das Kätzchen» schrieb. Ein drolliges Gedicht mit der Überschrift «Von Katzen» widmete Theodor Storm (1817–1888) dem Nachwuchs seiner Katze. Viele andere Namen wären noch aufzuzählen, auch auf internationaler Ebene, z. B. Montaigne, Mérimée, Sardou, Eliot und Hemingway, doch würde eine derartige Liste ins Uferlose führen. Nennen wir noch als letzten Katzenfreund den berühmten Urwalddoktor Albert Schweitzer (1875–1965), der sich, nach dem anstrengenden Tagewerk im Lepraspital von Lambarene, abends an der Orgel und beim Versorgen der Spitalkatzen zu erholen pflegte.

Musikalische Variationen über die Katze

Der Liebreiz der Katzen inspirierte eine ganze Reihe von Musikern. Domenico Scarlatti (1685–1757) komponierte um 1700 die «Fuga del gatto», um der unbeschreiblichen Grazie einer über die Tastatur des Clavicembalos balancierenden Katze zu huldigen.
Gioacchino Rossini (1792–1868) komponierte das «Duetto buffo di due gatti» für zwei Frauenstimmen, die einander auf geistreiche Weise mit einem «Miau» in den verschiedensten Variationen antworten. Maurice Ravel (1875–1937) schrieb in seiner lyrischen Phantasie «L'enfant et les sortilèges» ebenfalls ein realistisches Duett zwischen zwei Katzen. Katzen treten überdies in Ballettstücken auf sowie im «Pas de deux» von Peter

Die französische Schriftstellerin Colette mit ihrer getreuen Katze am Schreibtisch.

Tschaikowskys «Dornröschen» (1890). Auch Edvard Grieg (1843–1907) und Jules Massenet (1842–1912) waren den Katzen zugetan. Die Liste ist lang. Vergessen wir nicht: Die Katze reagiert auf Musik. Diese psychologische Eigenart geht so weit, daß sie auch schon als Musikliebhaberin bezeichnet wurde. Die Liebe zur Musik der Katze geht vermutlich darauf zurück, daß gewisse Töne in ihr dieselben angenehmen Gefühle erwecken wie der Ranzruf des Partners. Nicht selten aber schläft sie friedlich neben dem Plattenspieler und zeigt weder für Frank Sinatras Singen noch Nathan Milsteins Geigenspiel besonderes Interesse.

Modell großer Maler

Katzen haben auch Maler und Bildhauer inspiriert und sind in der bildenden Kunst – angefangen mit der katzenköpfigen Göttin Bastet – zu einem beliebten Motiv geworden. Unzählige altägyptische, die heilige Katze symbolisierende Glücksbringer und Statuetten sind uns nach viertausend Jahren noch erhalten.

In der klassischen griechischen und römischen Zeit dagegen fehlen, abgesehen von einigen Mosaiken aus Pompeji, wichtige Katzendarstellungen. Für die Griechen und Römer war die Katze als Mäusefängerin eine gering geachtete Arbeitskraft und nicht ein heiliges, zu künstlerischem Schaffen beflügelndes Wesen.

Auch in der Heraldik stoßen wir immer wieder auf die Katze. Die Römer bildeten Katzen auf den Feldzeichen ihrer Legionen ab. Viele Familien, die Namen wie Katz, Gatti, Gatteschi, Lechat, Duchat tragen, wählten die Katze zum Wappentier. In gleicher Weise nahm sich die Goldschmiedekunst mit Nachdruck der anmutigen, edlen Linien der Katze an. Malerei und Bildhauerei nahmen das Katzenmotiv erst wieder auf, als mit dem ausgehenden Mittelalter die Verfolgungen der verketzerten Tiere aufhörten. Leonardo da Vinci (1452–1519) malte die «Vergine del gatto» (Jungfrau mit Katze), und bei Albrecht Dürer (1471–1528) leckt eine

Katze Evas Füße. Der Franzose Jean Antoine Watteau (1684–1721) machte die Katze mit seinem Bild «Die kranke Katze» unsterblich. Doch auch Veronese, Rubens, Bosch, Brueghel der Ältere, Rembrandt und Tintoretto konnten sich der Faszination der Katze nicht entziehen. Ebenso wenig modernere Maler wie Delacroix, Renoir, Courbet, Gaugin oder Picasso. Ein großer Katzennarr und -maler war Edouard Manet (1832–1883), der die Straßenkatzen stundenlang von seinem Fenster aus beobachtete.
Der Schweizer Zeichner und Grafiker Théophile Alexandre Steinlen (1859–1922) liebte Vorstädte und Katzen. Er nahm viele herrenlose Tiere bei sich auf, und sein Haus wurde bald als «Katzenecke» bekannt. Steinlens Katzenplakate sind berühmt geworden. Er machte Werbung für Milch und Tee und stellte als erster Katzen auf realistische Weise in Bewegung dar. Einen anderen Schweizer, Gottfried Mind (1768–1814), hatte man sogar «Katzen-Raffael» genannt, weil er das Alltagsleben der Hauskatze in fast zahllosen Familienszenen festhielt.

Sprichwörter der Völker

Dichter, Schriftsteller und Philosophen haben in ihren Werken und Tagebüchern Gedanken über die Katze festgehalten, von denen einige zu erwähnen sich lohnt. Der französische Kulturkritiker, Philosoph und Historiker Hippolyte Taine (1828–1893) fällte beispielsweise das folgende lapidare Urteil: «Ich habe viele Denker und viele Katzen kennengelernt, doch die Weisheit der Katzen ist unendlich größer.» Und der französische Dichter der Romantik Théophile Gautier (1811–1872) sagte: «Paschas lieben Tiger. Ich liebe Katzen, die Tiger der Armen.» Und an einer andern Stelle: «Gott schuf die Katze, damit dem Menschen die Freude zuteil wird, einen Tiger zu streicheln.» Jean Cocteau bekannte, daß er die Katzen den Hunden vorziehe, «weil es keine Polizeikatzen gibt».
Zahlreich sind die auf die Tugenden und Untugenden der Katzen Bezug nehmenden Redensarten. Sie benennen mit ihr identifizierbare Eigenschaften: Schlau wie eine Katze, stehlen wie eine Katze, gewandt wie eine Katze, leise wie eine Katze, zärtlich wie eine Katze, im Dunkeln sehen wie eine Katze, frei sein wie eine Katze.

Hier einige bekannte Katzensprichwörter und Redensarten:
Das ist für die Katz'.
Die Katze läßt das Mausen nicht.
E Chatz mit Händsche faht kei Müs. (Schweizerdeutsches Sprichwort. Eine Katze mit Handschuhen fängt keine Mäuse.)
Ist die Katze aus dem Haus, tanzt die Maus.
Mit jemandem Katz' und Maus spielen.
Wer mit Katzen spielt, darf die Kratzer nicht scheuen. (Ägyptisches Sprichwort)
Keine Katze ist so glatt, sie hat doch scharfe Krallen.
Willst du lange leben gesund, / Iß wie die Katz', trink wie der Hund.
Wie die Katze um den heißen Brei herumlaufen.
Die Katze, die zu oft an den Speck geht, läßt ihre Pfote dort.
Neugier ist der Katze Tod.
Es maust ein jeder, den eine Katze gebar.
Katzenaugen sind die besten Uhren. (Chinesisches Sprichtwort. An der Veränderung der Pupillen der Katze läßt sich die Tageszeit ablesen.)
Es gibt mehr als eine Art, der Katze das Fell abzuziehen.
Bei Nacht sind alle Katzen grau.
Die Katze im Sack kaufen.

Verschiedene Katzendarstellungen. Michelangelo (oben links); Picasso (oben rechts); Giuseppe Maria Crespi, 1665–1747 (Mitte links); Jacob Jordaens, 1593–1678 (Mitte rechts); Tintoretto, 1518–1594 (unten).

Die Katz' aus dem Sack lassen.
Wie Katz' und Hund zueinander stehen.
Auf seine vier Beine fallen wie eine Katze.
Das trägt die Katze auf dem Schwanz fort.
Das macht der Katz' keinen Buckel.
Das gilt einen Katzendreck.
Er ist falsch wie eine Katze.

Ein vollkommenes Lebewesen

Die Katze, ob Rassentier oder gewöhnliche Mieze, ist ein schönes, anmutiges Geschöpf. Das läßt sich wohl ohne jeden Widerspruch behaupten. Sie ist heute eines der verbreitetsten Haustiere und je nach Standpunkt beinahe so beliebt wie der Hund oder noch beliebter. Der geschmeidige Körperbau und die elegante Muskulatur ergeben ein vollkommenes Lebewesen, ausgestattet mit einer wachen Intelligenz, die sie geheimnisvoll, klug, flink, unwiderstehlich, mutig und gewitzt macht.

Die Katze ist allerdings nicht den ganzen Tag aktiv. Nach einigen munteren Ausbrüchen, dem Erklettern eines Baumes, der Jagd auf ein kleines Tier, verschiedenen Spielen und der Körperpflege ruht sie ausgiebig. Sie ist eine fleißige Jägerin und freut sich am Spiel, aber sie ist keine Langstreckenläuferin. Sie verliert die Lust an Spiel und Bewegung meist rascher als der Mensch, und ihre Energie läßt rasch nach. Während der Hund den ganzen Tag umherrennen kann, pflegt die Katze schon nach einem kurzen Spaziergang sich wieder auf einem warmen Felsen oder einem weichen Kissen zu räkeln.

Eine ausgewachsene Katze mißt ungefähr 50 cm, dazu kommen 25 bis 30 cm Schwanz. Ein Kater wiegt im Mittel zwischen 3,2 und 4 kg. Gutgenährte Tiere oder große Rassen wie die Maine Coon oder die Britisch Kurzhaar bringen noch mehr Gewicht auf die Waage. Die Weibchen sind kleiner und leichter.

Zähne und Krallen sind die Angriffs- und Verteidigungswaffen der Katze. Die Krallen, die bei drohender Gefahr sogleich aus ihrem Futteral kommen, sind besonders wirksam. Doch nun zu den anatomischen Merkmalen der Katze.

Die Katze besitzt 245 recht zarte Knochen, von denen allein 20 im Schwanz sind. Die Wirbelsäule zählt 51 Wirbel. Der runde Kopf wird vorn durch die Schädelknochen geschützt. Im Brustkasten sind 26 Rippen. Die Stirn ist niedrig und gewölbt, die Kiefer gerundet. Das gestreckte, schmale Becken ist so leicht und so gut im Gleichgewicht, daß die Katze bei Stürzen aus größerer Höhe in neunzig Prozent aller Fälle auf den Beinen landet. Bei Stürzen aus allzu großer Höhe ist die Verletzungsgefahr aber erheblich, da das Körpergewicht durch die Beschleunigung zunimmt. Dadurch wird der Rhythmus des sich um die eigene Achse drehenden Körpers gestört, und die Katze bricht sich wahrscheinlich die Glieder. Ihr Gleichgewichtssinn ist ein Erbe aus der Zeit, als sie hauptsächlich auf Bäumen lebte, von Ast zu Ast sprang und die Stämme emporkletterte. Auch heute bereitet ihr das Erklettern eines Baumes keine Schwierigkeiten, doch kann das Herunterklettern problematisch werden. Sie will sehen, was vor ihr ist und darum unbedingt kopfabwärts herunterkommen. Die Neugierde bringt sie so ab und zu auf Baumästen oder Dachrinnen in Schwierigkeiten.

Wie die Hunde werden auch die Katzen manchmal see- und reisekrank. Das Reisen macht ihnen – von Ausnahmen abgesehen – meist wenig Spaß, und interessante Landschaften am Fenster vorbeifliegen sehen, ist für sie kein Genuß.

Das Gebiß der Katze. Im Kästchen von links nach rechts: Backenzahn (Rechteck), Vorderbackenzähne (Quadrate), Eck- oder Fangzähne (Dreiecke), Schneidezähne (kleine Quadrate).

Im Verhältnis zur Körperlänge sind die Pfoten der Katze eher kurz, was einen Teil der Eleganz des Tieres ausmacht. Eine ausgesprochen langpfotige Katze würde uns kaum gefallen. Katzen treten mit den Zehen auf. Sie haben an den Vorderpfoten fünf Krallen, an den Hinterpfoten vier.
Der Schwanz ist meist recht lang und spielt im Erscheinungsbild der Katze eine wichtige Rolle. Katzenweibchen sind im Vergleich zu den Katern oft kleiner und schmal gebaut. Sie haben sechs oder acht Zitzen, die sich in Brust-, Vorder- und Hinterbauchzitzen unterteilen lassen. Die Zitzen sind als kleine, von einander unabhängige Warzen im Fell versteckt. Während der Tragzeit schwellen sie an und werden sichtbar.

Vier Eckzähne zum Kämpfen
Katzen haben 30 Zähne (Hunde 42), 16 im Ober- und 14 im Unterkiefer. Zum Kämpfen, Sich-Verteidigen und zum Fressen brauchen sie vor allem die dolchartigen Eck- und Fangzähne. Diese sind leicht nach innen gebogen, damit die Beute nicht entwischen kann. Wenn die Katze gähnt, sieht man sie gut, ebenso die Backenzähne oben und unten. Die kleinen Schneidezähne, die das Gebiß ergänzen, sind besonders für die Fellpflege wichtig.
Junge Katzen bekommen wenige Wochen nach der Geburt Zähne. Die Mutter hört meist mit Säugen auf, wenn die Zitzen wegen der Zähne der Jungen zu schmerzen beginnen. Mit sechs bis acht Monaten werden die sogenannten Milchzähne durch die bleibenden Zähne ersetzt. Die Katze kaut oder mahlt die Nahrung nicht; sie schluckt vielmehr die abgeschnittenen ganzen Stücke hinunter, und diese werden durch kräftige Magensäfte zersetzt.
Die Katzenzunge gleicht einer kleinen Raspel. Wir fühlen das, wenn das

Das Katzenfell besteht aus weichen Unterhaaren oder weicher Unterwolle und gröberen Deckhaaren.

Tier uns in einem Augenblick der Zärtlichkeit die Hand leckt. Die Zunge ist mit hornigen, nach hinten gerichteten Papillen bedeckt; dies erlaubt es der Katze, mit ihr das Fell zu «raspeln», bis es sauber ist und glänzt. Mit den hornigen Stacheln reißt sie aber auch die Wunden ihrer Beute auf, damit sie stärker bluten.
Der birnenförmige Magen faßt ungefähr einen Dreiviertelliter Nahrung und Flüssigkeit. Das ist nicht viel, doch konzentriert die Katze auf dem beschränkten Raum viele durch die Aufnahme von Fleisch und Fisch gewonnene Kalorien. Entsprechend kurz ist der Darmtrakt. Er mißt nur etwa zwei Meter (beim Menschen acht). Die in fünf Lappen geteilte Leber ist verhältnismäßig groß.
Der Puls einer gesunden Katze liegt zwischen 100 und 130 Schlägen in der Minute. Er ist leise und nicht wahrnehmbar. Geht der Atem schwer und pfeifend, ist die Katze krank.

Das schöne Fell
Fell und Haut spielen in der Erhaltung des physischen Gleichgewichts der Katze eine wichtige Rolle. Sie sind ein wirksamer Schutzschild gegen die Außenwelt, verhindern einen zu großen Flüssigkeitsverlust und schirmen das Tier vor großer Hitze und Kälte, starker Sonnenbestrahlung und Mikroben ab.
Da die Haut nicht straff gespannt ist, bleiben die meisten Verletzungen oberflächlich. Sie ist am Bauch lediglich einen Millimeter dick und im Nacken mit vier Millimetern am dicksten. Das dichte Winterfell und das dünnere Sommerfell regulieren den Wärmehaushalt im Wechsel der Jahreszeiten. Ein von den Talgdrüsen ausgeschiedenes Sekret überzieht die Haare mit einem feinen Film und bringt das Fell zum Glänzen.

Links: Nachts erweitert sich die Pupille, so daß die Katze im Dunkeln sehen kann. Rechts: Tagsüber verengt sich die Pupille.

Das Fell ist das augenfälligste und wichtigste im Erscheinungsbild der Katze. Von ihm hängen zu einem guten Teil Schönheit und Eleganz des Tieres ab. Die Haare können kurz, lang, hart, weich, seidig, rauh, dick oder wellig sein; sie sind immer ein wichtiges Kriterium in der ästhetischen Beurteilung der Katze. Statistikfanatiker haben bei ihr pro Quadratmillimeter Haut bis zu zweihundert einzelne Haare gezählt. Ist die Haut sehr trocken, gibt das Fell beim Streicheln manchmal statische Elektrizität ab.

Nicht nur die Textur des Felles ist von Rasse zu Rasse verschieden, sondern auch die Farbe. Am verbreitetsten sind Graublau, Schwarz, Rot, Weiß, Braun und verschiedene Schattierungen und Kombinationen von Lila, Blau, Creme, Rauch, Silber, Schokoladebraun usw.

Warum die Katze im Dunkeln sieht

Das ungewöhnliche Sehvermögen ist etwas vom Faszinierendsten an der Katze. Jedes Auge deckt ein Blickfeld von etwa 200 Grad ab, das durch die Beweglichkeit des Kopfes noch vergrößert wird. Die Katze kann daher stets ein großes Gebiet im Auge haben und überwachen. Dinge in ihrer unmittelbaren Nähe sieht sie vermutlich nur unscharf, doch von dem, was sich in zwei oder mehr Metern Entfernung von ihr abspielt, entgeht ihr nichts.

Sie sieht am Tag sehr gut. Nachts genügen der fahle Schein einer entfernten Straßenlaterne oder der blasse Mond, damit sie auch dann das meiste sieht. Die Regenbogenhaut oder Iris (die scheibenförmige Membrane mit einem Loch in der Mitte, die die beiden Teile des Auges trennt) erweitert dann die Pupille (die runde Öffnung in der Mitte der Regenbogenhaut), so daß der schwächste Lichtschein im nächtlichen Dunkel im Auge vierzig- bis fünfzigmal verstärkt wird. Die Lichtverstärkung ist auf eine gelbliche innere Zellenbeschichtung, *tapetum lucidum* genannt, zurückzu-

Les Chats. *Lithographie von Edouard Manet, 1868.*

führen, die wie ein blanker Spiegel wirkt und das Licht auf die Retina reflektiert (die hochempfindliche Netzhaut, auf die das beleuchtete Bild übertragen wird).
Die Katze kann zwar im Dunkeln sehen, doch können ihre Pupillen direkte Sonnenstrahlen nicht aufnehmen. Sie schützt sich vor ihnen, indem sie die Pupillen verändert. Sie kann diese zu einem schmalen, feinen Schlitz zusammenziehen und immer nur soviel Licht einfallen lassen, wie sie benötigt. Dieses Phänomen ist allen Katzenhaltern vertraut.
Die Augen der verschiedenen Rassen haben schöne, geheimnisvolle Farben (Grau, Hellblau, Grün, Orange). Es gibt auch Katzen, deren linkes Auge nicht dieselbe Farbe hat wie das rechte. Katzen besitzen eine Nickhaut, die sich wie ein zusätzliches Augenlid horizontal über das Auge legt. Schenkt man gewissen Experimentatoren Glauben, sind bestimmte Katzen nach langem Üben fähig, Rot und Blau von anderen Farben zu unterscheiden. Sie sehen Rot aber als Dunkelgrün und verwechseln Weiß und Gelb. Mit andern Worten: Katzen sind möglicherweise farbenblind.
Die Katzenkinder kommen, wie viele Säugetiere, blind zur Welt. Ihre Netzhaut ist noch unvollständig entwickelt, und sie vermögen erst nach einigen Tagen etwas von der Welt, die sie erwartet, wahrzunehmen. Mit ungefähr drei Monaten sehen sie normal. Von nun an sind die Augen für sie ein Organ, von dem Leben und Tod abhängen können. Blinde Katzen haben wenig Überlebenschancen. Wenn sie auf der Straße leben, werden sie bald überfahren oder Opfer eines Angreifers.

Ein feines Gehör
Das Gehör der Katze ist empfindlich und empfängt einen weit höhern Frequenzbereich als das menschliche Gehör. Die Katze ist fähig, das ferne Rascheln einer Maus aufzufangen und es von andern Geräuschen, die sie verwirren könnten, abzutrennen. Ihr äußeres Ohr gleicht einer ausgefahrenen Antenne, die die Schallwellen empfängt und dem gutentwickelten Trommelfell zuleitet. Es ist erwiesen, daß Katzen ein feines und selektives Hörvermögen besitzen, das es ihnen ermöglicht, Geräusche in einem Umkreis von wenigen Zentimetern bis zu einem Meter sofort zu lokalisieren. Sie machen von ihrem Gehör nach Lust und Laune Gebrauch. Wenn ein interessantes Geräusch sie fesselt, überhören sie den Ruf des «Herrn» großzügig. Im Unterschied zum unterwürfigen Hund gehorcht die Katze in erster Linie ihrem Instinkt und befriedigt zuallererst ihre eigenen Bedürfnisse und Wünsche.
Wenn das feine Gehör der Katze zu praktischen Zwecken genutzt werden könnte, besäßen wir in ihr eine Wächterin, die jede elektronische Alarmanlage überträfe. Vermöchten wir sie überdies dazuzubringen, gegen jeden Eindringling ihre Krallen einzusetzen, gäbe es kein Haus und keinen Bauernhof mehr ohne Katzen. Vermutlich wäre dies das Ende der Haltung von Wachhunden.
Katzen werden im Alter oft taub, gleichen diesen Nachteil aber mit wacheren Augen, einem schärferen Geruchssinn und einer größeren Achtsamkeit in bezug auf Bodenerschütterungen aus. Weiße Katzen mit blauen Augen sind häufig von Geburt an taub und bleiben es ihr Leben lang.
Das äußere Ohr ist mit einer kleinen Hautschranke ausgestattet, die das Eindringen kleiner Partikel verhindert. Dagegen können sich im feinen, empfindlichen Gehörgang Staub und Ohrenschmalz ablagern und störend wirken. Damit sich die Katze beim Kratzen nicht mit den Krallen verletzt, reinigt man das Ohr vorsichtig und ohne zu tief einzudringen mit einem

mit Vaselineöl befeuchteten Wattebausch oder Wattestäbchen. Katzen lassen diese Prozedur nur widerwillig über sich ergehen. Gewöhnt man sie indessen von klein an daran, sollte es später keine Schwierigkeiten geben.

Die Vergnügen des Geruchssinns

Der Geruchssinn unserer heutigen Katze ist genausogut entwickelt, wie er es bei ihren wildlebenden Vorfahren war. Kein Geruch entgeht ihr. Sie braucht das Futter nicht unbedingt zu sehen, um zu entscheiden, ob sie zupacken will oder nicht; es genügt ihr, es zu beriechen. Fleisch wird nicht nach dem Geschmack beurteilt, sondern nach dem Geruch. Jedes Fleisch (Rind, Schwein, Schaf) und jede Gattung (Leber, Lunge, Innereien) haben einen spezifischen Geruch. Katzen sind Feinschmecker und in ihren Vorlieben sehr differenziert.

Ihr Geruchssinn ist so ausgeprägt und einmalig, daß auch Pflanzen ihr reges Interesse wecken können. Das trifft auf das Katzengras (Nepeta cataria) zu, das in den gemäßigten Zonen Europas und Nordamerikas heimisch ist, aber auch im Garten oder in einem Topf auf dem Balkon gezogen werden kann. Katzen lieben seinen Duft. Er ist chemisch isoliert worden, und nun wird Spielzeug für Katzen damit parfümiert. Es sind nicht alle Katzen für diesen Duft empfänglich, doch die, die es sind, versetzt er in einen tiefen Glückszustand. Da gewisse Katzen erstarren, wenn sie ihn gerochen haben, und mit leeren Augen vor sich hinträumen, nimmt man an, daß er wie eine Droge wirkt.

Katzen mögen auch den Geruch der Menschen, denen sie zugetan sind. Anhängliche Katzen schlafen oft auf einem Mantel oder Pullover – nicht lediglich weil diese Kleidungsstücke weich sind, sondern weil sie nach dem Besitzer riechen.

Gewisse Viren verursachen bei der Katze eine vorübergehende Einbuße des Geruchssinns. Wenn das eintrifft, verweigert sie oft das übliche Futter und entwickelt eine Vorliebe für kräftig riechende Leckerbissen wie Leber und Heringe. Der Verlust des Geruchssinns kann auch eine Veränderung des Sexualverhaltens der Katze bewirken, da ihre Fähigkeit beeinträchtigt ist, Kater von Weibchen zu unterscheiden und kastrierte Katzen, die normalerweise als Partner abgelehnt werden, zu erkennen.

Der Geschmackssinn verändert sich

Der Geschmackssinn der Katze ist ebensogut entwickelt wie der Geruchssinn. Die Geschmacksknospen der Zunge bevorzugen angeblich sauer und salzig vor süß und bitter. Diese Behauptung läßt sich allerdings anfechten, denn viele Katzen lieben auch Kuchen. Katzen können schon sehr früh geschmackliche Unterschiede feststellen. Ein eintägiges Kätzchen vermag bereits eine salzige Flüssigkeit und eine geschmacklose auseinanderhalten. Im Verlauf der Jahre wird der Geschmackssinn freilich stumpfer, wie das auch beim Menschen und bei anderen Tieren der Fall ist.

Die Katze bleibt indes, was Vorlieben und Appetit betrifft, eine heikle Kostgängerin. Sie ist es bald leid, immer dasselbe zu essen, springt auf den Küchentisch und sieht sich dort nach etwas Neuem um. Um Abwechslung in ihren Speisezettel zu bringen, wird die Katze im Haus und im Freien zur «Diebin» oder tötet kleine Tiere (wobei das Spiel mit der Befriedigung der Freßlust gekoppelt ist). Es gibt aber auch Katzen, die ganz auf ein bestimmtes Katzenfutter oder eine bestimmte Nahrung eingeschworen sind und nichts anderes akzeptieren.

Die kranke Katze nimmt Medikamente nur widerwillig und sucht oft lieber selbst im Garten, auf der Wiese oder im Wald die Kräuter, von

Die Katze ist eine wählerische Kostgängerin.

Die Schnurrhaare sind ein äußerst empfindliches Tastorgan. Sie dürfen nie gestutzt werden.

denen sie instinktiv weiß, daß sie ihr guttun. Nicht selten erweist sich, daß sie als ihre eigene Tierärztin tatsächlich das Richtige tut.

Die Schnurrhaare als Radar

Die Schnurrhaare sind das empfindlichste Sinnesorgan der Katze. Sie sitzen in eigentlichen Kissen über den Lippen und nehmen die leiseste Berührung und den leisesten Druck wahr. In der Nacht, wenn selbst die Augen keinen Lichtstrahl mehr wahrnehmen können, dienen die Schnurrhaare als Radar. Mit ihrer Hilfe erkennt die Katze alle Gegenstände in der Nähe und deren Art. Die Schnurrhaare schützen zudem die Augen vor allfälligen Gefahren (Dornen, eine Wand, eine Falle). Die Schnurrhaare stoßen als erstes dagegen, und die Katze schließt sofort die Augen.
Auch Luftströmungen, verursacht durch sich bewegende Gegenstände oder Lebewesen, werden auf diese Weise wahrgenommen. So «fühlt» die Katze diese Objekte oder Lebewesen, ohne sie berührt zu haben. Verliert sie die Schnurrhaare oder werden sie ihr (was eigentlich undenkbar sein sollte) mit der Schere gestutzt, hat sie Mühe, sich zurechtzufinden und sich schnell und sicher zu bewegen.

Pfoten, um die Welt zu erkunden

Die Katze braucht die Pfoten zum Springen, Rennen und Gehen, aber zudem auch zum Fühlen und Untersuchen verdächtiger Gegenstände. Neugierige Welpen beschnüffeln alles, was ihnen in den Weg kommt. Junge Kätzchen sind nicht weniger neugierig, aber sie strecken zuerst eine Pfote in die Richtung des neuen Dings, berühren es vorsichtig, dann zielstrebiger, und erst dann beriechen sie es.
Die Polster an der Pfotenunterseite nehmen auch die leisesten Erschütte-

Katzen benützen ihre Krallen zur Selbstverteidigung und zum Klettern. Im Normalzustand sind die Krallen in die Hauttaschen eingezogen. Dank der kleinen Fußballen an der Unterseite der Pfoten vermag die Katze selbst leiseste Erschütterungen wahrzunehmen.

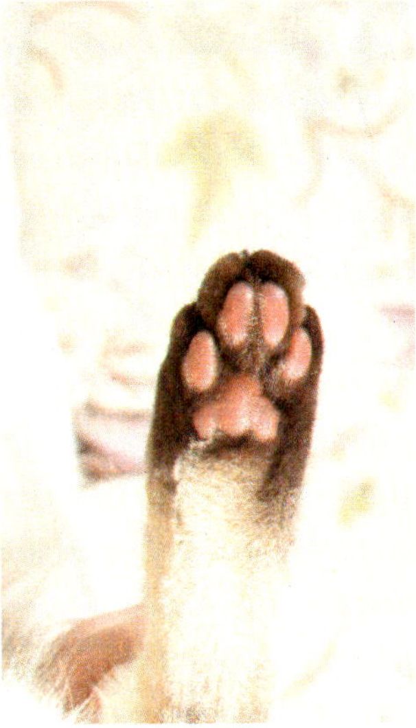

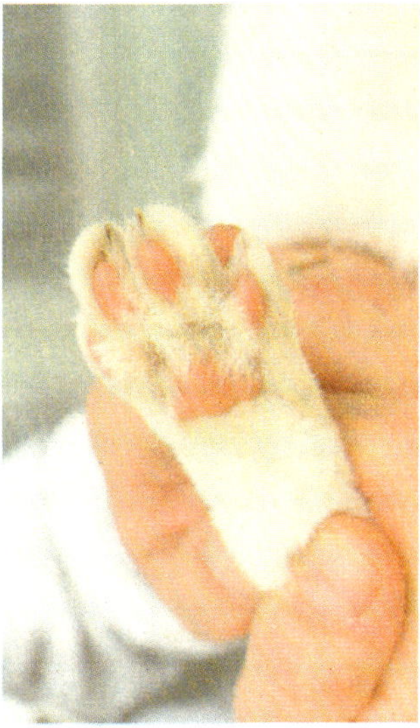

rungen des Bodens wahr und leiten die erhaltenen Informationen an die Katze weiter. Die Katze wäscht und putzt sich nicht einzig wegen ihres angeborenen Sauberkeitsbedürfnisses. Damit die komplexen Sinnesorgane optimal arbeiten, sind ein sauberer Körper, ein sauberes Fell und vor allem saubere Extremitäten lebenswichtig.

Schmerzverträglichkeit

Wenn die Katze leidet, bemüht sie sich, das nicht zu zeigen, auch wenn die Schmerzen groß sind. Dank ihrer Widerstandskraft, die allerdings oft überschätzt wird und deswegen zu einem allzu sorglosen Verhalten des Menschen führen kann, überwindet sie leichtere Krankheiten und Verletzungen meist ohne unser Dazutun. Gegen hohe Temperaturen ist sie ziemlich unempfindlich; eine Ausnahme bildet die Nase. Aber obwohl ihr Schmerz und Hitze wenig anhaben können, vermeidet sie ungemütliche Situationen lieber.
Nicht jede Katze reagiert gleich auf Schmerz. Die einen werden aggressiv, wenn wir eine Verletzung berühren oder der Tierarzt ihr eine Spritze macht, andere haben volles Vertrauen und schnurren sogar. Was viele allerdings nicht wissen: Katzen schnurren nicht nur aus Zufriedenheit, sondern auch wenn sie Schmerzen leiden!

Eine viel diskutierte Psyche

Die Psyche der Katze bietet Stoff für endlose Diskussionen. Sie bleibt ein Rätsel, denn neben Unabhängigkeitsdrang, Neugierde, Jagdtrieb, Eifersucht und Passivität – alles typische Raubkatzenmerkmale – haftet der Psyche der Katze ein nicht klassifizierbarer, geheimnisvoller Zug an.
Jede Katze hat ihre eigene Persönlichkeit, die jede Theorie Lügen straft.

Das prägende Merkmal der Psyche der einen ist ihr scheues Wesen; andere wiederum sind – vom Menschen aus gesehen – unverschämt oder gehorsam, starrköpfig oder ruhig, mutig oder feige oder nervös, und das alles in jeder möglichen Schattierung.
Dominierend ist bei der Katze die eigene Persönlichkeit und der klar umrissene Charakter. Katzen sind darum psychologisch gesehen alle anders, selbst wenn sie derselben Rasse und demselben Wurf angehören. Dennoch können wir von jeder Rasse in großen Zügen ein recht zutreffendes, klares psychologisches Porträt entwerfen. Möglich ist aber, daß dieses schon auf die nächste Generation nicht mehr zutrifft. Auch wenn man sich der Normen und der Ausnahmen bewußt ist, darf man sich im Labyrinth der Katzenpsychologie nur mit größter Vorsicht bewegen.
Die Katze hat ein für intelligente Lebewesen typisch hochentwickeltes Hirn. Das physische Wachstum des Gehirns einer jungen Katze vollzieht sich schnell und ist mit fünf Monaten praktisch abgeschlossen. Die Vielfalt der Anreize, die das junge Kätzchen von der Mutter oder den Menschen erhält, ist für die normale Entwicklung seines Gehirns bestimmend. Einsamkeit und dürftige Nahrung können daher die Entwicklung des Gehirns auf nicht wiedergutzumachende Weise beeinträchtigen.

Eine wesenstreue Einzelgängerin

Unter Katzen gibt es keine soziale Hierarchie. Unter den Katern entwickelt sich zwar, besonders zur Ranzzeit, eine lockere Rangordnung. Aber sonst ist jede Katze allein auf der Welt. Ihre Vorfahren lebten nie in Gruppen oder Rudeln zusammen wie etwa die Hunde. Jedes Tier schlug sich allein durch. Noch eine Besonderheit verdient es, festgehalten zu werden: Wo mehrere Katzen zusammenleben müssen, entwickeln sie untereinander ein freundschaftlicheres Verhältnis als Hunde. Sie können also alle recht gesellig sein, wenn die Umstände dies erfordern.
Statt dem Menschen bei der Jagd zu helfen, jagte die Katze stets für sich und verweigerte sich den Ausbildern, die Hund und Pferd zu Ruhm und Auszeichnungen verhalfen. Die Tiere, die als natürliche Haustiere gelten (Hund, Pferd, Schwein etc.), leben vorzugsweise in Herden oder Rudeln zusammen und bestimmen stets ein Leittier. Die Katze dagegen, die sich absondert und ihrem ureigenen Wesen stets treu geblieben ist, anerkennt Führereigenschaften weder in anderen Katzen noch in Menschen.
Katzen passen sich veränderten Umständen rasch an, denn sie erinnern sich an das, was sie gelernt haben, und greifen in neuen Situationen auf ihre Erfahrungen zurück. Sie jagen zum Beispiel nur, wenn die Mutter eine gute Jägerin war. Diese lehrt das Jungtier (welches das Gelernte nie mehr vergißt) die verschiedenen Jagdtechniken, die die gute Fängerin ausmachen. Die Kinder einer jagdunlustigen Mutter lernen weder töten noch mit kleinen Tieren spielen.
Das Verhalten der Katze ist oft schwierig zu verstehen. Sie ist fähig, mit schläfrigen Augen in die Welt zu blinzeln, und hat doch Sekunden später eine Maus aufgespürt. Oder sie überhört den Ruf des Besitzers, springt aber beim Klirren des Freßnapfs sofort auf.
Die Katze ist vor allem auch selbstgenügsam und richtet ihre Aufmerksamkeit auf die Dinge, die sie interessieren und ihrem Wohlergehen förderlich sind. Die Gegenwart von Menschen ist ihr meist angenehm, besonders wenn sie spürt, daß sie geliebt wird. Liebkosungen sucht sie nur, wenn sie dazu aufgelegt ist. Dann drückt sie ihre Zufriedenheit und ihr Wohlbehagen mit dem berühmten Schnurren aus. Sind die Besitzer für ein paar Tage weggefahren, empfängt sie sie vielleicht kühl oder gar abweisend, will aber ein anderes Mal plötzlich gestreichelt werden.

Die Katze: eine schlaue Einzelgängerin, die sich ihr ureigenes Wesen bewahrte.

Die Katze besitzt einen außerordentlichen Gleichgewichtssinn. Fällt sie von irgendwo herunter, landet sie beinahe immer auf den Pfoten.

Sie lernt, ohne unterwürfig zu sein
Die Katze ist ein stolzes, seiner Würde bewußtes Tier, das sich nur selten belehren oder zu etwas zwingen läßt. Lieber hungert sie, erträgt die Unbill der Witterung und schläft in einer weggeworfenen Schachtel im Rinnstein, als daß sie etwas lernt oder arbeitet.
Nur wer sehr viel Erfahrung und Geduld hat, wird eine Katze dazu bringen, auf Befehl die Türe zu öffnen, das Pfötchen zu geben, vor dem Freßnapf zu sitzen, sich totzustellen, sich am Boden zu wälzen oder einen Gegenstand zu holen. Sie läßt sich nur dann bis zu einem gewissen Grad abrichten, wenn sie darin für sich einen Vorteil sieht. Ein Kunststück lehrt sie nur der Belohnung wegen oder wenn eine starke Persönlichkeit sie mit Beharrlichkeit dazu anhält. Am gelehrigsten und willigsten ist sie mit vier bis fünf Monaten. Ausgewachsene Katzen verweigern den Gehorsam, weil sie derlei Unterhaltung für Unsinn erachten. Gewisse Dinge lernen Katzen aber oft aus eigenem Antrieb: Ans Fenster klopfen, um eingelassen zu werden, sich an die Klinke zu hängen, um aus dem Zimmer zu gelangen, Nahrung in Schachteln verstecken oder den Kühlschrank öffnen, um an den köstlichen Fisch heranzukommen.
Bis zu fünf oder sechs Monaten spielt die Katze, springt, vergnügt sich, entdeckt das Leben, aber ihr Tun ist unbewußt und nicht gesteuert. Und wenn sie später manchmal ein Ziel verfolgt, dann lediglich eines, das sie sich selbst steckt. Ab und zu beugt sie sich aus Zuneigung den Wünschen von «Herrin» oder «Herr», aber nur weil es ihr Freude macht.

Unbeständigkeit ist ihr Beruf
Die Katze schläft mehrere Stunden im Tag oder gibt vor, zu schlafen. Ein Knistern, ein verdächtiges Rascheln genügt, und sie öffnet die Augen und spitzt die Ohren.
In der Gestaltung ihres Alltags ist die Katze unbeständig. Sie pflegt einige Zeit auf einem bestimmten Kissen oder in einer bestimmten Ecke zu schlafen oder während Wochen ein bestimmtes Fertigfutter zu essen, ändert dann aber plötzlich ihre Gewohnheiten, indem sie sich einen anderen Schlafplatz sucht und das gewohnte Futter stehen läßt. In ihrer Zuneigung zu Menschen dagegen ist sie beständig. Ebenso benützt sie, wenn sie im Haus gehalten wird, zum Glück regelmäßig die Katzentoilette. Wäre sie nicht ein so sauberes Tier, genösse sie vermutlich weniger Sympathien. Vielleicht hätte sie ohne diesen Vorzug nie in Häusern Aufnahme gefunden, streunte noch heute herum oder wäre wie andere Feliden vom Aussterben bedroht.

Veränderung, Gedächtnis, Neugierde
Wechsel in der Familie, in der Umgebung oder in Gewohnheiten sind der Katze von tiefster Seele zuwider. Alte Katzen versuchen oft, ein Jungtier, das in das Haus kommt, zu vertreiben, oder sie zeigen ihm die kalte Schulter, würdigen es keines Blicks und behandeln es wie Luft.
Die Katze ist von Natur aus neugierig. Ein kleiner, rollender Ball, ungewöhnliche Gegenstände, offene Schubladen fesseln sie. Sie ist trotz ihrer scheinbaren Zartheit und erlesenen Schönheit kräftig und keck. Dinge und Tiere, die größer sind als sie selbst, ignoriert sie wenn möglich – auch Hunde, obwohl sie sich gegen diese zu verteidigen weiß. Vor dem Feind macht sie einen Buckel, um größer und furchterregender zu wirken. Eine scheue, ängstliche Katze, die davonrennt, wenn sie angesprochen wird, ist irgendwann mißhandelt worden. Es ist an uns, ihr Vertrauen

Intelligent, scheinbar unbeständig, einzig der eigenen Natur gehorchend, eifersüchtig, neugierig. Die Katze, ein wesenstreues und selbstgenügsames Tier, läßt sich nicht beherrschen und zeigt sich nie unterwürfig.

wieder aufzubauen, indem wir ihr einen vollen Napf hinstellen und ihr aus Distanz beruhigend zusprechen. Es gibt kaum eine Katze, die lockende menschliche Laute ungerührt lassen.
Die Katze hat ein gutes Gedächtnis. Sie kennt jene, die ihr Gutes erweisen, oft nach recht langer Zeit wieder, aber auch jene, die sie mißhandelt haben. Sie hat einen beachtlichen Orientierungssinn, der in gewisser Beziehung mit ihrer Anhänglichkeit und Treue gekoppelt ist. Schon viele Katzen haben große Distanzen zurückgelegt und schwierige Hindernisse überwunden, um in die vertraute Gegend zurückzukehren. Daraus wurde abgeleitet, daß Katzen sich – wie hochentwickelte Zugvögel – in einer fremden Umgebung anhand der Schatten und des magnetischen Feldes zu orientieren vermögen. Sobald sie in der Nähe ihres Zuhause sind, ist für sie das Zurückfinden problemlos, denn sie kennen den Ort an den Geräuschen und Gerüchen wieder.

Die Verteidigung des Reviers
Die Katze hat die fernen Zeiten nicht vergessen, in denen sie als wild lebendes Tier ihr Revier gegen jeden Eindringling – Feind oder Freund – verteidigen mußte. Tierpsychologen zufolge muß man sich das Revier der Katze als in drei konzentrische Zonen aufgeteilt vorstellen. Die Mitte bildet ihre eigentliche, unantastbare Zufluchtsstätte, die der Wohnung oder deren nächsten Umgebung entspricht. Es ist der Ort, wo die Katze gewöhnlich schläft. Die zweite, Eindringlingen ebenfalls verbotene Zone ist das Gebiet, in dem sie ihre Spaziergänge macht. Die dritte Zone ist ihr ausgedehntes Jagdgebiet. Kater grenzen das Revier in Garten, Feld und Wald, in dem sie sich als Herr fühlen, mit Urinspritzern ab, um fremde Kater von ihrem Besitz fernzuhalten.

Die überaus neugierigen Jungtiere erkunden die Welt am liebsten selbst.

Die Katze duldet keine Konkurrenten in ihrem Revier.

Kater, die sich kennen, machen die Grenzen untereinander in einer Art Gentlemen's Agreement aus und leben problemlos zusammen. Sie verteidigen ihr zeitweiliges Revier gegen jedes andere Tier und fliehen, wenn es sein muß, lieber nach Hause, als daß sie die Herrschaft teilen und etwas von ihrer Unabhängigkeit einbüßen. Bei kastrierten Katern, deren Urin den charakteristischen Geruch verloren hat, verliert das Problem an Bedeutung. Dies ist auch bei gutversorgten, regelmäßig gefütterten Tieren der Fall, denen ein ungefährdetes, unantastbares Heim gewiß ist, wo sie ungestört schlafen können.

Das Bedürfnis, die Schlafecke sauberzuhalten, ist den Katzen angeboren. Schon die Katzenkinder hassen Schmutz und lernen früh, die Katzentoilette aufzusuchen. Die instinktive Furcht, von Feinden entdeckt zu werden, zwingt sie, ihre Fäkalien zu verscharren.

Sollte ein junges Tier die Lehren der Wildnis vergessen haben und seine Umgebung verschmutzen, muß es sofort zur Reinlichkeit angehalten werden. Einmal erwachsen, läßt es sich kaum mehr dazu bewegen, die schlechte Gewohnheit aufzugeben. Am besten trägt man es sofort ins «Kistchen». Dieses muß regelmäßig geleert und von Zeit zu Zeit heiß gewaschen werden. Die Gewöhnung an die Katzentoilette erübrigt sich bei Tieren, die Zugang zu einem Garten haben.

Keine Katze, ob kastriert oder nicht, ob Rassentier oder Zufallsmischung, läßt das Herumtreiben. Der Jagdtrieb, die Abenteuerlust oder der Sexualtrieb verführen sie immer wieder zu kürzeren oder längeren Eskapaden. Da sie sich aber gut orientieren kann, findet sie immer wieder nach Hause. Die Verbundenheit mit ihrem Heim und auch die Gewißheit, einen vollen Napf vorzufinden, lassen sie nach kürzerer oder längerer Abwesenheit wieder nach Hause zurückkehren. Trotzdem oder gerade deswegen kann keine Katzenbesitzerin und kein Katzenbesitzer je behaupten, völlig Herr ihres Tieres zu sein.

Die Wetterfühligkeit

Viele Tiere wie Hunde, Pferde, Esel oder auch Vögel wie Schwalben sind wetterfühlig und werden unruhig oder bedrückt, wenn ein Sturm im Anzug ist. Hunde und Pferde haben zudem, genauso wie wildlebende Tiere, schon oft Erdbeben zum voraus «gefühlt». Eigenartige Tierlaute, das Stampfen und Ausschlagen von Pferden, die plötzlich Flucht von Wölfen und Eichhörnchen warnten den Menschen vor mancher aufziehenden Tragödie.

Auch die Katze ist wetterfühlig. Sie wird vor Regenfällen unruhig und sucht Schutz, auch wenn noch nichts auf den Wetterumschlag hinweist. Es wäre jedoch falsch, zu behaupten, Katzen könnten uns dank einer magischen Sensibilität vor Gewittern warnen. Sie riechen lediglich den Regen von Ferne, nehmen den Druckabfall und schwache Beben wahr und registrieren Veränderungen im gewohnten Tagesablauf, die zum Beispiel eintreten, wenn der Besitzer eine Reise plant. Wir können diese Fähigkeit als sechsten Sinn bezeichnen; wissenschaftlich belegen läßt sie sich jedoch nicht. Wenn die Katze sich die Pfote leckt oder sie ins Ohr steckt, kommt es gemäß dem Volksmund regnen oder es steht ein Wetterumschlag bevor. Warteten im letzten Jahrhundert zu Zeiten der Dürre die Bauern auf Regen, beobachteten sie erwartungsvoll das Verhalten der Katze.

Die Katze hat eine angeborene Abneigung gegen Wasser. Regen, Pfützen, taunasses Gras und feuchte Erde sind ihr ebenso zuwider wie das Badewasser in der Wanne. Sobald dunkle Wolken aufziehen, verdrückt sie sich. Sie ist schlecht vor Wasser geschützt, denn ihr Fell ist nur unzureichend mit einer wasserabstoßenden Fettschicht überzogen. Es hält

Die mit rauhen Hornpapillen besetzte Zunge reinigt das Fell und bringt es zum Glänzen.

Die Jagd beginnt mit dem zielbewußten Anpirschen.

die Kälte ab, aber nicht starke Nässe. Die Katze hat keinen «Regenmantel» wie gewisse Hunderassen – z. B. die Labrador Retriever –, die mit Freuden baden gehen. Zudem versteht es die Katze nicht, das Wasser abzuschütteln, um schneller trocken zu werden. Sie meistert indes, wenn eine sie verfolgende Hundemeute oder ein waghalsiges Katzenkind sie dazu zwingen, sowohl die Strömung der Flüsse wie die Gefahren der Seen. In Ausnahmefällen, wenn der Hunger sie plagt, erweist sie sich sogar als gute Schwimmerin und geschickte Fischerin.

Der alte Jagdtrieb

Für die im allgemeinen gut gehaltene und gefütterte Hauskatze besteht logischerweise keine Notwendigkeit, auf die Jagd zu gehen. Selbst der Löwe legt sich, wenn sein Magen voll ist, in den Schatten eines Baumes. Doch die Katze hält sich noch immer für eine Beuteschlägerin und gleicht darin dem Menschen, der am Sonntag zum Gewehr greift, um das Jagdritual seiner Vorväter nachzuvollziehen.

Das Jagdverhalten lernt die Katze – wie bereits gesagt – am nachdrücklichsten von der Mutter, die den Jungtieren scheinbar zur Unterhaltung Mäuse und andere kleine Lebewesen zum Töten bringt. Die Verhaltensmuster, die die Kleinen beim Spiel mit den Zähnen und den Pfoten einüben, benützen sie später zum Schlagen der Beute. Das Töten einer Maus bleibt ein instinktiver Reflex, der auch im Alter nicht abklingt. Das ist eine Tatsache, die alle Katzenbesitzer, wenn ihr Liebling eine kleine Maus oder einen Vogel nach Hause bringt, jedesmal betrübt.

Die Katze sitzt stundenlang geduldig vor einem Loch und wartet, bis die ersehnte Beute herauskommt. Sie bemüht sich, so Aufstellung zu nehmen, daß sie nicht entdeckt wird. Wenn es soweit ist, macht sie einen

Die Katze packt die Beute.

Luftsprung, landet mit den Hinterpfoten am Boden und packt mit den Vorderpfoten zu. Der Übergang vom Spiel zum vorsätzlichen Töten vollzieht sich meist sehr rasch. Der Hunger diktiert das Todesurteil. Verwilderte oder halbverwilderte Katzen töten kleine Tiere (Mäuse, Kaninchen, Vögel) oft mit einem Genickbiß, der dem Opfer die Wirbelsäule bricht und es sofort tötet.

Die Katze ist, wie Beobachtungen auf Bauernhöfen und in städtischen Hinterhöfen zeigen, keine unfehlbare Töterin. Achtzig Prozent der Vögel und fünfzig Prozent der Mäuse, die sie gefangen hat, entkommen ihr wieder.

Die Katze wird als Mäusejägerin gelobt und als Vogelfängerin angeklagt. Für sie selbst ist die Jagd auf Mäuse dasselbe wie die Jagd auf Vögel, von denen sie gesunde Exemplare höchst selten wirklich erwischt. Viele binden ihrer Katze ein Glöckchen um den Hals, um die Vögel zu warnen, doch ist der Erfolg zweifelhaft. Jedem Katzenbesitzer ist schon ein Stück Fleisch oder Fisch vom Küchentisch gestohlen worden. Schelte nützt wenig, denn sobald die Katze das Gelüst spürt, stibitzt sie wieder, selbst wenn ihr Eßnapf voll ist. Dies zeigt, daß die Katze nicht in dem Maße domestiziert ist wie der Hund. Mit einem Stück ihres Herzens ist sie ein wildlebendes Tier geblieben; den Pakt mit den Menschen ist sie nur unter Vorbehalten eingegangen. Sie beweist aber ihre Freundschaft mit echter Anhänglichkeit, mit Teilnahme und wunderlichen Einfällen.

Obwohl Katzen allein und nur für sich jagen, bringen sie ihre Beute ab und zu nach Hause, um sie mit anderen Katzen oder ihren Menschen zu teilen. Eine solche Liebesbezeugung anzunehmen, fällt oft schwer, besonders wenn uns Kröten oder Mäuse vor die Füße gelegt werden. Dies ist die soziale, ja fast altruistische Seite der Katze.

Eine reiche Sprache
Katzen sind zwar Individualisten, aber eines haben alle gemein: die Sprache. Sie vermögen mit ihr vielerlei Gefühle auszudrücken und sich dem Menschen verständlich zu machen. Es ist ein reiches Idiom, das auf zwei verschiedenen Lautäußerungen beruht: dem Miauen und dem Schnurren. Das Miauen besteht aus verschieden modulierten Tönen, wobei jede Modulation eine bestimmte Bedeutung hat. Das Schnurren dagegen könnte man als «innere Sprache» bezeichnen.
Untereinander können sich Katzen sehr gut verständigen. Sie erkennen einander am Geruch, und wenn sie schon Freunde sind, begrüßen sie einander mit gegenseitigem Nasenreiben oder beriechen gegenseitig Kopf und Analbereich. Sie identifizieren einander am Geruch der Drüsensekrete. Ist die gegenseitige Sympathie sehr groß, reiben sie sich aneinander und hinterlassen auf dem Fell der andern Duftspuren, um sie das nächste Mal wiederzuerkennen. Aus demselben Grund reiben sich Katzen an ihrem Besitzer.
Jungtiere haben noch kein sehr großes Lautrepertoire und beginnen erst mit zwölf Monaten wie erwachsene Katzen zu miauen und zu schnurren. E.T.A. Hoffmann, einer der wichtigsten Dichter der deutschen Romantik und Verfasser der «Lebensansichten des Katers Murr» sagte, die Katze habe die unglaubliche Fähigkeit, mit dem einzigen Wörtlein «Miau» Freude, Schmerz, Wohlgefallen, Verzückung, Angst, Verzweiflung, kurz alle Empfindungen und Leidenschaften auszudrücken. Am reichsten und ausdrucksvollsten ist das Miauen zur Brunstzeit.
Oft werden Signale der Katzensprache dazu benützt, um eine Beziehung zu Menschen oder anderen Tieren herzustellen. Die Verhaltensmuster, die Katzen untereinander benützen, wenden sie auch dem Hund und dem Besitzer gegenüber an. Im Haus geborene und aufgewachsene Katzen entwickeln spontan eine nur auf den Besitzer bezogene Verhaltensweise. Dies zeigt, daß katzenartige Säugetiere ihr Verhalten der Umgebung anzupassen vermögen. Eine Katze, die sich im trauten Heim geliebt und geachtet fühlt, offenbart ihre wahren Gefühle und ist offen und ehrlich.
Die Katze drückt sich aus, indem sie miaut. Das Miau kann je nach Gemütszustand Hunger, Liebesleid, Unbehagen, Freude, Ärger oder Schmerz bedeuten und klingt entsprechend einschmeichelnd, dramatisch, ruhig oder bohrend. Gewisse Rassen – zum Beispiel die Siamesen – sind gesprächiger als andere.
Der Lautschatz der Katze ist größer als der des Hundes. Zur Verständigung mit Artgenossen stehen ihr über fünfzig verschieden gefärbte Laute zur Verfügung. Sie bildet «Worte», deren Sinn die anderen Katzen verstehen. Was sie vom Menschen hält, würden wir erst erfahren, wenn es uns in einer fernen Zukunft gelingen sollte, ihr Idiom zu übersetzen.
Um Freude, Wohlbefinden und Zuneigung zu ihrem Herrn auszudrücken, schnurrt die Katze. Das eigenartige, vibrierende Geräusch entsteht vermutlich durch die Reibung der Stimmbänder und ist für katzenartige Säugetiere typisch.
Die Körpersprache der Katze umfaßt mehr als sechzig Ausdrucksformen, die auf der Neigung des Kopfes, der Stellung des Schwanzes und der Mimik beruhen. Die charakteristischsten Formen sind das Sträuben des Fells, um vor dem Feind größer zu erscheinen, das Buckeln, um Furcht einzuflößen, und auch das Um-die-Beine-des-Herrn-Streichen, um gestreichelt oder gefüttert zu werden.
Wenn die Katze schnurrt oder mit dem Schwanz wedelt, drückt sie ein inneres Bedürfnis oder einen Wunsch aus. Sie versteht es nicht, Gefühle zu verbergen, weder freundliche noch gegenteilige.

Buckel und gesträubtes Fell: die Katze steht einem Feind gegenüber.

Bewegt die Katze den Schwanz langsam hin und her, ist sie – im Gegensatz zum Hund – nervös und will nicht gestört werden. Streckt sie ihn gerade in die Höhe und schnurrt vielleicht noch dazu, ist sie zufrieden. Sie tut dies beinahe jedesmal, wenn sie merkt, daß ihr Futter bereitgemacht wird. Läßt sie den Schwanz hängen oder streckt ihn mit gesträubtem Fell im Bogen in die Luft, ist ein Feind in der Nähe, der sie verärgert oder ängstigt.

Das anhängliche Katzenweibchen

Die Katze zeigt dem Besitzer ihre Zuneigung, indem sie Kopf und Körper an seinen Beinen reibt, ihm mit der rauhen Zunge Gesicht und Hände leckt oder sich flach auf den Rücken legt und am Bauch gekrault sein will, oft aber bei der ersten Berührung zubeißt. Beim körperlichen Kontakt mit der geliebten Person schließt sie zuweilen «wollüstig» die Augen.
Weibchen lassen sich im allgemeinen eher zu Liebesbezeugungen herbei als Kater. Der Zweisamkeit mit Kater oder Kätzin geht oft ein hübsches Ritual voraus: Bevor sich das Tier der Bezugsperson in den Schoß legt oder sich auf dem Lieblingskissen niederläßt, führt es einen eigenartigen Spitzentanz – das sogenannte Treteln – auf, indem es wiederholt die Krallen sanft in das Gewebe stößt, auf dem es sich niederlassen will.

Der Schlaf

Die Katze verschläft zwei Drittel des Tages. Noch wissen wir nicht, warum sie doppelt soviel Schlaf braucht wie andere Tiere. Die Dauer des täglichen Schlafes ist jedoch unterschiedlich und vom Sättigungsgrad, den sexuellen Anreizen, dem Alter und der Jahreszeit abhängig. Junge und alte Katzen schlafen mehr als ein gesundes, ausgewachsenes Tier. Die

Eine rollige Katze ist sanft und liebesbedürftig. Gemälde von Edouard Manet.

Kombination Wärme, Sicherheit und voller Magen läßt Katzen zu jeder Tageszeit schläfrig werden.
Im Haus gehaltene Katzen betrachten Armsessel, Betten, Wäschekörbe oder Fenstersimse als ideale Schlafplätze. Herrenlose Katzen sind glücklich über ein Nest in Heu oder Stroh oder eine weggeworfene Schachtel.
Die Katze bewegt im Schlaf oft die Beine und die Schnurrhaare und gibt allerlei leise Laute von sich. Es ist darum anzunehmen, daß sie träumt.
Schlaflosigkeit ist bei katzenartigen Säugetieren unbekannt. Versuche haben gezeigt, daß eine Katze, die eine Woche lang künstlich wachgehalten wird, stirbt. Derartige Experimente in Laboratorien sind völlig sinnlos und stellen lediglich die Grausamkeit der Menschen unter Beweis.

Ein Blick auf die Rassen

Wer eine Rassekatze erwerben möchte, wendet sich am besten an einen Züchter oder einen national und international anerkannten Edelkatzenzüchter-Verband. Der Züchter kennt die Eltern des Jungtiers und kann dessen Stammbaum vorlegen. Anhand dieser Angaben lassen sich die zu erwartenden guten Eigenschaften des ins Auge gefaßten Kätzchens ungefähr abschätzen. Mit den Züchtern von Edelkatzen wie Persern, Siamesen, Abessiniern, Burma und so weiter kann in den meisten größeren Städten an Katzenausstellungen oder dann über Anzeigen in Katzenzeitschriften Verbindung aufgenommen werden.
Welcher Rasse man den Vorzug gibt, ist eine Frage des persönlichen Geschmacks. Vor dem Kauf ist es ratsam, sich über die Charaktereigenschaften und die Pflege der betreffenden Rassekatzen zu informieren. Muß das Fell gekämmt und/oder gebürstet werden? Ist das Tier eher ruhig oder eher lebhaft? Ist die Rasse robust oder krankheitsanfällig?
Es stehen über vierzig Rassen zur Wahl, und jede hat ihre besonderen Eigenschaften. Perser sind ausnehmend ruhig, orientalische Rassen (vor allem Siamkatzen) eher reizbar und nervös. Siamesen verlangen viel Liebe, die sie auch erwidern. Rex-Katzen sind extravertiert, American Shorthair sind kinderfreundlich, Kartäuser sind ausdauernde Mäusefänger, Britisch und Europäisch Kurzhaar sind sehr gutmütig und zutraulich.
Langhaarkatzen brauchen mehr Pflege als Kurzhaarkatzen. Am zeitraubendsten ist die der Perser. Aber auch Halblanghaarkatzen wie Balinesen, Birma, Somali, Maine Coon etc. müssen täglich gekämmt werden.
Bei der Wahl der Rasse ist die Temperatur, die im Mittel im Hause herrscht, zu berücksichtigen. Perser fühlen sich in einer zu warmen Umgebung nicht wohl, und Siamesen ertragen Kälte nicht. Amerikanische, Britische und Europäische Kurzhaar passen sich dagegen praktisch jedem Klima an.
Verlangen Sie beim Kauf einer Katze außer dem Stammbaum auch den Impfschein, aus dem hervorgeht, wann und gegen welche Krankheiten das Tier geimpft wurde. Eine Katze mit Stammbaum sollte theoretisch einen ausgeglichenen Charakter und keine Erbfehler haben. In Wahrheit hat jede Rasse ihre Vor- und Nachteile, und jede Katze sollte individuell beurteilt werden.
Wer eine Vorliebe für eine bestimmte Rasse hat, aber nicht zuviel auslegen und natürlich auch nicht selber züchten möchte, wählt ein Tier, das wegen eines kleinen Fehlers – zum Beispiel bei der Fell- oder Augenfarbe – dem offiziellen Standard nicht ganz genügt. Es wird billiger abgegeben und dennoch eine wunderschöne Hauskatze werden.
Hat man sich für eine Katze – mit oder ohne Stammbaum – entschieden, ist es wichtig, das Jungtier und den Ort, wo es herkommt, genau unter die Lupe zu nehmen. Verlassen Sie sich auf den ersten Eindruck. Es ist

wichtig, daß die Jungtiere in eine warme, saubere und ruhige Umgebung hineingeboren wurden, denn Kälte und Schmutz machen Katzen krank, und zuviel Lärm schädigt ihr Nervensystem.
Das Kätzchen muß munter und glücklich wirken und sein Gewicht dem Alter entsprechen. Nichts darf auf eine Infektion hinweisen. Augen, Ohren, Nase, Zähne, Fell, Bauch und After sind sorgfältig zu prüfen. Schlechte Anzeichen sind schmutzige, übelriechende Ohren, ein geblähter Bauch, Husten, Niesen, Appetitlosigkeit, Mattigkeit, Ungeziefer im Fell, mißgebildete Krallen, unregelmäßig gehender Atem und Durchfall.
Wer ein Kätzchen mit Stammbaum kaufen will, muß wissen, daß das Fell vieler Rassekatzen erst nach einigen Monaten die endgültige Farbe und Dichte entwickelt.
Der Preis einer Katze richtet sich nach Rasse, Schönheit der Eltern, Stammbaum und den von den Vorfahren bei Katzenausstellungen erzielten Klassifizierungen und gewonnenen Titeln. Wird eine Katze zu billig angeboten, ist Vorsicht am Platz. Am meisten gelten Ausstellungskatzen mit einem Jahr (Kater), beziehungsweise achtzehn Monaten (Kätzinnen).
Auch wenn ein Kauf mit allen Garantien getätigt wurde, ist eine baldige tierärztliche Untersuchung unumgänglich. Kluge Katzenhalter wissen, daß jedes Tier seinen Tierarzt haben muß, genau wie jedes Familienmitglied seinen Arzt hat.

Kater oder Kätzin, das Dafür und Dawider

Wenn man keine Jungtiere will oder eine Kastration ins Auge faßt, ist es gleichgültig, ob man einen Kater oder eine Kätzin kauft. Beide sind gleich schön, gleich intelligent und gleich liebenswert. Kater werden etwas größer und sind vielleicht ein wenig aggressiver und unabhängiger. Die Kastration schwächt diese Nachteile allerdings ab.
Katzenweibchen sind von Natur aus anhänglicher, schnurren schneller

Die Burmakatze vereint Zuneigung und Intelligenz mit einem angeborenen Sinn für Zurückhaltung. Sie hat eine laute Stimme.

Die British Blue («Kartäuser») sind, obwohl sie etwas massig wirken, ausdauernde Mäusejäger. Mit ihrem sanften, anhänglichen und klugen Wesen eignen sie sich gut als Wohnungskatzen.

Die Birma ist eine liebenswerte gesellige Katze. Sie eignet sich besonders für ruhige Menschen, denen sie in aller Stille und mit treuer Ergebenheit zugetan ist. Selbst beim Spielen bleibt sie ruhig und besonnen – im Gegensatz zu den ungestümen Siamkatzen.

Die Maine Coon ist gescheit, gewandt, anhänglich und häuslich, aber zugleich eine hervorragende Jägerin.

Oben: Eine Katze, die mit dem Schwanz wedelt, ist unruhig und gereizt. Unten: Ausdruck der Katze vor einem Kampf: Die Zeichnungen von oben links nach unten rechts zeigen, wie die Angst wächst. Unten links: Höhepunkt von Aggressivität und Furcht. Die Katze greift an, da keine Fluchtmöglichkeit besteht.

und sind – außer während der kurzen Rolligkeitsperioden – häuslicher. Das Geschlecht der Katze ist in den ersten Lebenswochen wenig ausgeprägt, und Unerfahrene verwechseln Männchen und Weibchen oft. Besonders leicht täuscht man sich, wenn ein Wurf nur aus Katerchen oder nur aus Weibchen besteht. Als Regel kann man sich merken, daß beim Weibchen der Abstand zwischen After und Genitalien kleiner ist als beim Kater.
Kater werden mit sechs bis acht Monaten geschlechtsreif. Können sie ins Freie, beginnen sie die Umgebung auszukundschaften, ihr Revier mit Urin abzugrenzen und eine Partnerin zu suchen. Es kann dann vorkommen, daß sie auch an Türen und andere Dinge innerhalb des Hauses spritzen, und leider stinkt ihr Urin scheußlich.

Herr innerhalb von vierundzwanzig Stunden
Jungtiere können der Mutter weggenommen werden, sobald sie in der Lage sind, sich selbst zu ernähren, d. h. wenn sie einen Napf Brühe lecken oder kleine Fleischstückchen schlucken können. Trennen Sie sie aber nie zu früh von der Mutter, denn Katzen benötigen die Muttermilch mehr als andere Fleischfresser. Sie ist reich an Proteinen, Fett, Vitaminen und Mineralstoffen, beugt Krankheiten vor und gibt Gewähr für ein normales Wachstum.
Ein Kätzchen kann man im Alter von zwei Monaten nach Hause nehmen. Es wird sich nach kaum vierundzwanzig Stunden in der neuen Umgebung zu Hause fühlen und Mutter und Geschwister vergessen. Wenn es nach einiger Zeit wieder mit diesen zusammenkäme, würde es sie nicht wiedererkennen. Es wären in seinen Augen fremde Katzen, die es vielleicht sogar ängstigten.
Auch eine halbjährige oder jährige Katze gewöhnt sich, wenn sie nicht durch schlechte Erfahrungen verunsichert worden ist, gut in eine neue Familie ein, die sie liebt und füttert. Doch Vorsicht: Herrenlose, verängstigte und mißhandelte Katzenmütter vererben manchmal ihre Menschenscheu und ihre Furcht vor anderen Tieren und lauten Geräuschen auf ihre Jungen. Wer ein verängstigtes Kätzchen bei sich aufnimmt, muß es mit viel Geduld ans häusliche Leben gewöhnen, ihm schmackhaftes Futter hinstellen, es nur streicheln, wenn es sich von selber nähert, sich vor seinen Krallen in acht nehmen und aufpassen, daß es nicht davonrennt, wenn irgendwo eine Türe aufgeht.

Weiß sie, wie sie heißt?
Die Katze ist ein vom Instinkt beherrschtes Tier, das tut, was ihm Spaß macht. Sie lernt aber ihren Namen verhältnismäßig schnell, besonders wenn sie damit zum Fressen gerufen wird. Bei anderen Gelegenheiten wird sie sich aber taub stellen oder trotz wiederholten Rufens ihrer Wege gehen.
Geben Sie ihr einen hübschen, mehrsilbigen Namen, auf den sie gut hören kann. Jemand taufte seinen Kater «Dr. Livingstone, I presume» (Dr. Livingstone, nehme ich an) und beklagte sich, weil das Tier nicht auf diesen Namen reagierte. Nur bei einer sehr innigen und intensiven Beziehung zwischen Besitzer und Katze hört die Katze auf den Namen, mit dem sie gerufen wird. Der Name sollte beim Spiel, vor und nach dem Fressen und bei Liebesbezeugungen immer wieder wiederholt werden.

Die erste Berührung mit lebenden Wesen
Die wachen Stunden des Jungtiers sind mit Spiel ausgefüllt – eine wichtige Tätigkeit bei der Entwicklung seiner Geschicklichkeit, Intelligenz und

anderer «Künste». So wächst das Kätzchen zu einer Katze heran, die sich in jeder Lebenslage zurechtfindet. Gerade in den ersten Lebensmonaten vollziehen sich die wichtigsten körperlichen und geistigen Veränderungen.

Im allgemeinen fördert die Mutter diese Entwicklung, doch hat auch das Verhalten der Familie einen entscheidenden Einfluß. Anreize fördern die Hirnfunktionen, weshalb gutgehaltene junge Katzen ausgeglichener, neugieriger und glücklicher sind und zu lernfreudigen und selbstsicheren Katzen heranreifen. Herrenlose Katzen, die nie eine Beziehung zu Menschen aufgebaut haben, verhalten sich gegenüber Artgenossen und Menschen scheu und aggressiv. In den ersten vier bis fünf Lebensmonaten lernt das Jungtier Leute, Hunde, Spielsachen, kleine Tiere, Autos, Geräusche, gutes und schlechtes Futter, gute und schlechte Manieren kennen und unterscheiden und entwickelt früh ein auf die Sache bezogenes Verhalten.

Schon mit vier Wochen beginnen die Jungen zu spielen. Je älter sie werden, desto vergnüglicher und vielfältiger wird das Spiel. Es hält das Jungtier wach, macht es glücklich, entwickelt seinen Jagdtrieb, stimuliert die Reflexe und ist lebensnotwendig. Alles was sich bewegt, zieht das junge Kätzchen in seinen Bann. Kaufen Sie ihm eine Gummimaus oder einen Gummiball, damit es sich nicht auf eigene Faust ein Spielzeug sucht, an den Teppichen kratzt, Wollknäuel stiehlt, auf elektrischen Kabeln herumbeißt oder von Stuhl zu Stuhl springt.

Jungtiere, die sich auf einem Balkon oder in einem Garten tummeln können, jagen Schmetterlingen, Käfern oder dürren Blättern nach. Natürlich lassen sich mit einem Papierknäuel, einem an eine Schnur gebundenen Korken oder einer Quaste hundert andere Spiele erfinden. Dem Besitzer wird es nicht an Phantasie fehlen, und das Kätzchen wird danach friedlich schlafen.

Lassen Sie das Kätzchen aber nicht mit Dingen spielen, die ihm gefährlich werden können. Es darf weder auf Kabeln herumbeißen noch die feuchte Nase in die Steckdose drücken. Stecknadeln und Tabletten werden unversehens verschluckt. In Schubladen kann es stundenlang eingeschlossen werden. Stürze von Balkonen, die nicht durch ein Netz oder Gitter gesichert wurden, sind nicht selten. Ein Jungtier sollte deshalb beaufsichtigt und von Gefahrenquellen ferngehalten werden. Muß man es allein lassen, sperrt man es am besten in ein Zimmer ein, in dem ihm nichts gefährlich werden kann.

Ausgewachsene Katzen spielen weniger oft. Vermutlich ändert sich auch die Bedeutung des Spiels; es wird mehr zum Reflex oder zu einer angenehmen Erinnerung. Immerhin balgen sich auch ältere Katzen immer wieder in spielerischer Eintracht.

Schelte tut ab und zu not

Wie schon gesagt, lassen sich Katzen im Unterschied zum Hund selten abrichten und erziehen. Sie sind Autodidakten, und ihr Verhalten wird von ihrem Instinkt und ihren Reflexen bestimmt. Während der Hund aus Gehorsam zu seinem Herrn nicht auf den Sessel springt, tut es die Katze, sobald niemand hinsieht, weil sie es tun will. Hunde haben den Instinkt, sich einem Leittier unterzuordnen. Die Beziehung zwischen Katze und Mensch dagegen ist ein Kompromiß, ein nur begrenzt geltendes, stillschweigendes Abkommen. Die Katze hat keinen Anführer.

Wenn sich die Katze allzuviele Freiheiten herausnimmt – und das kann recht häufig geschehen –, darf man sie niemals schlagen, ihr mit dem Besen drohen oder Gegenstände nach ihr werfen, auch wenn man sich

Eines von Théophile Alexandre Steinlens berühmten Plakaten.

Bei der weiblichen Katze ist der Abstand zwischen After und Genitalien kleiner als beim Kater.

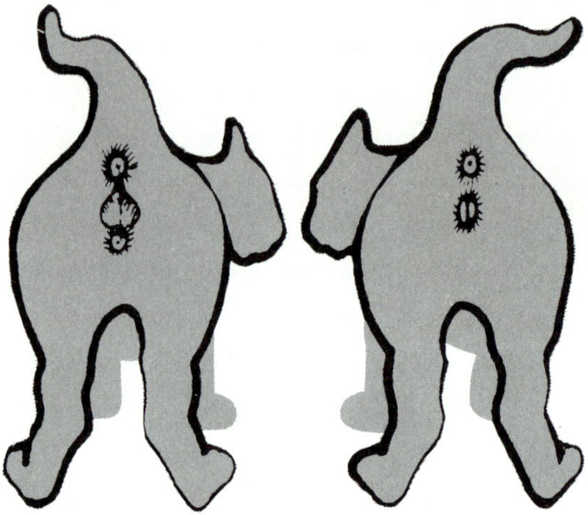

dazu versucht fühlt. Selbst lautes Ausschelten und Anschreien könnten für sie zu einem traumatischen Erlebnis werden. Die Katze wäre unfähig, eine solche Strafe mit dem gemausten Beefsteak in Verbindung zu bringen, denn was wir als «Diebstahl» bezeichnen, entspricht ganz einfach ihrer Natur.

Das heißt aber nicht, daß die Katze, wenn sie wiederholt wegen Unartigkeiten wie Diebereien in der Küche zurechtgewiesen wird, nicht weiß, daß sie unser Mißfallen erregt. Wenn wir sie auf frischer Tat ertappen, wird sie die Flucht ergreifen, da sie unsere Reaktion fürchtet; dies verhindert indes nicht, daß sie bei nächster Gelegenheit wieder etwas mausen wird.

Man kann einer Katze zu verstehen geben, daß etwas verboten ist, aber man kann sie nicht dazubringen, etwas aus Gehorsam auch in Zukunft zu tun oder zu lassen. Sie ist weit entfernt von den bedingten Reflexen und der Disziplin des Hundes. Doch wenn die Katze dasselbe Temperament hätte wie der Hund, wäre sie keine Katze.

Natürlich kann es manchmal notwendig sein, dem Treiben der Katze gewisse Grenzen zu setzen. Bestimmte Katzenhalter sind der Ansicht, das Einschreiten gegen unliebsame Verhaltensweisen sei so zu gestalten, daß es von der Katze nicht mit der Bezugsperson in Verbindung gebracht wird, sondern wie eine unpersönliche Vergeltung wirkt. Demgemäß hätte man sich also mit einer Wasserpistole zu bewaffnen und das Tier in dem Augenblick zu bespritzen, in dem es die «Missetat» begeht. Dieses Vorgehen ist aber alles andere als empfehlenswert, zumal es durchaus genügt, ihm ein kategorisches «Nein!» zuzurufen, sobald es sich ungebührlich benimmt, etwas stiehlt, sich auf dem Sofa niederläßt, auf den Wohnzimmertisch oder jemandem in die Arme springt. Es wird sich zögernd entschließen, sich Ihrem Willen zu fügen. Trifft dies im einen

Links: Die Katze wetzt die Krallen, um die äußeren abschilfernden Hornhüllen zu beseitigen. In Tierhandlungen sind spezielle Knipser erhältlich, die zum Kappen der Krallenspitzen geeignet sind. Rechts: Junge Kätzchen klettern gern an Möbeln und Vorhängen hoch. Eine scharfe mündliche Zurechtweisung bringt sie dazu, von dieser Gewohnheit zu lassen.

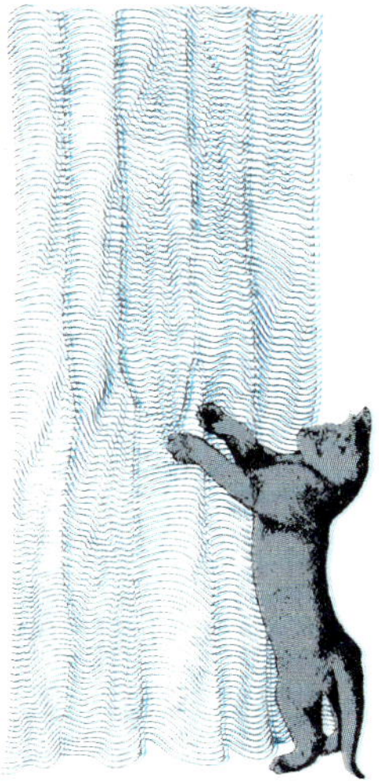

oder anderen Fall nicht zu, sollten Sie sich überlegen, ob der angerichtete Schaden nicht weitaus durch die Tatsache aufgewogen wird, mit einem so entzückenden Wesen, wie es die Katze trotz allem ist, zusammenleben zu dürfen.

Die Krallen sind gefährliche Waffen

Verbieten Sie Ihrer Katze strikte, die Krallen an Polstermöbeln oder Teppichen zu wetzen. Im Haus gehaltenen Katzen kauft man am besten in einem Spezialgeschäft einen Kratzbaum. Ihr die Krallen auf operativem Weg entfernen zu lassen, rechtfertigt sich in gar keinem Fall und ist deswegen in Deutschland und in der Schweiz gesetzlich verboten. In Österreich gibt es kein Verbot, doch wird die Entfernung der Krallen allgemein abgelehnt. Krallenlose Katzen sind zu Katzenausstellungen nicht zugelassen, und die meisten Tierärzte weigern sich, die Operation vorzunehmen. Sie verbietet sich für jeden wahren Tierfreund auch da, wo sie nicht durch das Gesetz untersagt wird, aus leicht erfindlichen Gründen. Vor allem macht sie die Katze wehrlos, so daß sie sich zum Beispiel vor einem aggressiven Hund oder einer anderen Gefahr nicht einmal mehr durch Flucht auf einen Baum zu retten vermag.

Die Katze kratzt aus zwei Gründen an weichen Gegenständen: um die Krallen zu wetzen und um sichtbare Zeichen für ihre Artgenossen zu hinterlassen. Diese dokumentieren einerseits die Inbesitznahme und übermitteln andererseits die Botschaft: «Ich bin hier und bin zu einer Liebesbeziehung bereit.»

Wir können der Hauskatze jedoch ohne viel Aufwand beibringen, die Krallen stets am selben, von uns vorbereiteten Ort zu wetzen, z.B. an

Wie wählt man eine Katze aus? Wichtig ist vor allem, daß das Tier völlig gesund ist.

einem Kratzpfosten oder auf einem mit Sacktuch oder mit einem Teppichrest überzogenen Brett. Wir tragen die Katze zu dieser Kratzgelegenheit. Sie lernt schnell und mit Wohlgefallen, davon Gebrauch zu machen, und benützt sie meist auch dann, wenn sie den Großteil ihrer Zeit im Freien verbringt. Manche Katzen lassen das Kratzen sogar allmählich bleiben; bei ihnen löst sich das Problem von selbst.

Die Einführung in das neue Heim

Die Trennung von Mutter und Geschwister verläuft für die junge Katze im allgemeinen problemlos. Sie hat sich daran gewöhnt, mit ihren ruhelosen Spielgefährten die nähere Umgebung auszukundschaften und darin ihr neues Leben gesehen. Nun wird sie zum Besitz eines Menschen, oft eines Kindes.

Zum Transport des Kätzchens in das neue Haus voller fremder Gerüche verwendet man einen mit Luftlöchern versehenen Karton, einen verschließbaren Tragkorb oder eine eigens für den Transport von Kleintieren bestimmte Kiste. Der Karton muß stark sein, damit das Tier ihn nicht aufkratzen oder -beißen kann. Wenn es schließlich im neuen Heim freigelassen wird, stellt man ihm am besten gleich etwas zu essen hin. Der erste Eindruck ist ausschlaggebend. Hat es sich beruhigt und wirkt zufrieden, kann man es mit einem Ball oder einer leeren Fadenspule zum Spielen auffordern.

Nachdem es gegessen und gespielt hat und gestreichelt worden ist, ist die Erinnerung an die Mutter bereits verblaßt. Nach einem langen Schlaf werden die neuen Gegenstände und Menschen rund herum voll in Beschlag genommen. Es wird auf wackeligen Beinen in der Wohnung und auf dem Balkon umhergehen und all die geheimnisvollen Winkel aus-

Katzen verschlafen zwei Drittel des Tages.

kundschaften. Es gilt nun, es daran zu gewöhnen, die Mahlzeiten stets dann einzunehmen, wenn die Familie ißt, in einem mit einer Decke oder einem Kissen ausgepolsterten Körbchen zu schlafen und seine Notdurft in der Katzentoilette zu verrichten, deren Standort nie gewechselt werden sollte. Jeder Katzenhalter wird im übrigen den Tagesablauf seines Tiers den eigenen Gewohnheiten entsprechend organisieren.
Man muß mit einem Kätzchen stets lieb und freundlich sein. Vermutlich wird es sein Herz zuerst an die Person hängen, die mit ihm spielt und es füttert. Lärmige Orte, Dinge wie schmetternde Plattenspieler und laute Kinder wird es fliehen.
Kätzchen werden nicht gern herumgetragen und brüsk aufgehoben. Nähern Sie sich ihm langsam und ruhig, reden Sie ihm lieb zu, da es auf den Tonfall der menschlichen Stimme achtet, und liebkosen Sie es vorsichtig. Kinder spielen gern mit Tieren. Denken Sie daran, sie zu sanfter Vorsicht anzuhalten. Überdies ermüden Katzen rasch, und übermäßige Aufregung kann ihnen schaden. Verfolgen Sie es nicht, wenn es mit wedelndem Schwanz Schutz sucht; überlassen Sie es sich selbst.
Ein Kätzchen, das mit seiner neuen Umgebung nicht vertraut ist, läuft möglicherweise weg, um sein altes Zuhause zu suchen, egal wie weit weg dieses ist. Ein Halsband mit Adresse und Telefonnummer hilft einem verirrten oder weggelaufenen Kätzchen, nach Hause zu finden.

Die Rolle des Katzenbetts

Ein Kätzchen, das in eine neue Familie kommt, sollte seine Ecke mit einem Körbchen und einem Kissen vorfinden. Andernfalls sucht es sich selbst ein Bett, wählt einen Sessel, einen Teppich oder sonst einen ihm bequem scheinenden Ort. Tun Sie Ihr Bestes, damit es sich sofort zu

Ein Jungtier, das von seiner Mutter getrennt wurde, schläft die ersten Nächte leichter ein, wenn man ihm einen Wärmbeutel und einen Wecker (das Ticken erinnert an den Herzschlag der Mutter) ins Körbchen legt.

Hause fühlt. Es gewöhnt sich zwar rasch an; dennoch bleibt die Anpassungszeit für das Tier, auch wenn es mit Nahrung und Spiel getröstet wird, stets ein leicht traumatisches Erlebnis.
Es gibt einige Tricks, wie man dem Kätzchen Sicherheit geben kann. Ist es sehr früh von der Mutter weggenommen worden und fühlt sich in den ersten Tagen am neuen Ort unglücklich, legt man ihm eine Wärmflasche (als Ersatz für die Wärme der Mutter) oder einen laut tickenden Wecker (als Ersatz für den Herzschlag der Mutter) ins Körbchen.
Was man als Katzenbett wählt, ist Sache des persönlichen Geschmacks. Es gibt unzählige Möglichkeiten – vom im Spezialgeschäft gekauften Bett bis zur ausgedienten Holzkiste. Das Bett muß so groß sein, daß eine ausgewachsene Katze darin Platz hat. Berücksichtigen Sie dabei, daß die Katze lieber zusammengerollt schläft als ausgestreckt in einem zu großen Geviert. Das Körbchen oder Kistchen sollte ungefähr 30 cm hohe Wände haben, damit sich das Kätzchen sicher fühlt und vor Zugluft geschützt ist. Man kann es mit Stoff ausschlagen und mit Stroh oder Papierschnitzeln polstern. Den Inhalt sollte man aus Gründen der Hygiene von Zeit zu Zeit wechseln. Alle Katzenhalter wissen, wie gern sich die Tiere an einem geschützten Ort verstecken (in einem Karton, einer Schublade, im Wäschekorb), wenn sie kein eigenes Bett haben. Und selbst wenn sie eines haben, behalten sie diese Gewohnheit gerne bei.
Professionelle Züchter statten einen geeigneten Raum mit Körbchen und Käfigen aus, sorgen für eine gleichbleibende Temperatur und peinlich saubere Katzentoiletten und lassen die Zucht regelmäßig von einem Tierarzt kontrollieren. Doch gibt es überall auf der Welt Millionen von Katzen, die nichts von alledem haben, nicht einmal genügend Futter und Wärme. Sie schlafen unter freiem Himmel oder verkriechen sich, wenn sie

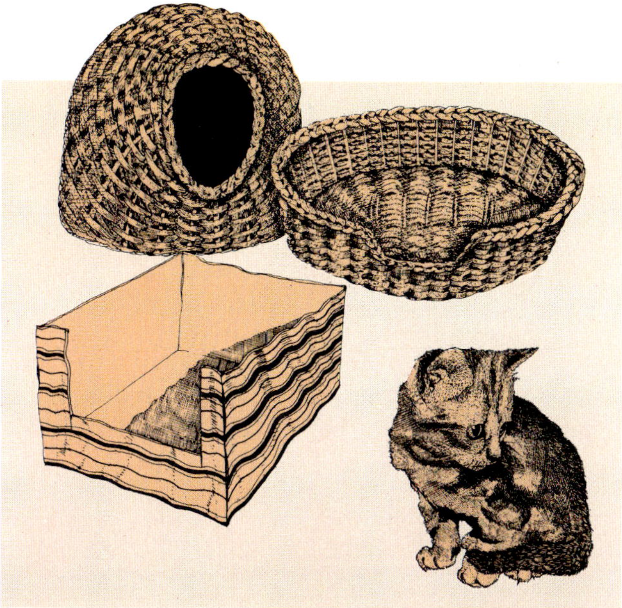

Die Katze gewöhnt sich daran, im eigens für sie an einem ruhigen Ort bereitgestellten Korb zu schlafen.

Um Kratzverletzungen und Fluchtversuchen vorzubeugen, müssen Katzen in speziellen Transportkörben oder mit Luftlöchern versehenen Transportkisten reisen.

Glück haben, unter einem Vordach oder in einem feuchten Keller. In kalten, nebligen Nächten schlüpfen sie manchmal unter eine Autohaube und legen sich auf den Motorblock, um sich zu wärmen.
Nicht alle Katzen freuen sich über ein schön zurechtgemachtes Körbchen; manche verweigern es eigensinnig. Sie suchen oft ausgefallene, harte Schlafplätze: Holzkisten, Bücherregale, Heizkörper und im Sommer kühle Bodenplatten. Wenn Sie der Katze großzügig erlauben, in einem Sessel zu schlafen, sollten Sie diesen aus Hygienegründen mit einem waschbaren Tuch schützen.
Füttern Sie die Katze stets am selben Ort. Dort sollte sie ungestört und in aller Ruhe die Nahrung aufnehmen können. Leben mehrere Katzen zusammen, sollte jede ihren eigenen Eßplatz haben.

Der Kampf gegen die Ratten

Im alten Rom ernährten sich die Katzen von den Mäusen, die in den hölzernen Kornspeichern hausten. Sie nahmen auch den Kampf gegen die größeren und gewitzteren Mäuse auf, die in der Zeit der Völkerwanderung nach Italien kamen. Die großen, aggressiven Wanderratten tauchten erst um 1000 n. Chr. auf. Sie kletterten aus den Bäuchen der Kreuzfahrer-Schiffe, die aus dem Orient zurückkehrten.
Die Wanderratten drangen in die Speisekammern und Speicher ein und zerstörten die Vorräte und Ernten. Da sie sich im Unrat und in den Kloaken herumtrieben, wurden die unersättlichen Nager zu Krankheitsüberträgern. Ein Rattenpaar zeugte im Jahr zwischen fünfzig und achtzig Junge, die sich wiederum in einer schwindelerregenden Progression vermehrten. Die Pestratte des Mittelalters war indes in erster Linie die Hausratte, und nicht die Wanderratte.

Jungkatzen vergessen Mutter und Geschwister schnell.

Schließlich entschlossen sich die Kaufleute, große Mengen von Katzen aus Nordafrika und dem Orient zu importieren. Der Besitz einer Katze wurde für jede zivilisierte Familie zur Lebensnotwendigkeit. Die Katzen waren allerdings kostspielig, denn noch vermehrten sie sich nicht im heutigen Maße. Zudem verschwanden die nützlichen Tiere immer wieder oder wurden – vielleicht für den Kochtopf – gestohlen.
Die Katze galt daher in Europa nicht als angesehene Spielgefährtin, sondern als das neueste und nützlichste Haustier. Von den Grausamkeiten des Mittelalters war bereits die Rede. Aber schon im 17. Jahrhundert ordnete der französische Minister Jean Baptiste Colbert an, jedes auslaufende Schiff habe mindestens «zwei Mäusekatzen» an Bord zu nehmen.

Die legendäre Jägerin

Der Trieb, Mäuse zu fangen, ist tief in der Katze verwurzelt. Wenn sie eine Maus in der Nähe weiß, wartet sie stundenlang und stürzt sich, sobald diese auftaucht, pfeilschnell darauf. Selbst regelmäßig gefütterte Tiere sind oft fleißige Mäusefänger. Da ihnen der kleinste Lichtschimmer genügt, um auch im Dunkeln zu sehen, sind sie Tag und Nacht bereit, der hohen Jagdkunst zu frönen. Sie stürzen sich nicht aus Hunger auf die Nager, sondern aus Instinkt und weil sie es von der Katzenmutter gelernt haben. Ein legendärer Kater namens «Der große Jäger» soll in seinen zwanzig Lebensjahren 22 000 Mäuse erlegt haben. Eine geschickte Katze kann es im Jahr auf mindestens tausend Mäuse bringen. Häuser, in denen Katzen leben, werden von den Mäusen freilich oft gemieden.
Auf Bauernhöfen leben noch heute kräftige Katzen, deren einzige Aufgabe es ist, mit den Mäusen aufzuräumen. In Lagerhäusern und Lebensmittelgeschäften werden die erprobten Jägerinnen dagegen mehr und

Im Spiel werden im Erwachsenenleben angewandte Verhaltensmuster eingeübt (Abwehr, Jagd, Paarung).

mehr durch Fallen oder chemische Produkte ersetzt. Die modernen Ausmerzungsmethoden führen indes nicht immer zum Ziel, denn die Mäuse sind klug und lernen schnell, Fallen zu umgehen und vergiftete Köder zu erkennen.

Die Beziehung zum Hund

Die Redewendung «wie Hund und Katze leben» spielt auf die Annahme an, die beiden seien eingeschworene Feinde. Dies trifft heute nicht mehr ganz zu.

Als sie noch ungebunden durch die freie Wildbahn vagabundierten, waren Hund und Katze klassische Gegner. Aber die Zivilisation holte sie ein, und sie fanden sich Schnauze an Schnauze wieder. Ein Dialog wurde möglich. Welpen und Katzenkinder begannen miteinander zu spielen und leiteten eine friedliche Koexistenz ein. Junge Tiere, die schon eine eigene Persönlichkeit haben, finden, auch wenn ihre Psyche und ihre Ausdrucksweise völlig gegensätzlich sind, oft eine Verständigungsbasis. Sie nähern sich einander vorsichtig, und wenn es sich um einen anlagemäßig ruhigen Hund handelt, der nicht zu nervösen Ausbrüchen neigt, wird die Katze sich allmählich zu einer Freundschaft herbeilassen.

Ein gutes Zusammenleben ist weitgehend eine Frage der Veranlagungen der beiden. Gewisse Katzen und Hunde greifen an, sobald sie einander zu Gesicht bekommen, während andere voneinander überhaupt nicht Kenntnis nehmen. Wieder andere werden neugierig und freunden sich an, und noch andere tolerieren sich gegenseitig. Ein Hund und eine Katze, die aus demselben Napf fressen und im selben Korb schlafen, sind selten, aber keine Ausnahmen, auch wenn das Foto noch immer als Kuriosität publiziert wird. Für gewisse Hunde ist die Hauskatze eine unantastbare Freun-

Ein junges Kätzchen ist fast immer in Bewegung. Sein Tatendrang muß überwacht werden, denn im Spiel lauern – oft tödliche – Gefahren: die Berührung mit elektrischem Strom, unfreiwillige Gefangenschaft in einer Kiste, Verschlucken giftiger Substanzen.

din, die sie vor allen Eindringlingen verteidigen. Manchmal stellt sich die Katze mit derselben Selbstlosigkeit schützend vor ihren Freund Hund.
Die Kehrseite der Medaille: Eine Katze, die in freundschaftlichem Einvernehmen mit einem Hund lebt, bringt jedem Hund, der ihre Wege kreuzt, dasselbe uneingeschränkte Vertrauen entgegen und läßt ihn nichtsahnend an sich herankommen. Ein allzugutes Einvernehmen ist daher ein Risiko.
Manche Jagd- und Apportierhunde haben einen nicht einzudämmenden atavistischen Jagdtrieb und werden, sobald sie ein Tier riechen, zappelig. Eine Katze und einen solchen Hund zu einem friedlichen Zusammenleben zu bewegen, wird immer problematisch sein. Manche Hunde leben zwar in respektvoller Freundschaft mit der Katze des Hauses, doch bleiben sie eingefleischte Feinde aller fremden Katzen, die in ihr Revier eindringen.
Die Katze greift den Hund äußerst selten an. Eine Ausnahme bilden Weibchen, die ihre Neugeborenen verteidigen wollen. Wenn klar ersichtlich ist, daß der Hund zum Angriff übergehen wird, sträubt die Katze das Fell, macht einen Buckel und hält die Krallen bereit. Angesichts dieser Verteidigungsreaktion bleibt der Hund oft in einiger Entfernung stehen und begnügt sich mit einem zornigen Kläffen. Die Katze macht, sobald sie kann, kehrt und rennt davon und rettet sich auf einen Schrank, in ein Garagefenster, in eine Kelleröffnung oder auf einen Baum, jedenfalls an einen für den Hund unerreichbaren Ort.
Katzen sind in Europa und Amerika in den letzten Jahren immer beliebter geworden. Man rechnet, daß in den USA 30 Millionen Familien eine Katze halten. In der Bundesrepublik Deutschland leben etwa 4 Millionen Katzen in 2 Millionen Haushalten. Ganz allgemein läßt sich sagen, daß in den Ländern Mitteleuropas mindestens dreimal mehr Katzen als Hunde leben. Das ist gut zu verstehen, denn Katzen sind aufregende, bezaubernde Tiere. Sie sind weniger aufwendig als Hunde, machen weniger Mühe und kommen weitgehend allein zurecht.

Das Geschlechtsleben

Die Geschlechtsorgane des Weibchens liegen zum Teil innen: Gebärmutter, Gebärmutterhals, Eierstöcke und Eileiter, und zum Teil außen: Vulva und Klitoris. Während die Gebärmutter der Frau dreieckig ist, hat die des Katzenweibchens die Form eines Y. Sie besteht aus zwei langen Hörnern und einem kurzen Hauptteil. Das Sexualverhalten des Weibchens wird entweder von den Eierstöcken oder vom Hirn gesteuert. Der betreffende Hirnteil heißt Hypothalamus. Er reagiert auf innere und äußere Anreize, reguliert die Körpertemperatur, den Stoffwechsel, den Schlaf und beeinflußt die Fortpflanzungsorgane.
Die Geschlechtsorgane des Katers liegen außen. Die Hoden sind von einem Hautsack, dem Hodensack, umschlossen und von der fünften Lebenswoche an sichtbar. Wer wenig Erfahrung hat, verwechselt Katerchen und kleine Katzenmädchen oft. Die Hoden nehmen erst nach zwei, drei Monaten Form an und werden prall und straff. Der Penis des Katers ist von einem intensiven Rosa. Wenn er erigiert ist, zeigt er in Richtung Schwanz. Der oberste, gerundete Teil, die Eichel, ist mit kleinen, nicht sichtbaren Widerhäkchen besetzt, die das Weibchen erregen und es dem Penis ermöglichen, in der Vagina Halt zu finden.
Oft stellt man nach einem Monat fest, daß ein Katerchen eines Wurfes keine Hoden oder nur einen hat. Solche Tiere sind oft steril. Nur Kater, deren beide Hoden nach außen getreten sind, sind zu Ausstellungen zugelassen. Es gibt aber auch spezielle Klassen für kastrierte Kater und Miezen.

Die nützlichste Tätigkeit der Katze ist das Fangen von Mäusen. Auch bei kastrierten Katzen bleibt dieser Jagdtrieb lebendig.

Die schwierigen Tage der Rolligkeit

Ein Weibchen kann drei- bis viermal im Jahr jungen. Vor allem im Frühjahr dauert die Zeit der Rolligkeit oft zwanzig bis dreißig Tage. Darauf folgen lange Sommerpausen und eine gedämpftere Wiederholung im Herbst. Die ungleichmäßige Verteilung der Rolligkeit trifft vor allem auf Wohnungskatzen zu.

Jede Katze ist verschieden lang rollig, aber im Minimum drei und im Maximum sieben Tage. Nimmt das Weibchen schon in den ersten Tagen der Rolligkeit auf, dauert diese nur noch kurze Zeit an.

Die Rolligkeit ist leicht zu erkennen. Die Katze wird zutraulich und liebesbedürftig, reibt den Bauch am Boden, rollt und wälzt sich, kreischt schrill und fiept dann wieder jammervoll und wirkt manchmal auch aggressiv. Die äußeren Genitalien schwellen an, was die gute Laune des Tiers beeinträchtigt.

«Dein Kätzchen ist mager geworden, es ist die Liebe und kein anderes Weh», schrieb Umberto Saba mit leichter Feder. Will man nicht, daß die Katze – besonders die Wohnungskatze – trägt, gilt es sie zu überwachen und Türen und Fenster geschlossen zu halten – vor allem die, die auf den Garten oder auf Balkone gehen und von denen das Tier leicht aufs Dach klettern kann. Die Kater werben mit herzzerreißenden Serenaden um die ihnen großes Interesse entgegenbringende mögliche Braut.

Wer seine Katzen decken lassen möchte und einen geeigneten Kater sucht, wendet sich an Züchter der betreffenden Rasse, an den Tierarzt oder inseriert in einer Zeitschrift. Um schwierige Schwangerschaften und Geburten zu vermeiden, sollten kleine Weibchen nicht mit sehr großen, kräftigen Katern gepaart werden. Ersparen Sie Ihrer Katze die Mutterschaft, sofern sie ihr erstes Lebensjahr noch nicht vollendet hat.

Vier Katzen und zwei Mäuse in einer Miniatur des Bestiary of Lincoln *aus dem 12. Jahrhundert.*

Das Liebesdrama

Im Gegensatz zum liebesbedürftigen Weibchen ist der Kater in der Brunstzeit nervös, appetitlos und Liebkosungen abgeneigt. Er vergißt auch die elementarsten Hygieneregeln, denen er sonst stets nachgelebt hat.

Der Geruch des Weibchens erregt den Kater. Er folgt der Spur, bis er zu ihm gelangt, und vollzieht dann den Deckakt. Katzen paaren sich bis zu zehnmal in einer Stunde – meist bis der Kater erschöpft ist. Doch das ist noch nicht das Ende. Ein Kater wird oft von einem zweiten, der schon wartet, abgelöst. Katzenweibchen haben dagegen nichts einzuwenden.

Die Geschlechtsteile vereinen sich beim Deckakt während nur zehn Sekunden. Wenn sich die beiden Tiere nach der Ejakulation des Katers trennen, schreit das Weibchen grell auf. Die heftige Reaktion der Kätzin wird durch die bereits erwähnten Widerhäkchen am Penis ausgelöst, die sich manchmal schmerzhaft in die Vagina bohren.

Die Kater kehren oft erst nach Tagen oder gar Wochen, wenn der Besitzer sie bereits abgeschrieben hat, nach Hause zurück. Sie sind müde, schmutzig, hungrig und oft voller Schrammen und Bißwunden, die ihnen Rivalen oder Partnerinnen zugefügt haben. Nun beginnt für sie die wohlverdiente Ruhezeit.

Die geschlechtliche Entwicklung des Weibchens ist mit fünf bis sechzehn Monaten abgeschlossen. Kater fangen mit sechs bis sechzehn Monaten an, sich für Miezen zu interessieren.

Kurzhaarkater sind früher und darum länger zeugungsfähig als Langhaarkater. Bei beiden dauert die sexuelle Aktivität im allgemeinen bis zum Lebensende. Es gibt Kater, die ohne weiteres mit zwanzig Jahren noch decken können. Mit fünfzehn Jahren werden sie freilich meist wesentlich

Die Redensart «wie Hund und Katze leben» gerät allmählich außer Gebrauch. Immer häufiger leben Katze und Hund friedlich im selben Haus oder im selben Hof beisammen.

Die aktivste Paarungszeit fällt in den Frühling. Über den Sommer flaut das Liebeswerben ab und lebt im Herbst und Winter in gemäßigter Form wieder auf.

Eine rollige Siamesin zeigt sich für das Werben eines Katers derselben Rasse empfänglich.

ruhiger. Geschlechtlich am aktivsten sind alle Kater um das fünfte und sechste Lebensjahr.

Möchte ein Katzenhalter die Rolligkeit verschieben, damit die Jungen beispielsweise in der warmen Jahreszeit geboren werden, kann dies vom Tierarzt mit einer Hormonspritze bewerkstelligt werden. Sobald deren Wirkung aufhört, kehrt die Katze zu ihrem normalen Rhythmus zurück. Solche Spritzen dürfen nicht beliebig oft wiederholt werden.

Freiheit – Erzeugerin heimatloser Katzenkinder

Die Werbung um das Weibchen erfolgt durch das nicht immer wohlklingende Konzertieren des Katers. Meist sind mehrere Kater zur Stelle, und die Kätzin entscheidet sich nach einigen Kämpfen für den stärksten, ihr sympathischsten und unternehmungslustigsten Bewerber.

Beim Deckakt krallt sich der Kater an das Weibchen und beißt es in den Nacken. Wenn sich die Kätzin darauf noch mit anderen Katern paart, wird der Wurf, den sie zwei Monate später zur Welt bringt, der Farbpalette eines Malers gleichen; möglicherweise haben aber die jungen Kätzchen alle dieselbe Farbe.

Wird eine reinrassige Katze von einem gemischtrassigen Kater gedeckt, wirft sie gemischtrassige Jungtiere. Kehrt die reinrassige Sünderin aber nach Hause zurück und wird später von einem reinrassigen Kater gedeckt, wirft sie wieder reinrassige Jungtiere.

Das Weibchen ist vom dritten Tag der Rolligkeit an empfänglich. Nach dem dritten Tag kann es jederzeit trächtig werden. Erfolgt die Paarung zu Hause oder wird sie bei einem Züchter in die Wege geleitet, bleibt der Kater im allgemeinen einen Tag und eine Nacht mit dem Weibchen zusammen. Bei Tieren derselben Rasse, die verschiedenen Züchtern gehören, einigt man sich entweder auf eine Decksumme oder teilt später den Wurf. Der Preis sollte vor der Paarung schriftlich festgelegt werden.

Regeln für alle, die züchten möchten

In den letzten Jahrzehnten hat die Katzenzucht kommerzielle Ausmaße angenommen, die früher nur bei der Hundezucht üblich waren. Lange hatte die Zucht von Katzen wegen der mit der Deckung verbundenen Unkosten und wegen des Aufwandes für Räumlichkeiten, Einrichtung, tierärztliche Versorgung, Futter und Pharmazeutika oft auch für erfahrenes Personal als unrentabel gegolten.

Die Beliebtheit der Edelkatzen ist in der ganzen Welt, aber besonders in Europa und in den USA unverhältnismäßig gestiegen. Das Interesse an exotischen Rassen hat bedeutend zugenommen, was kommerziellen und nicht kommerziellen Züchtern sowie Wiederverkäufern nicht entgangen ist. Man kann heute jede erdenkliche Rasse züchten und mit Abnehmern rechnen. Vor Enttäuschungen sei indes gewarnt. Eine Katze gegen Geld decken lassen und die Jungtiere verkaufen, ist für den durchschnittlichen Katzenhalter kein Geschäft. Es genügt nicht, einen Kater und eine Kätzin zusammenzubringen. Es erfordert viel Geschick, Wissen und ausdauernde Hingabe, genetisch gesunde, dem Rassenstandard genügende Katzen zu züchten. Die Züchter müssen sich einen Namen machen, als kompetent und zuverlässig gelten, da sie für Qualität der von ihnen aufgezogenen und verkauften Jungtiere verantwortlich sind. Hingebungsvolle Züchter und Aussteller können sich glücklich schätzen, wenn ihre Gewinn- und Verlustrechnung am Ende des Jahres ausgeglichen ist.

Der Preis eines jungen Kätzchens ist von Rasse zu Rasse verschieden. Mit der Zucht einer ungewöhnlichen Rasse läßt sich mehr Geld verdienen, doch sind auch die Kosten höher. Die Decksumme ist bei seltenen Rassen höher, und sehr oft sind allgemeine genetische Kenntnisse sowie Kenntnisse der Genetik der betreffenden Rasse unerläßlich. Bei einigen Rassen lassen sich mit einem Kater und einer Kätzin keine in Farbe und Körperbau dem Rassentypus entsprechenden Jungtiere züchten, ohne daß eine andere Rasse in die Linie eingebracht wird. Auf englisch nennt man dies *outcrossing,* auf deutsch Einkreuzen. Vorgenommen werden solche Einkreuzungen insbesondere bei der schwanzlosen Manx.

Der Preis der Jungtiere hängt im weiteren vom Stammbaum ab. Kätzchen, die von Champions und (Großen) Internationalen Champions abstammen, sind natürlich teurer als Tiere, die keine solchen Ahnen aufweisen. Ausgezeichnete Schaukatzen zu besitzen, ist nicht nur ehrenvoll; es läßt auch die Annahme zu, daß die gezüchteten Jungtiere ebenfalls Klasse haben. Es sei aber noch einmal deutlich gesagt, daß der Verkauf und das Decken von Katzen für einen unerfahrenen Amateur ein komplexes und wenig einträgliches Geschäft ist.

Viele Jahre Erfahrung sind nötig, um Katzen zu züchten. Ein guter Start hängt von der Beachtung der folgenden sechs Grundregeln ab:

1. Kater und Kätzin müssen derselben Rasse angehören und beide einen Stammbaum haben.
2. Die Tiere müssen völlig gesund sein und die tierärztlich vorgeschriebenen Impfungen hinter sich haben.
3. Die Tiere müssen voll geschlechtsreif sein: das Weibchen eineinhalbjährig, der Kater zweijährig (vergleiche auch die einzelnen Rassenbeschreibungen).
4. Kleine Weibchen sollten nicht mit großen Katern gepaart werden.
5. Paaren Sie nie einen unerfahrenen Kater mit einem unerfahrenen Weibchen.

Kätzin und Kater beschützen ihren Nachwuchs vor Gefahren.

Die Tragzeit einer Katze beträgt neun bis zehn Wochen. Katzen werfen zwischen drei und fünf, maximal sechs Junge.

6. Lassen Sie ein Weibchen nur decken, wenn es bereits dreimal rollig gewesen ist und beide Tiere kräftig und gesund sind.

Für Katzen, die bei einem Edelzüchter-Verband registriert sind, muß eine Deckbescheinigung mit Name und Datum eingereicht werden. Ebenso sind dem Verband für die Eltern wie auch für die Jungtiere alle nötigen Angaben für die entsprechenden Eintragungen zu machen.

Nach sechzig Tagen ...

Nach der Paarung dauert es drei Wochen, bis mit Sicherheit feststeht, daß die Kätzin trächtig ist. Der Tierarzt kann dies durch ein Abtasten des Bauches bestätigen. Das Abtasten muß unbedingt von einem Fachmann vorgenommen werden, da die Embryos sonst geschädigt und ein Abort verursacht werden könnte.

Die Zitzen haben sich nun rosa gefärbt und der Flaum, der sie umgibt, ist dünner geworden. Diese Veränderung ist bei der ersten Trächtigkeit am augenfälligsten. Die Zitzen sind zuvor sehr hell und kaum erkennbar.

Ist das Deckungsdatum nicht bekannt, läßt sich der ungefähre Zeitpunkt der Geburt nur schwer voraussagen. Wenn es nicht unbedingt nötig ist, sollten Sie die trächtige Katze nicht röntgen lassen.

Um sicher zu sein, daß die Schwangerschaft gut verläuft, ist es ratsam, die Katze um die fünfte Woche herum zum Tierarzt zu bringen. Er wird ihren Bauch abtasten und wenn nötig Medikamente oder Präparate verschreiben, die Gewähr geben, daß die Jungen gesund geboren werden und von der Mutter gesäugt werden können.

Die Tragzeit beträgt zweiundsechzig bis siebzig Tage (ungefähr neun bis zehn Wochen), je nach Rasse, Klima, Körperbau, Lebensweise und Ernährung. Siamesen lassen sich z.B. ganze zehn Wochen Zeit. Wenn

Geburt in einer Schublade: kein sehr geeigneter Ort für das freudige Ereignis.

viele Embryos vorhanden sind, dauert die Tragzeit eher weniger lang. Sind nach den normalen zweiundsechzig bis siebzig Tagen noch keine Anzeichen einer unmittelbar bevorstehenden Geburt ersichtlich, sollte der Tierarzt zugezogen werden. Bei einigen Katzen ist ein Kaiserschnitt erforderlich – heutzutage eine gefahrlose Operation, wenn sie nicht überstürzt vorgenommen wird.

Ein spontaner Abort ist bei Katzen selten. Blutungen sind ein typisches Anzeichen dafür. In einem solchen Fall bringt man die Katze an einem warmen, ruhigen Ort unter, spricht ihr liebevoll zu und benachrichtigt umgehend den Tierarzt.

Gewisse Medikamente können die Föten schädigen. Geben Sie einer trächtigen Katze deshalb einzig die Medikamente, die der Tierarzt ihr verschreibt.

Während der Tragzeit sollte eine gesunde Katze glücklich, hungrig und anhänglich sein, keine Schmerzen haben und regelmäßig ihr «Geschäft» verrichten. Sie sollte ruhige Tage in einer sauberen Umgebung verbringen. Lassen Sie sie umherspazieren und spielen, denn eine trächtige Katze ist nicht krank.

Das Tier sollte zudem nicht übergewichtig werden und daher nicht besonders viel, sondern aufbauendes Futter bekommen. Eine schlanke Katze, die in Form ist, sollte problemlos gebären. Passen Sie ihren Speisezettel an und erhöhen Sie die Fleischration auf 140 bis 170 g im Tag; verringern Sie aber die stärkehaltigen Nahrungsmittel entsprechend. Milch und Frischkäse fördern, da sie reich an Kalzium sind, den Knochenbau der Ungeborenen und gleichen beim Muttertier die Einbußen an Vitaminen und Mineralstoffen aus. Ein oder zwei Eßlöffel gekochtes Gemüse fördern die Verdauung.

Eine Devon Rex beim Säugen ihrer Jungen.

Die Vorbereitung auf die Geburt

Langhaarkatzen müssen während der Trächtigkeit häufiger gebürstet werden als sonst, damit sie nicht Haare schlucken, die zu Haarbällen verfilzen und in dieser schwierigen Zeit die Verdauung belasten.

Wenn die Katze unter Verstopfung leidet, gibt man ihr alle fünf bis sechs Tage einen Eßlöffel eines tierärztlich verschriebenen Öls oder ein leichtes, ebenfalls vom Tierarzt verordnetes Abführmittel. Alles andere würde das Übel nur noch schlimmer machen und unter Umständen sogar eine Fehlgeburt auslösen.

Einige Tage vor dem frohen Ereignis sollten die Zitzen mit Vaseline eingefettet werden, damit sie schön weich und geschmeidig sind, wenn die hungrigen Jungen eintreffen.

Möglicherweise erschwert der dicke Bauch es der Katze, ihren Analbereich zu säubern. Tun Sie es für sie und waschen Sie ihn vorsichtig mit warmem Wasser.

Einige Tage vor der Geburt bereiten Sie an einem ausgesuchten Ort das Wurflager vor. Nehmen Sie einen ungefähr 60 × 60 cm großen Karton, mit einem 60 cm hohen Rand. Schneiden Sie ungefähr 30 cm vom Boden, damit die Jungen nicht nach zwei Wochen schon herausklettern, ein Fenster hinein. Auf den Boden kommt eine Decke oder ein weiches Kissen und darauf ein Handtuch, das täglich gewechselt werden kann.

Den Karton – es kann auch ein Korb sein – stellen Sie in eine ruhige Ecke, die von der Sonne oder von einer Lampe gewärmt wird. Die Katze kann sich nun an das neue Lager gewöhnen und wird nicht, wenn es soweit ist, verängstigt in einem Sessel, auf einem Sofa oder in einem vollen Kleiderkasten jungen. Stellen Sie die Wochenbettoilette ein oder zwei Wochen vor der Geburt neben das Wurflager.

Manchmal können Neugeborene nicht atmen, weil Schleim die Atemwege verstopft. Halten Sie das Kätzchen einige Minuten mit dem Kopf nach unten, damit der Schleim besser ausgestoßen werden kann.

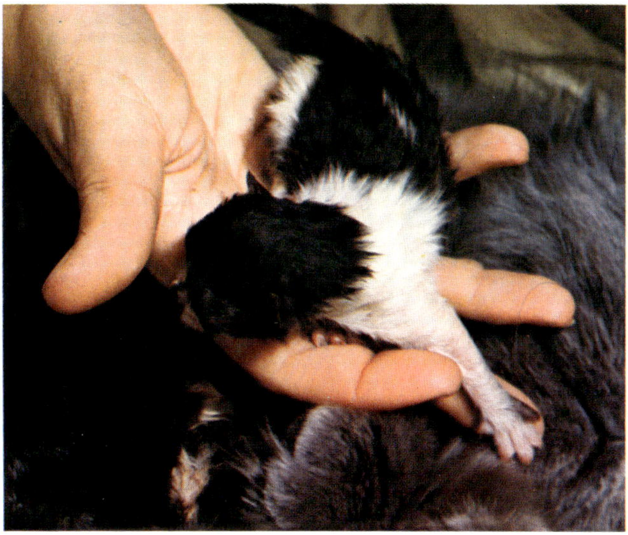

Lassen Sie es nicht zu, daß die Katze in der Garage, im Keller oder im Hinterhof jungt. Behalten Sie sie im Haus, damit sie nicht an einem kalten, ungeeigneten Ort niederkommt. Katzen sind zwar zäh, doch vergessen Sie nicht, daß in den ersten Lebenstagen die Sterblichkeit höher liegt.

Die Geburt

Die Katze weiß, wann die Geburt unmittelbar bevorsteht. Sie wird ruhelos und maunzt und miaut eigenartig melodiös und sanft. Sie sucht so auf ihre Art Hilfe und reagiert auf das Bevorstehende. Sie sucht verzweifelt ein ruhiges Plätzchen, doch nichts scheint ihr zuzusagen. Bringen Sie sie in die Nähe des Wurflagers, streicheln Sie ihr Kopf und Bauch behutsam und beruhigen Sie sie mit sanftem Zureden. Katzen haben während Jahrhunderten ohne fremde Hilfe geboren und wissen, was zu tun ist. Sie kommen sehr gut zurecht, sind aber froh, wenn sie eine vertraute Stimme hören.

Um sicher zu sein, daß es tatsächlich bald losgeht, sollte der Katze vom sechzigsten Schwangerschaftstag an die Analtemperatur gemessen werden. Die normale Temperatur liegt zwischen 38 und 38,5° C. Ist sie etwas tiefer, steht das frohe Ereignis unmittelbar bevor. Ein weiteres sicheres Zeichen ist das Einsetzen der Milchproduktion der Zitzen.

Wenn es soweit ist, ziehen sich die Bauchmuskeln zusammen, das Fell spannt sich über den Seiten, die äußeren Geschlechtsteile schwellen an, und der Atem geht schneller. Die Katze legt sich entweder ausgestreckt hin oder hockt wie beim Koten. Innerhalb der nächsten fünfzehn Minuten erscheint das erste, von der Fruchthülle umschlossene Junge. Es mißt zwischen fünf und sieben Zentimetern und gleicht einer kleinen, dicken

Die Katze ist eine hingebungsvolle und mutige Mutter.

Maus. Zwischen den einzelnen Ausstößen verstreicht manchmal eine Frist von wenigen Minuten, manchmal auch von einer Stunde. Längere Pausen sind daher kein Grund zu Beunruhigung.
Im allgemeinen wirft die Katze vier oder fünf Junge, bisweilen aber auch nur eines. Sechs bis siebenköpfige Würfe sind selten. Man weiß aber auch von einem zwölfköpfigen Wurf. Da die Katzen sehr fruchtbar sind, kann es ein Weibchen auf an die fünfzehn Junge pro Jahr bringen. Ließe man sie sich ungehemmt fortpflanzen, kämen ganze Horden auf die Welt. Von den Vorteilen der Kastration wird später die Rede sein.
Kommen die Jungen eine oder zwei Wochen zu früh zur Welt, muß damit gerechnet werden, daß der ganze Wurf oder ein Teil davon stirbt. Frühgeburten haben eine geringe Überlebenschance.
Es ist wichtig, daß das Wurflager in einem warmen Raum steht. In einer kalten, feuchten Umgebung laufen die Neugeborenen Gefahr, sich zu unterkühlen, da sie noch nicht fähig sind, ihre Körpertemperatur zu regulieren. Kälte kann sie also töten.
Eine Katze, die zum erstenmal jungt und vom Schmerz verängstigt ist, beißt möglicherweise die Nabelschnur nicht durch. In diesem Fall müssen Sie eingreifen. Binden Sie die Nabelschnur mit einem sauberen Näh- oder Zahnfaden ein bis zwei Zentimeter vom Körper des Jungen entfernt ab und schneiden Sie sie vorsichtig mit einer sterilen Schere über dem Faden durch.
Mit den Jungen wird die Plazenta ausgestoßen – ein blutgefäßreiches Gewebe, das in der Gebärmutter gebildet wird und zur Ernährung der Embryos dient. Das Neugeborene ist von der Fruchthülle umgeben und über die Nabelschnur mit der Plazenta verbunden. Die Mutter befreit es sofort von dieser Hülle, leckt es, säubert es und trocknet es vorsichtig.

Die «Katzenwäsche» gehört zum natürlichen Erbe jedes Kätzchens.

Das unablässige Lecken regt die Atmung des Jungen an. Dieses beginnt sich zu regen und maunzt zum ersten Mal in einer Welt, die es noch nicht sieht.
Die Katzenmütter schlucken die Plazenta, die Nabelschnur und auch die ersten Exkremente der Jungen. Das dient zur Spurenbeseitigung und gleichzeitig zur Rückgewinnung von Hormonen. Auf dem Handtuch bleiben einzig ein paar Blutflecken zurück. Vermutlich werden Plazenta und alle andern Überbleibsel aus dem primitiven Instinkt heraus aufgezehrt, jeden Blutgeruch und jedes blutige Gewebe zu entfernen, das Räuber anlocken könnte.
Sind alle Jungen geboren, muß sich die Katze ausruhen. Man läßt sie am besten mit ihrer kleinen Familie im halbdunklen Zimmer allein. Stellen Sie ihr etwas leichte Nahrung und eine Schale Wasser hin sowie die saubere Toilette. So wird sie sich, um die erste Notdurft zu verrichten, nicht weit von den Jungen entfernen müssen, die bald nach der ersten Mahlzeit verlangen werden. Eine Katze, die während der Tragzeit gut gefüttert wurde, kann problemlos fünf Junge aufziehen. Ist der Wurf aber sehr groß, muß man ihr möglicherweise mit speziellen Flaschen und einem im Fachhandel erhältlichen Milchersatz helfen. Geben Sie Neugeborenen keine Kuhmilch. Hat die Katze zu wenig Milch, wird der Tierarzt ihr ein Mittel verschreiben, das die Milchsekretion anregt. So können dann alle Kätzchen ihren Hunger stillen.
Nach dem Gebären können unter Umständen bei der Kätzin leichte, hellrote Blutungen auftreten, die etwa eine Woche andauern. Ist die Blutung dunkelrot oder grünlich und ziemlich stark, muß der Tierarzt zugezogen werden. Es könnte sich um eine innere Blutung oder eine durch Plazentareste verursachte Infektion handeln.

Die Neugeborenen

Neugeborene Kätzchen sind, wie die meisten neugeborenen Säugetiere, blind, taub und zahnlos. Normalerweise bleiben ihre Augen acht bis zehn Tage geschlossen. Kommen sie mit offenen Augen zur Welt, liegt vermutlich eine Mißbildung des Augapfels vor. Die Sehfähigkeit gesunder Augen ist ungefähr mit einem Monat voll entwickelt.

Neugeborene sollten in der allersten Zeit nicht mit den Händen berührt werden. Der ungewohnte Geruch stört gewisse Katzenmütter so sehr, daß sie die Jungen nicht mehr als die ihren anerkennen und sich weigern, sie zu säugen.

Die erste Milch, die sogenannte Kolostralmilch, besteht aus Fetten, Kasein, Laktose und verschiedenen Vitaminen. Sie ist reich an Immunstoffen und zugleich eine erste leichte Nahrung, die das Verdauungssystem der Neugeborenen reinigt und die Verdauung in Gang setzt.

In den ersten zwei Lebenswochen wird das Neugeborene von der Mutter getragen. Danach fängt es an zu gehen und seine Bewegungen zu koordinieren. Mit zwanzig Tagen sitzt es, mit fünfundzwanzig bepfotet es Gegenstände und nach einem Monat versucht es, sich mit der Zunge zu waschen.

Das Maß an Liebe, das eine Tiermutter ihren Jungen angedeihen läßt, ist verschieden, doch die Mutterliebe der Katzen ist wirklich außergewöhnlich. Selbst die übelsten Lästerzungen vermögen nicht abzustreiten, daß die Katze eine hingebungsvolle und mutige Mutter ist.

In ganz seltenen Fällen trifft eine Kätzin Anstalten, ihre Nachkommen aufzufressen. Es handelt sich dabei um ein anormales Verhalten. Die Mutter sieht die Jungen als Beutetiere an oder reagiert Aggressionen ab. Gelingt es, die Jungen zu retten, trocknet man sie auf einem warmen Tuch und legt sie erst zur Nahrungsaufnahme wieder in die Nähe der Zitzen, ohne sie dabei aber aus den Augen zu lassen. Das Saugen an den Zitzen ist für die Mutter angenehm. Sie wird darum nun in der Lage sein, den ganzen Wurf anzunehmen und sich liebevoll um ihn zu kümmern.

Kühne Mütter

Eine herrenlose Katze ist eine ausgezeichnete Mutter. Sie versucht, in einem Winkel zu werfen, in dem sie sich nötigenfalls vor neugierigen Hunden und Kindern verteidigen kann. Wenn sie – sei's bei Tag oder bei Nacht – einer Gefahr entgehen muß, zieht sie um und trägt ein Junges nach dem andern am Genick in ein neues Versteck. Sie säubert ihre Kleinen, säugt sie und läßt sie nie im Stich. Alle Bedürfnisse der Jungen werden befriedigt. Sobald die ersten Zähnchen durchstoßen, lernt die Mutter ihren Nachwuchs kleine Tiere fangen, zum Spiel und um Nahrung zu beschaffen. Sie ist die Ernährerin und Lehrmeisterin der Kleinen.

Nichtrassenreine Junge können das Ebenbild der Mutter oder des Vaters oder eine Mischung von beiden sein. Wenn sie nur einem Elternteil gleichen, spricht man von unilateralem Erbe, gleichen sie beiden, von bilateralem Erbe. Die Genetik ist freilich sehr phantasievoll. Die Jungtiere können deshalb auch eindeutig ihren Großeltern oder Urgroßeltern ähnlich sehen. Und ein rotes Katzenkind kann auch von einer weißen Kätzin und einem grauen Kater herstammen. Die Genetik entscheidet. Sehen die Jungen eines Wurfes verschieden aus, ist dies ein Zeichen dafür, daß das Weibchen von mehreren Katern gedeckt wurde.

Im allgemeinen werden reinrassige und auch nichtreinrassige Hauskatzen während der Rolligkeit von den Besitzern sorgfältig überwacht. Sofern sich das Tier nicht heimlich fortstiehlt, läßt sich so vermeiden, daß es sich mit dem vor der Tür wartenden Kater paart. Genießt die Katze aber ihre

Ein Wurf weißer Kätzchen bittet um Zuwendung.

Freiheit und kommt immer wieder mit einer unerwünschten Kinderschar nach Hause, ist es ratsam, eine Kastration ins Auge zu fassen. Man wird sonst immer wieder gezwungen sein, Plätzchen für den Nachwuchs zu suchen oder ihn zu beseitigen.

Vierzig bis sechzig Tage Kinderstube

Die Natur sieht vor, daß das Katzenkind im Mittel vierzig bis sechzig Tage gesäugt wird. Die Katzenmilch ist reich an Eiweiß, Fett, Vitaminen und Mineralstoffen, so daß das Neugeborene sein Gewicht in acht Tagen verdoppelt. Einzig Kaninchen wachsen noch schneller als Katzen.

Die Neugeborenen müssen, um zu überleben, möglichst schnell zum erstenmal trinken. Die Mutter ermuntert sie schon wenige Minuten nach der Geburt dazu, indem sie sich auf die Seite legt und die Mäulchen vorsichtig zu den Zitzen dirigiert. Wie alle jungen Säugetiere krabbeln aber auch die Jungen selbst instinktiv der Nahrungsquelle zu.

Wenn die Jungen getrunken haben, schlafen sie jeweils ein. Die Mutter benützt diese Zeit zum Essen, Spazieren und zur Toilette. Doch horcht sie unentwegt, ob eines ihrer Kinder weint, und kehrt, wenn die Zeit zur nächsten Fütterung gekommen ist, pünktlich zum Wurf zurück.

In der Zeit, in der die Katzenmutter die Jungen säugt, benötigt sie nahrhafte Kost. Denken Sie daran, daß flüssige Nahrung wie Brühe, Milch und Suppe die Milchproduktion fördert. Die Mutter muß also mit viel Flüssigkeit, aber auch mit Kalzium, Phosphor, Eiweiß und den Vitaminen A und D in Form von Fleisch (gehackt oder kleingeschnitten), Fisch, Frischkäse und Eigelb versorgt werden. Am besten wechseln Sie ab und teilen die Tagesration in drei Mahlzeiten auf. Fette Nahrung und Speiseresten mit Knochen sollten nicht verabreicht werden.

Unten: Künstliche Milch kann mit einer Plastikpipette oder einem speziellen Katzenfläschchen verabreicht werden.

Gegenüber: Die Mahlzeiten werden nach und nach erweitert. Milch, dann Milch mit Eigelb und schließlich einige Eßlöffel feingeschnittenes, gekochtes Hühner- oder Kalbfleisch. ▸

Künstliche Ernährung

Es gibt Ausnahmefälle, in denen eine Katze Geburtskomplikationen oder andere Schwierigkeiten hat. Möglicherweise hat sie dann keine Milch oder weigert sich, zu säugen.

Eine künstliche Ernährung wird nötig. Die Überlebenschancen der Jungtiere sind am größten, wenn die Mutter ein wenig Milch hat und nur zugefüttert werden muß. Häufig muß aber ganz auf künstliche Ernährung umgestellt werden.

Weil Kuhmilch in den ersten Lebenswochen nicht verwendet werden kann, sollten die neugeborenen Kätzchen mit einem Nährmilchpräparat für Kleintiere oder mit einem vom Tierarzt empfohlenen Produkt gefüttert werden. Der Tierarzt wird die Dosierung festlegen und zudem ein Antibiotikum verschreiben, das die in der Muttermilch enthaltenen Abwehrstoffe gegen Katzenkrankheiten ersetzt.

Eine gute Ersatznahrung ergibt auch ein Gemisch aus einem halben Liter Kondensmilch, einem Eigelb und vier Teelöffeln Zucker. Davon gibt man den Kätzchen in den ersten drei Wochen sieben- bis achtmal im Tag einen Teelöffel voll.

Es erfordert viel Geduld und Zuverlässigkeit, Kätzchen mit einem künstlichen Nährmilchpräparat aufzuziehen. Die erhofften Resultate bleiben zudem oft aus. Das Präparat wird am besten mit einem kleinen, im Fachhandel angebotenen Fläschchen mit Portioneneinteilung verabreicht.

Das Präparat wird auf 38° C erwärmt. Die jungen Kätzchen müssen selber saugen, denn sonst könnten sie ersticken. Wenn das Tier einschläft oder wenn Milchbläschen vor dem Mäulchen anzeigen, daß es nicht mehr saugt, hat es genug gehabt.
Bei sieben bis acht Fütterungen innerhalb von 24 Stunden schaltet man die längste Pause in der Nacht ein (fünf bis sechs Stunden). Die Zahl der Mahlzeiten wird allmählich verringert und die verabreichte Menge erhöht, bis die Kleinen entwöhnt werden können.

Sie werden Fleischfresser

Die Entwöhnung ist der Übergang von reiner Milchkost zu gemischter Kost. Man beginnt damit in der dritten oder vierten Woche und nimmt die Jungen so lange von den Zitzen, bis sie das neue, auf einem Tellerchen bereitgestellte Futter aufgenommen haben.
Wenn die Jungtiere zu lange bei der Mutter sind, bleiben sie im Wachstum zurück und versuchen, auch wenn die Mutter keine Milch mehr hat, immer wieder zu saugen. Nicht selten bepfotet oder vielmehr tretelt eine ein- bis zweijährige Katze, wenn sie in die Arme genommen wird, einen Kleiderzipfel und sucht nach den Zitzen der Mutter.
Ein kleines Katzenkind steht oft ratlos vor einem Tellerchen voll Milch. Was ist das Neues? In einem solchen Fall rückt man das Tier behutsam ans Tellerchen heran und bestreicht ihm die Lippen mit Milch. Es wird sie auflecken, und da sie ihm schmeckt, wird es sich – vom Hunger getrieben – in Zukunft bald selbst hinter das Dargebotene machen.
Die Mahlzeiten sollten immer reichhaltiger werden und zuerst Milch, dann Milch mit Eigelb umfassen. Später können einige Löffel Geflügel- oder Kalbfleischbrei, geschnittene Leber und schließlich Fleisch- und

Zum frühen Verhalten der Kätzchen gehört das Spiel und die gegenseitige Pflege.

Geflügelstücke und in kleine Würfel geschnittene Innereien dazukommen.

Stellen sich in der Entwöhnungszeit Verdauungsprobleme ein, wird die Milch sofort durch lauwarmen Kamillentee ersetzt. Da er den Tieren nicht schmeckt, muß er wie Medikamente mit einer Pipette seitlich in den Mund eingeflößt werden. Bei hartnäckigem, übelriechendem Durchfall ist der Tierarzt beizuziehen.

Manchmal ist eine Amme nötig

Stirbt oder verschwindet eine Katzenmutter aus irgendeinem Grund, fehlen den Neugeborenen außer der Milch auch Wärme und Schutz. Die Umgebung des Wurflagers muß in diesem traurigen Fall in der ersten Woche auf ungefähr 32°C erwärmt werden, in den nächsten zwei Wochen auf 26°C und von der vierten Woche an auf 22°C.

Das Wärmeproblem kann mit einer Brutlampe oder einem Heizkissen mit Thermostat, das in das Wurflager gelegt wird, gelöst werden. Zugluft ist für die jungen Kätzchen lebensgefährlich, denn sie holen sich leicht eine Lungenentzündung.

Mutterlose Katzenkinder, die künstlich ernährt und warm gehalten werden, bleiben im Wachstum oft zurück. Auch hier wird der Tierarzt die nötigen Maßnahmen treffen.

Für die psychische Entwicklung der Kleinen ist Kontakt zu ausgewachsenen Katzen wichtig. Ist eine zweite Katze im Haus, die auch gerade geworfen hat, können die Waisen zu diesem Wurf gegeben werden. Katzen können zwar nicht zählen; dennoch ist es besser, wenn die Waisen zu dem Wurf gebracht werden, wenn die Katzenmutter gerade irgendwo unterwegs ist. Die mutterlosen Kleinen nehmen durch die Berührung mit

Das Kätzchen beginnt, die Nahrung selbst zu sich zu nehmen.

den andern Jungen deren Geruch an, so daß die Katzenmutter, wenn sie zurückkommt, keinen Unterschied merkt und die Adoptivkinder wie ihre eigenen behandelt.
Ist keine Katze da, die die Mutter ersetzen kann, berät man sich am besten mit dem Tierarzt. Er hat oft mit Leuten zu tun, die ihren Katzennachwuchs beseitigen wollen und weiß vielleicht von einer Katze, die eben geworfen und noch Milch hat. Sobald die Waisenkinder entwöhnt sind, können sie in einem solchen Fall wieder nach Hause zurückkehren.
Katzenkinder, die nur von Menschen aufgezogen werden, haben oft Schwierigkeiten mit dem Stuhlgang, da das Lecken der Mutter diesen anregt. Löst sich das Problem nach drei Tagen nicht von selbst, fragt man am besten den Tierarzt um Rat.

Tränenloser Abschied von der Mutter

Mit vierzig bis fünfzig Tagen beginnt sich das Katzenkind allein zu ernähren. Es kostet alles Neue, interessiert sich für alles, was sich bewegt, spielt und erkundet das Leben selbständig. Die Mutter hat ihre Erziehungsaufgabe erfüllt. Sie ist der Kinder, die immer noch von Zeit zu Zeit auf ihren Zitzen herumbeißen, obwohl sie sich fett und rund herumbalgen, nun etwas überdrüssig.
Kommt das Jungtier nun in ein neues Heim, gibt es keinen herzzerreißenden Abschied. Am besten bringt man die Jungen weg, wenn die Mutter im Freien oder am Essen ist. Aber auch wenn man sie ihr nach elf oder zwölf Wochen wegnimmt und sie dabei ist, bleibt ein Protest aus. Nehmen Sie ihr die Jungen nacheinander, in Abständen von einigen Tagen weg, damit sie sich allmählich wieder an ein normales Leben ohne lästige Quälgeister gewöhnen kann.

Sieht die Mutter ihre Kinder nach einigen Monaten wieder, erkennt sie sie nicht mehr. Und für die nun ausgewachsenen Kinder ist die Mutter eine nette Katze, aber eine Fremde.
Inzwischen sind die Katzenkinder zu tüchtigen Essern herangewachsen. Gestalten Sie die Mahlzeiten möglichst abwechslungsreich und halten Sie sich an einen genauen Zeitplan. Nach der Entwöhnung werden die jungen Katzen noch viermal gefüttert: um 8 Uhr, am Mittag, um 17 Uhr und um 21 Uhr. Mit fünf Monaten nur noch dreimal: um 8 Uhr, um 13 Uhr und um 19 Uhr. Nach dem achten Monat noch zweimal: um 8 Uhr und um 17 Uhr (oder während des Abendessens der Familie). Eine ausgewachsene Katze benötigt zwei Mahlzeiten oder eine einzige, sehr reichhaltige, die ihr am besten am späten Nachmittag verabreicht wird.
Eine fünf bis sieben Monate alte Katze braucht im Tag 55 bis 85 g Fleisch, dazu etwas Reis, Milch, Getreideflocken und gekochtes Gemüse. Gekochter Fisch ist für sie ein Leckerbissen; um an ihn heranzukommen, nimmt sie jede Mühsal auf sich. Der Geruch zieht sie unwiderstehlich an, und sie ist durchaus fähig, ihn sich kaltblütig vom Küchentisch zu angeln. In diesem Alter genügt eine Fischmahlzeit in der Woche (stets ohne Gräte). Vom Tierarzt verschriebene Vitaminpräparate machen die Tiere widerstandsfähiger.
Eine Edelkatze hat meist das Glück, ein bequemes Zuhause und eine liebevolle Betreuung zu haben. Sie wird wie alles, was Geld kostet, geschätzt und gepflegt, wird regelmäßig gefüttert, hat ein Schlafkörbchen und vielleicht sogar ein Halsband. Aber auch «gewöhnliche» Katzen sind meist gut aufgehoben und werden von ihren Besitzern nicht weniger geliebt. Suchen Sie für die Katzenkinder, die Sie weggeben, ein gutes Plätzchen, wo die Tiere geschätzt und entsprechend behandelt werden.
Eine Katze ist eine herrliche Gefährtin, eine bewunderswerte Persönlichkeit, die einen zu jeder Stunde Freude macht. Wer eine Katze kauft oder geschenkt erhält, muß sich allerdings der Verantwortung, die er auf sich nimmt, bewußt sein und wissen, daß diese Hausgemeinschaft auch Opfer verlangt. Werden Sie nicht aus einer kurzlebigen Begeisterung heraus Katzenbesitzer und nehmen Sie keine Katze als Spielzeug für Ihre Kinder ins Haus. Wenn der Reiz des Neuen verflogen ist, werden solche Tiere oft kläglich vernachlässigt.

Zu viele Katzen? Kastration

Die erste Katzengeburt im eigenen Heim wird mit Befriedigung, Sorge, Neugierde und manchmal auch Zweifeln erlebt. Nicht immer finden sich ohne weiteres gute Plätzchen für die Katzenkinder. Beim zweiten Wurf wird es noch schwieriger, denn meist wollen weder Freunde noch der Gemüsehändler um die Ecke eine zweite Katze.
Die indirekte Schwangerschaftsverhütung, z. B. mit desodorierenden Mitteln, ist bei Katzen praktisch wirkungslos, da – anders als beim Hund – das Verhalten und das Miauen die stärkeren Sexualsignale sind als der Geruch. Wer nicht jedes Jahr mehrere Würfe im Haus haben möchte, faßt am besten die Kastration des Weibchens (Entfernung der Eierstöcke und/oder Gebärmutter) oder des Katers (Entfernung der Hoden) ins Auge. Mit der Entfernung der Eierstöcke fallen Rolligkeit und Empfänglichkeit weg. Sterilisation durch das Abbinden des Eileiters ist ungebräuchlich, da die Katze dadurch zwar unfruchtbar, aber trotzdem rollig wird und das entsprechende Verhalten zeigt.
Manche Leute verurteilen die Kastration als naturwidrig und empfehlen, die Kätzin während der Rolligkeit einzusperren. Doch läßt sich ein Tier, das sich üblicherweise frei im Haus, auf dem Balkon und im Garten

Durch die Kastration wird die Katze ruhiger, aber ihre Anhänglichkeit bleibt dieselbe. Ein kastrierter Kater fühlt sich so wohl wie ein nicht kastrierter. Er ist lediglich ruhiger und häuslicher.

bewegen kann, nicht ohne Kratzen und lautstarken Protest tagsüber und nachts vierzehn Tage lang gefangen halten. Die Kater werden zudem ebenso lautstark auf der Straße konzertieren, so daß die Kätzin bei der ersten Gelegenheit ausbrechen und sich einen von ihnen aussuchen wird. Andere lassen die Kätzin gewähren und beseitigen die Neugeborenen. Aber auch diese Form von Euthanasie ist recht dramatisch und grausam, besonders wenn sie von den Jungtieren bewußt erlebt wird. Außerdem wird sich die Milch, die nun niemand trinkt, bei der Kätzin stauen und ihr zu schaffen machen.

Erfahrene Sachverständige halten die Kastration für die beste Lösung. Man sollte sich dazu entschließen, wenn die Katze zwischen sechs und sieben Monate alt ist, bevor sie zum erstenmal rollig wird oder, wenn man diesen Termin verpaßt, nachdem sie zum erstenmal geworfen hat. Die völlig gefahrlose Operation wird unter Vollnarkose gemacht und gehört in einer Kleintierpraxis zu den normalen Routineeingriffen.

Die Kätzin sollte nicht während der Rolligkeit operiert werden, da die Fortpflanzungsorgane zu diesem Zeitpunkt aktiver und vergrößert sind, was zu Komplikationen führen könnte. Einige Tage nach dem Eingriff werden die Fäden entfernt oder lösen sich von selbst auf, und das Tier benimmt sich wieder wie vorher. Die Kastration des Katers ist noch einfacher, wobei das Tier nur kurz beim Tierarzt bleibt. Die Operation enthebt den Katzenhalter vieler Sorgen, und auch das Tier wird ruhiger. Eine operierte Katze hängt unverändert an Haus und Familie und ist eher friedlicher als zuvor.

Selbstverständlich müssen Züchter und alle, die Jungtiere einer Rassenkatze verkaufen oder ausstellen möchten, auf eine Kastration von Kater und/oder Kätzin verzichten.

Die Katzenkost sollte ausgewogen und abwechslungsreich sein.

Ein kastrierter Kater ist weniger zänkisch, bleibt mehr zu Hause, lebt länger, und sein Urin verliert den charakteristischen üblen Geruch. Der Jagdtrieb bleibt erhalten, aber das Tier ist friedlicher und anhänglicher. Es nimmt im allgemeinen nicht zu und wird auch nicht träge.
Der Kater sollte kastriert werden, wenn die Hoden sichtbar sind. Wird die Operation zu früh vorgenommen, kann sie das Wachstum unterbrechen, die Stimme verändern oder zu einem kleinen Kopf und schwachen Krallen führen. Die Kastration wird bei Vollnarkose vorgenommen. Sie ist einfacher als die des Weibchens, und es besteht keine Gefahr von Blutungen oder Infektionen. Selbstverständlich läßt man künftige Deckkater nicht kastrieren.
Noch einmal: Ein sich herumtreibender Kater trägt zum Katzenüberschuß bei. Besitzer von Katzendamen wiederum laufen Gefahr, in regelmäßigen Abständen einen Wurf Jungtiere im Haus zu haben.

Die Ernährung: heikle Kostgänger
Die Katze ist als Fleischesser in diese Welt gekommen, und sie ist es im wesentlichen geblieben. Während Jahrhunderten ernährte sie sich von Mäusen, Vögeln, Schlangen, Fröschen, Eidechsen, Heuschrecken, Grillen und Eichhörnchen, und sie zieht noch heute jede Art Fleisch einer anderen Nahrung vor.
Als die Katze wild lebte, versorgten die Beutetiere sie mit allem, was sie brauchte. Sie verzehrte nicht nur das Muskelfleisch, sondern auch die Knöchelchen, die innern Organe und die Eingeweide ihrer Opfer. Es ist daher notwendig, ihr in Anbetracht ihrer Vergangenheit als Jägerin von Zeit zu Zeit ganze Fleischstücke von Huhn oder Kalb vorzulegen.

Die Katze bleibt im wesentlichen eine Fleischesserin.

Wichtig ist, daß Sie sich im klaren sind, daß die Ernährung der Katze mit der des Hundes wenig gemein hat. Zwar zählen beide zu den Carnivoren, den Fleischessern, doch ist der Hund leichter mit gemischter Zukost zu ernähren.

Die Katze benötigt zweimal soviel Eiweiß wie der Hund. Nur Fleisch, Fisch, Eier, Milch und alle auf tierischer Basis hergestellten Produkte befriedigen ihre angestammten Bedürfnisse. Sie benötigt auch mehr Fette als der Hund; sie müssen daher Bestandteil ihrer Kost sein. Sie wird auf diese Weise mit den Vitaminen A, D und E versorgt und erhält überdies die nötigen Mengen Kalzium und Phosphor. Viele ausgewachsene Katzen vertragen Milch, eine gute Kalziumspenderin, nur schlecht, da sie den Milchzucker nicht verdauen können und Durchfall bekommen.

Am einfachsten ist es, der Katze feucht-weiche Büchsennahrung oder trockene Katzenkost zu verabreichen, die Eiweiß, Fett, Kohlenhydrate, Vitamine und Mineralstoffe enthält. Achten Sie darauf, daß das Produkt als Vollnahrung deklariert ist. Die Hauskatze hat sich indes im Umgang mit den Menschen allmählich angewöhnt, von allem zu kosten. Sie war im Laufe der Jahrhunderte gezwungen, ihre Eßgewohnheiten anzupassen und sich mit der Kost der Menschen anzufreunden, die weniger konzentriert ist als Fleisch. Ihr Darmtrakt ist allmählich gewachsen und ist heute zwei und mehr Meter lang, während er bei der Wildkatze nur eineinhalb Meter mißt.

Damit die Katze nicht zu dick wird

Alle Katzen fallen ungeachtet der Rasse in dieselbe Größen- und Gewichtskategorie. Ihre Lebensweise ist grundsätzlich dieselbe. Daher ist der folgende allgemeine Kostplan für alle anwendbar.

Lebensmittelliste

Ein kurzer Überblick über die für Katzen geeigneten Lebensmittel.

Fleisch: Katzen lieben alle Arten von Fleisch. 85 g nicht zu fettes Rindfleisch liefern 330 Kalorien. Katzen essen auch das Fett gerne. Das Fleisch kann ihnen roh verabreicht werden, doch ist es sicherer, es kurz zu kochen und in kleine Stücke zu schneiden.
Fisch: Die Katze riecht gekochten Fisch von weitem. Er ist nahrhaft, gut verdaulich und reich an Phosphor. 85 g Fisch entsprechen 140 Kalorien. Die Gräte sollen stets entfernt werden.
Geflügel: 56 bis 227 g ausgebeinte Hühnerbrust entsprechen 160 Kalorien. Geflügelfleisch ist wohlschmeckend, leicht verdaulich und von mittlerem Kalorienwert. Da es oft auf den Familientisch kommt, bekommt auch die Katze immer wieder davon. Auch hier gilt es, die Knochen sorgfältig zu entfernen.
Innereien: Katzen essen gerne Innereien, doch ist Vorsicht geboten. Die vitamin- und eiweißreiche Leber z.B. kann wie ein Abführmittel wirken. 85 g Leber entsprechen 195 Kalorien. Lunge ist also kalorienarm und eignet sich für übergewichtige Katzen. Kleingeschnittene Kutteln können einmal in der Woche das Fleisch ersetzen.
Käse: Frischkäse ist ein ausgezeichnetes Nahrungsmittel (28 g ergeben etwa 100 Kalorien). Des hohen Fettgehaltes wegen sollte er nur in kleinen Mengen zusammen mit kalorienarmer Kost verabreicht werden. Lab- und Sauermilchkäse wie Feta oder Blaukäse sollten nicht gefüttert werden.
Milch: Milch ist reich an Kalzium, wird aber nicht von allen Katzen vertragen. Wenn sie Durchfall verursacht, streicht man sie aus dem Menüplan.
Gemüse: Gemüse wird zusammen mit Fleisch gekocht und in kleinen Mengen geschnitten verabreicht. Es fördert die Verdauung und liefert Ballaststoffe. Viele Katzen haben eine Vorliebe für Spargel. Verfüttern Sie keine Kartoffeln.
Suppe: Fleischbrühe mit Gemüse, Teigwaren und Reis, ergänzt mit Fleischstücken oder Käse ergibt eine vorzügliche Katzenmahlzeit.
Büchsenkost: Vollnahrung in Büchsen kann bedenkenlos verfüttert werden. Die Auswahl ist groß. Wechseln Sie zwischen Büchsen- und Frischkost ab.
Kohlehydrathaltige Nahrungsmittel: Reis, Teigwaren und Getreideflocken sind wertvolle Energiespender, die in kleinen Mengen dem Fleisch beigemischt werden. Katzen, die zu Übergewicht neigen, müssen darauf verzichten.

Eine Katzenzucht im Freien.

Eine kastrierte Katze sollte pro Tag 210 g feste Nahrung zu sich nehmen: 55 g Fleisch, ergänzt durch Fett oder Ei, Brühe, Gemüse, Käse oder Kohlehydrate. Nicht kastrierte Katzen mit einem aktiveren Tagesablauf brauchen etwas mehr, nämlich 240 g im Tag. Die Katze ißt mit Verstand; sie schlingt nicht wie der Hund. Wenn sie keine Lust mehr hat oder der Magen voll ist, läßt sie den Napf halbvoll stehen und spaziert davon. Hat sie dagegen noch Hunger, verlangt sie energisch und lautstark nach mehr. Werden Speisereste verfüttert, müssen Knochen, Gräte, Gewürze und Saucen entfernt werden. Das Essen muß warm sein oder Zimmertemperatur haben und darf nicht direkt vom Herd oder aus dem Kühlschrank kommen. Wenn Sie die Katze stets zur selben Zeit füttern, brauchen Sie ihr nicht zu rufen; sie wird von selbst auftauchen.

Obwohl die Katze gut kauen kann, sollte das Futter in Stücke oder Streifen geschnitten werden, damit sie die Zähne braucht und die Kiefer kräftig werden. Einer sehr alten Katze setzt man das Fleisch fein geschnitten vor oder ersetzt es durch Käse. Katzen können die Kiefer nicht seitlich bewegen, nur auf und ab. Beobachten Sie, wie die Katze beim Fressen mit abrupten Kopfbewegungen vermeidet, daß ihr das Futter aus dem Maul fällt.

Die benötigte Futtermenge richtet sich nach Alter, Gewicht, Bewegung und Appetit. Vor allem ist bei verwöhnten Wohnungskatzen darauf zu achten, daß sie nicht übergewichtig werden. Ein praktischer Rat: Tasten Sie nach den Rippen ihrer Katze. Wenn Sie sie nicht fühlen, ist das Tier eindeutig zu dick.

Ist die Katze verstopft oder hat eben genascht, ißt sie den Napf vielleicht nicht leer. Lassen Sie ihn eine Stunde stehen und stellen Sie ihn nachher für den nächsten Tag beiseite. Wasser sollte stets zur Verfügung stehen und einige Male im Tag gewechselt werden.

Die Katze ist fähig, den Zweck einiger kleiner Gegenstände zu begreifen. Sie lernt zwischen dem Napf für Fleisch, Fisch und Käse, dem für Milch und Suppe und dem für Wasser unterscheiden. Katzen trinken wenig, doch muß stets Flüssigkeit zur Verfügung stehen, sonst trinken sie aus einer Blumenvase, dem Spültrog oder dem Aquarium, um ihren Durst zu stillen.

Die Reinlichkeitsvirtuosin

Die Katze hält ihren Körper äußerst sauber. Sie setzt die Lehre der Mutter, von der sie immer liebevoll beleckt wurde, in die Praxis um. Ihr Fell glänzt immer schön und riecht nie. Es gibt sogar Katzenfreunde, die behaupten, das Katzenfell ströme ein leichtes, wohlriechendes «Katzenparfüm» aus.

Das unablässige Sich-Säubern kann jedoch, besonders bei Langhaarkatzen, für den Verdauungstrakt nachteilige Folgen haben. Die Katze, die ihren Körper täglich während mehreren Stunden mit Speichel befeuchtet, schluckt dabei sehr viele Haare, die sich im Magen zu einem Wulst verfilzen können, der zu schmerzhaften Verstopfungen, Appetitlosigkeit und in der Folge zu Gewichtsverlust führen kann. Solche Haarbälle können unter Umständen sogar den Tod der Katze verursachen. Hegt man den Verdacht, die Katze leide unter derartigen Beschwerden, muß man ihr unbedingt während einiger Tage einen oder zwei Teelöffel Paraffinöl oder Ölsardinen ohne Gräten verabreichen und die Wirkung auf den Kot beobachten. Es gibt aber auch im Handel Präparate, die, wenn sie regelmäßig gegeben werden, dem lästigen Übel vorbeugen.

Ziehen Sie, wenn Sie irgendwie können, Katzengras, das die Katze nach Belieben abrupfen und fressen kann. Auf diese Weise werden die unange-

Katzen verwenden viel Zeit auf die Körperpflege. Sie belecken mit ihrer eigens dazu ausgestatteten Zunge jede Körperstelle.

nehmen Haarbällchen von selbst abgehen. Steht eindeutig fest, daß das Tier unter einer durch Haarbälle bedingten Verstopfung leidet, ist unverzüglich der Tierarzt beizuziehen. Durch tägliches Kämmen und Bürsten lassen sich aber derartige Komplikationen weitgehend vermeiden. Ein paar wenige verschluckte Haare schaden keiner Katze. Die regelmäßige Fellpflege spielt im Leben der Katze eine wichtige Rolle und ist der Spiegel ihres Wohlbefindens. Eine ruhelose oder kranke Katze putzt sich nicht.

Kamm und Bürste

Die Katze sollte von klein auf regelmäßig gekämmt und gebürstet werden, damit sie sich an die Hand des Besitzers gewöhnt. Während des Fellwechsels tut man dies selbstverständlich etwas häufiger als sonst. Sie hält williger her, wenn die Fellpflege in ihre Ruhezeiten verlegt wird.
Das regelmäßige Kämmen und Bürsten beugt nicht nur Verdauungsbeschwerden vor, sondern verhindert auch, daß auf allen Kleidern und überall im Haus Katzenhaare zu finden sind. Kämme mit kurzen, dichten Zinken sind für Kurzhaarkatzen, solche mit langen, breiten Zinken für Langhaarkatzen geeignet. Bei den Bürsten gibt es weiche und harte. Naturborsten sind vorzuziehen, da synthetische Borsten – z. B. aus Nylon – sich oft elektrisch aufladen und die Haare brüchig machen. Kleine Verklettungen feuchtet man an und zupft sie mit den Fingern auseinander. Das Fell wird zuerst gekämmt und dann behutsam gebürstet.
Halten Sie stets ein wachsames Auge auf das Fell. Es muß gesund wirken und darf nicht von Flöhen oder Zecken befallen sein. Eine genaue Kontrolle ist besonders dann wichtig, wenn das Tier sich draußen herumgetrieben hat und mit streunenden Katzen in Berührung gekommen ist.

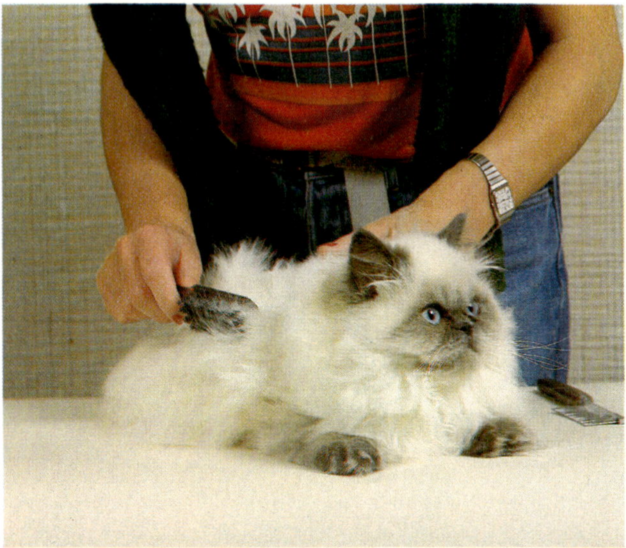

Damit Katzen beim Lecken nicht zu viele Haare verschlucken, die sich zu Haarbällen verfilzen und zu Verstopfung führen, müssen sie regelmäßig gekämmt und gebürstet werden.

Katzen werden nicht von denselben Flöhen befallen wie Hunde. Alle Flöhe ernähren sich aber vom Blut des Wirttiers. Ihre Bisse können zu Infektionen führen. Sehr starker Flohbefall führt unter Umständen zu Blutarmut. Flöhe können über ein Jahr im Fell eines Tieres leben. Vom Tierarzt empfohlene Puder und Sprays helfen, das allzu bequeme Leben der Schmarotzer abzukürzen. Freilich muß das Lager mitbehandelt werden, denn es ist die Brutstätte der Flöhe.

Das Bad

Obwohl die Katze ein reinliches Tier ist, benötigt sie manchmal doch die Hilfe des Halters. Tiere, die sich auf Dächern und in Gärten herumtreiben, kommen oft mit einem arg verschmutzten Fell nach Hause. Manche Katzen schlafen auch gerne unter Autos, und nicht selten tropft Motorenöl auf sie herab. Unter solchen und ähnlichen Umständen sollte die Katze gebadet werden. Allerdings mißtraut ein Tier, das nie gebadet worden ist, dem Wasser zutiefst. Es sollte daher von klein an ans Waschen gewöhnt werden. Nach dem zweiten oder dritten Mal wird es sich an Wasser und Seife gewöhnt haben und sich in das Unvermeidliche schicken.
Es ist ratsam, die Katze in einem Becken zu baden, denn eine große Wanne könnte sie erschrecken. Sie zeigt dann die Krallen und sucht, aus Angst auszurutschen, Hals über Kopf das Weite. Legen Sie ein Frotteehandtuch oder eine Gummiunterlage ins Waschbecken. Füllen Sie dieses zur Hälfte mit warmem Wasser, dem Sie ganz wenig Katzen- oder Kindershampoo beigeben. Wählen Sie ein Katzenshampoo, das nicht in den Augen brennt.

Das sorgfältige Säubern des Fells verbessert nicht nur das Erscheinungsbild der Katze, sondern auch ihre Gesundheit.

Gewaschen und gebadet werden, ist für die meisten Katzen kein Vergnügen. Da aber ein Vollbad manchmal unumgänglich ist, gewöhnt man sie am besten von klein auf ans Wasser.

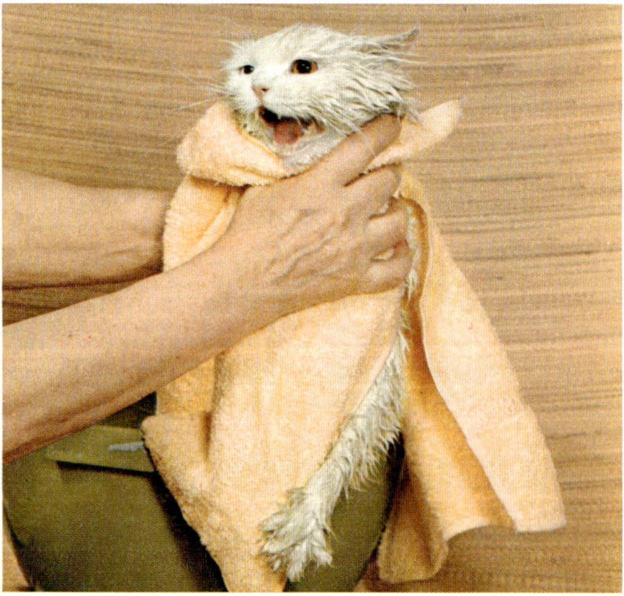

Nach dem Bad muß die Katze mit einem Frotteetuch gründlich trocken gerieben werden. Sie können auch den Fön benützen, sofern das Tier nicht erschreckt flieht.
Kann die Katze ihre Abneigung gegen ein Bad nicht überwinden, reinigen Sie sie trocken, indem Sie sie mit einem Kinderpuder einstäuben. Dieser saugt die Verunreinigung auf, so daß sie sich ausbürsten lassen. Sie können aber auch ein im Handel erhältliches Trockenshampoo für Katzen verwenden.
Ist das Fell mit Teer, Fett, Motorenöl oder anderen hartnäckigen Stoffen verunreinigt, feuchten Sie die betreffende Stelle mit Mineralöl an und lassen dieses 24 Stunden lang wirken; danach waschen Sie sie mit Wasser und Seife. Wenn sich die schmierigen Verunreinigungen nicht entfernen lassen, müssen die Haare herausgeschnitten werden.

Reinigung von Ohren und Augen
Kontrollieren Sie die Katze beim Baden oder Bürsten genau und nehmen Sie zugleich auch die nötige Spezialpflege vor. Säubern Sie das Außenohr mit einem leicht mit Wundalkohol befeuchteten Wattestäbchen. Der Alkohol reinigt und verdunstet augenblicklich, so daß keine Feuchtigkeit zurückbleibt.
Durch Staub und Ausfluß beeinträchtigte Augen sollten mit einem feuchten Tüchlein ohne Druck von der Nasenwurzel nach außen gesäubert werden.
Wenn Reizungen der Ohren, der Augen, Räude am Kopf oder Parasiten festgestellt werden, bringt man die Katze am besten zum Tierarzt. Dieser wird auch das Gebiß und das Zahnfleisch kontrollieren und eine Gesamtuntersuchung vornehmen. Im Gehörgang sammelt sich normalerweise

etwas honigfarbener, geruchloser Ohrenschmalz an. Nimmt man einen üblen Geruch wahr, deutet dies auf eine Infektion oder auf Ohrenmilben hin.

Die Katzentoilette

Die Katze gehört zu den Tieren, die ihre Exkremente zuscharren. Dies entspricht der angeborenen Gewohnheit aller katzenartigen Raubtiere, ihre Spuren und ihre Witterung zu verwischen, um nicht von Feinden aufgespürt und angegriffen zu werden. Die im Haus gehaltene Katze braucht daher eine Toilette, das heißt einen rechteckigen offenen Behälter, der so groß ist, daß die Katze darin Platz hat und Kot und Urin zudecken kann. Stellen Sie die Katzentoilette an einem diskreten Ort auf, z. B. im Badezimmer oder im Keller.

Zoohandlungen verkaufen geeignete Hartplastikbehälter. Verwenden Sie wenn möglich keine Holzkistchen, da diese die üblen Gerüche aufnehmen und zurückbehalten. Füllen Sie Sand, Sägespäne, Papierschnitzel oder in großen Säcken käufliche Katzenstreu auf den Boden des Behälters.

Verrichtet die Katze ihre Notdurft aus irgendeinem Grund ausnahmsweise in einem verbotenen Winkel des Hauses, muß die Stelle mit Ammoniak oder einem Geruchsbinder gereinigt werden, damit das Malheur sich nicht wiederholt.

An der Leine wie ein Hund

Hauskatzen kann ein leichtes Halsband angelegt werden. Dieses darf nicht hart und steif sein wie ein Hundehalsband, sondern muß aus einem weichen, anschmiegsamen Material, wie z. B. aus Leder (mit einem elastischen Zwischenstück) gefertigt sein. Es darf nicht zu locker und nicht zu straff sitzen, da es sich sonst an hervorstehenden Dingen verfängt bzw. die Haut scheuert. Sie können daran eine Marke mit Ihrer Adresse befestigen.

Gewisse Katzen wie die Siamesen und die Abessinier lassen sich, wenn sie von klein an daran gewöhnt worden sind, an der Leine ausführen. Man kauft zu diesem Zweck am besten ein Geschirr, das um die Brust und nicht um den Hals angelegt wird. Aus einem Halsband kann das Tier, wenn es erschrickt, möglicherweise herausschlüpfen.

Woran man merkt, daß die Katze krank ist.

Selbstverständlich kann auch die Wohnungskatze krank werden. Viren und Bakterien gelangen auf hunderterlei Arten ins Haus, vor allem an Schuhsohlen und durch die Luft. Jede Katze hat nur ein Leben – nicht neun, wie der Volksmund behauptet –, und es ist unsere Pflicht, für ihre Gesundheit zu sorgen. Die Verweigerung des Futters ist ein erstes Anzeichen, daß sich die Katze nicht wohl fühlt. Sie ist lustlos und schläfrig, hat gerötete Augen und ein mattes Fell. Wenn die Störung ernst ist, erbricht sie sich oder hustet und atmet schwer. In diesem Fall muß umgehend der Tierarzt beigezogen werden.

Die Temperatur der Katze wird im Darm gemessen. Ihre Normaltemperatur liegt zwischen 38° C und 38,5° C. Denken Sie daran, daß die Aufregung beim ersten Messen oft höhere Temperaturen verursacht; bei leicht erhöhter Temperatur besteht in diesem Fall also noch kein Grund zu Besorgnis. Bei Temperaturen über 39° C fiebert die Katze, was darauf hinweist, daß Komplikationen eingetreten sind. Steigt die Temperatur über 40° C, sind vermutlich entweder die Lunge, das zentrale Nervensystem oder das Blut betroffen.

Katzen haben einen angeborenen Reinlichkeitssinn. Es ist daher nicht schwierig, sie an die Katzentoilette zu gewöhnen.

Untertemperaturen sind zuweilen bedenklicher als hohe Temperaturen, da sie möglicherweise auf eine innere Blutung oder einen Schockzustand zurückzuführen sind.

Ängstigen Sie sich nicht unnötig, weil Sie eine harmlose Verstopfung oder den jahreszeitlich bedingten Fellwechsel – wenn die Haare stumpf werden und ausfallen und die Katze rasch ermüdet – mit pathologischen Fakten verwechseln. Viele Leute befühlen, wenn sie den Verdacht haben, die Katze sei krank, deren Nase, um festzustellen, ob sie Fieber hat. Ist die Nase feucht, wird angenommen, das Tier sei gesund. In Wahrheit kann indes auch eine Katze, die fiebert, eine feuchte Nase und klare Augen haben. Eindeutige Krankheitszeichen sind dagegen ein drastischer Wechsel der Gewohnheiten, des Betragens, Appetitlosigkeit, eine eigenartige Gangart, eigenartige Schlafstellungen, ungewöhnliche Ruhelosigkeit und Interesselosigkeit Dingen gegenüber, die ihr immer Freude machten.

Wenn die Katze nicht schwerwiegend krank ist, tut sie oft instinktiv das, was für sie das Beste ist: sie fastet spontan, übergibt sich, frißt Gras oder Kräuter oder leckt und befeuchtet ihre Wunden mit Speichel. In solchen Fällen gilt es, die Katze sorgfältig zu überwachen und zu entscheiden, ob ein Besuch beim Tierarzt nötig ist.

Katzenhalter sollten für ihre Tiere eine Notapotheke bereithalten mit einem unzerbrechlichen Rektalthermometer, einer Schere mit abgerundeten Spitzen, einer stumpfen Pinzette, Pipetten, Plastikspritzen, Mullbinden, Schnellklebeverband, Vaseline, Kamillosan, einer harmlosen Augensalbe gegen Augenentzündungen und Hautverletzungen, Wattestäbchen, Kohle- und Flohtabletten und einem vom Tierarzt empfohlenen Breitband-Antibiotikum. Geben Sie der Katze nie Schmerzmittel wie z.B. Aspirin und auch keine Beruhigungsmittel. Medikamente der

Eine Katze sollte verschiedene Freßnäpfe haben.

Humanmedizin sind ganz allgemein für Katzen ungeeignet. Jede Katze muß zudem einen Impfausweis haben.

Verletzungen und Notfallstation
Es ist nützlich, wenn man über die häufigsten Unfälle, die Katzen zustoßen und die ein sofortiges Eingreifen des Halters oder des Tierarztes erfordern, Bescheid weiß.
Bißwunden: Die häufigste Situation, in der eine sofortige Verarztung nötig ist. Besonders Hundezähne können tiefe, klaffende Wunden reißen. Als erstes muß die Blutung gestillt werden. Bei kleinen Wunden genügt es oft, zwei Finger kräftig auf die Verletzung zu pressen. Bei Bißwunden am Schwanz oder an einem Bein umwickelt man das Glied mit Verbandstoff. Danach bringt man die Katze sofort zum Tierarzt. In vielen Städten der Bundesrepublik, Österreichs und der Schweiz versehen die Tierspitäler einen tierärztlichen Notdienst und mancherorts gibt es auch private Notdienste.
Ist die Wunde nicht sehr tief und vor allem klein, waschen Sie sie mit dreiprozentigem Wasserstoffsuperoxyd oder mit warmem Wasser. Haben Sie eine für Katzen geeignete Wundsalbe, tragen Sie die auf. Verwenden Sie kein Desinfektionsmittel. Das Gewebe entzündet sich sonst leicht, und die Heilung verzögert sich.
Wurde die Katze von einer Artgenossin oder einer Maus gebissen, besteht die Gefahr, daß sich ein Abszeß bildet. Diese Bisse lassen lediglich kleine, trügerische Pünktchen zurück und werden daher oft übersehen. Um Komplikationen vorzubeugen, läßt man die Katze am besten von einem Tierarzt untersuchen.

Besonders geliebten Hauskatzen kann ein Halsband angelegt werden. Dehnbare Halsbänder bieten die größte Sicherheit.

Schußwunden: In Jagdgebieten werden Katzen manchmal angeschossen. Auch hier gilt es, den Schock zu behandeln und die Blutung zu stillen. Halten Sie das Tier möglichst warm und bringen Sie es zum Tierarzt.

Verletzungen durch Fallen oder landwirtschaftliche Maschinen: Wenn eine Katze in eine Falle oder in eine landwirtschaftliche Maschine gerät, zieht sie sich meist sehr ernste, schmerzhafte Verletzungen zu und verliert überdies viel Blut. Bringen Sie sie unverzüglich zum Tierarzt. Oft muß ein betroffenes Glied ganz oder teilweise amputiert werden.

Verletzungen durch Angelhaken: Solche Verletzungen sind seltener und kommen nur bei Katzen vor, die in der Nähe von Flüssen und Seen wohnen, in denen gefischt wird. Der Haken darf nicht mit Gewalt entfernt werden, da die Wunde aufgerissen und die Katze sich zur Wehr setzen würde. Der Haken muß vom Tierarzt, wenn nötig unter Narkose, herausgeholt werden. In dasselbe Kapitel gehören im Hals steckengebliebene Gräte oder Knöchelchen. Katzen ersticken selten, doch müssen die Fremdkörper mit einer Pinzette entfernt werden.

Schlangenbisse: Schwellungen im Bereich einer sehr kleinen Wunde deuten auf einen Schlangenbiß hin. Stammt er von einer Giftschlange, übergibt sich die Katze und gerät in einen Schockzustand. Das Tier sollte sich möglichst wenig bewegen, damit sich das Gift nicht über die Adern im ganzen Körper verbreitet. Bei Bissen an einem Bein oder am Schwanz bindet man das Blut wenige Zentimeter über der Bißwunde mit einem Stoffetzen ab. Am besten bringt man über der Wunde einen linearen Schnitt an, zieht das Gift mit einem Stechheber heraus und bringt die Katze sofort zum Tierarzt.

Öffnen Sie beim Einflößen von Medikamenten das Maul der Katze nicht ganz, da das Tier sich sonst leicht erbricht oder hustet. Drücken Sie den Kopf der Katze nach oben und nach hinten und führen Sie die Pipette behutsam zwischen Fangzahn und Prämolar ein.

Oft müssen sich Katzen einer Röntgenuntersuchung unterziehen. Dies ist für eine genaue Diagnose bei Brüchen, verschluckten Fremdkörpern und Erkrankungen von Lunge und innern Organen unumgänglich. Normalerweise kann ein und dieselbe Person die Katze halten und den betroffenen Körperteil den Strahlen aussetzen (auf unserem Bild das linke Vorderbein). Das Geräusch des Apparates erschreckt das Tier nicht, sofern es sanft, aber bestimmt gehalten wird. Eine Vollnarkose ist nur bei gewissen Abklärungen mit einer Kontrastflüssigkeit notwendig oder wenn die Katze während der kurzen Zeit für die Aufnahme (2–3 Sekunden) nicht ruhig gehalten werden kann.

Zur Untersuchung des Mauls, der Zähne, der Zunge, des Gaumens oder der Luftröhre und bei Gesamtuntersuchungen sind stets zwei Personen erforderlich. Ein Assistent fixiert das Tier von hinten; der Tierarzt packt es am Nacken und nimmt mit der rechten Hand die Untersuchung vor.

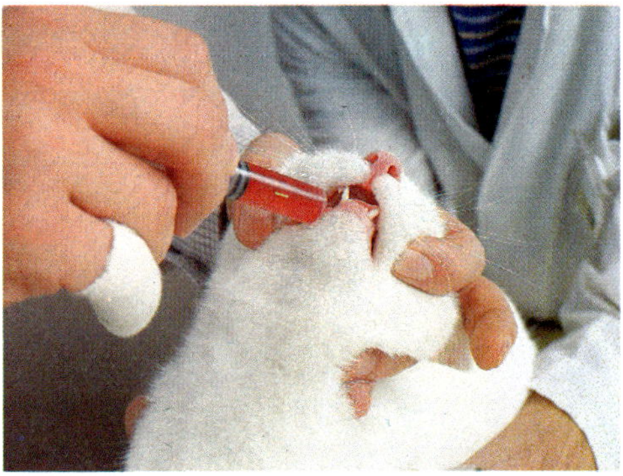

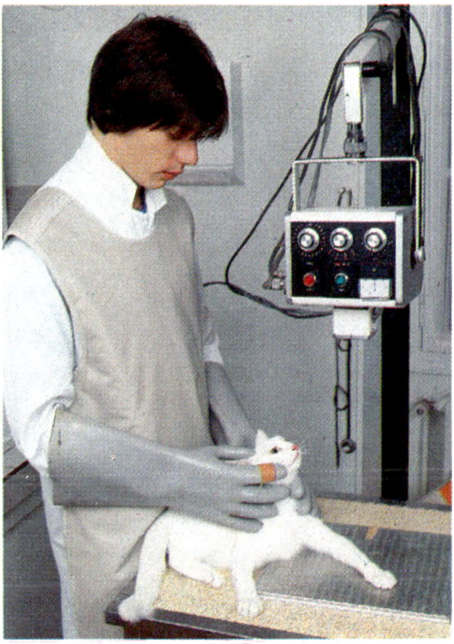

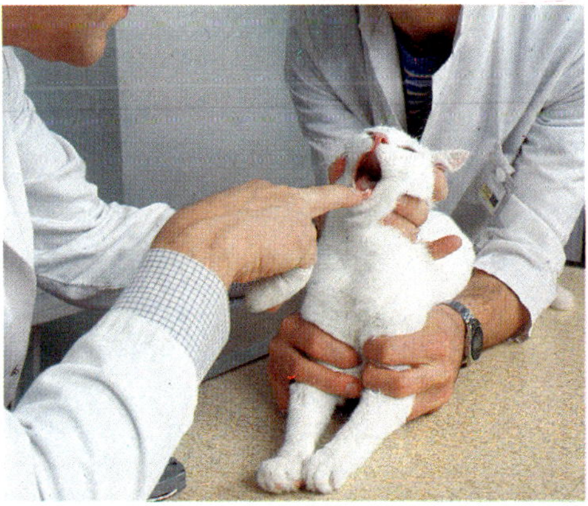

Der Tierarzt benötigt auch zur Verabreichung von Spritzen einen Helfer, z. B. beim Impfen oder Einspritzen von Antibiotika oder Stärkungsmitteln.

Wenn die Katze andauernd den Kopf schüttelt, sich hinter den Ohren kratzt oder den Kopf schräg hält, ist eine Untersuchung nötig. Der Tierarzt kann Entzündungen des Mittelohrs oder des inneren Ohrs heilen, Fremdkörper (Insekten, Splitter usw.) entfernen und Parasiten bekämpfen. Nach der Untersuchung des äußeren Ohres untersucht der Tierarzt das innere Ohr mit dem Ohrenspiegel (Otoskop).

Häufige Augeninfektionen sind:
Conjunctivitis (Bindehautentzündung)
Blepharitis (Entzündung des Augenlidrandes)
Keratitis (Hornhautentzündung)
Hornhautgeschwüre (Vereiterung der Hornhaut), verursacht durch Verletzungen, Bakterien oder Viren, Verbrennungen oder Kratzer. Behandlung durch den Tierarzt unerläßlich.

Mit dem Augenspiegel (Ophthalmoskop) kann der Tierarzt grauen Star, Blutungen und Keratitis diagnostizieren und das Öffnen und Schließen der Pupillen kontrollieren.

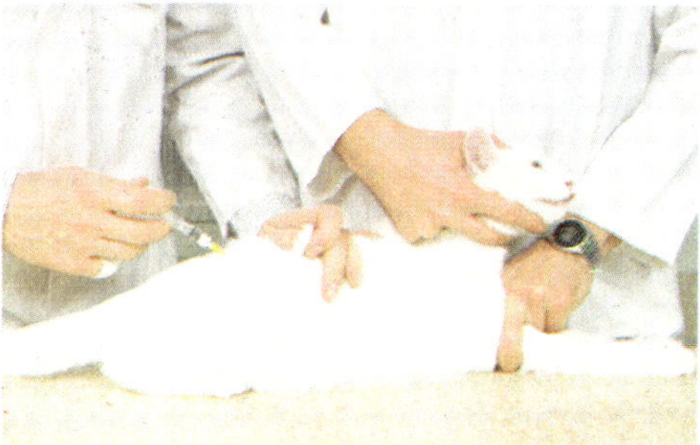

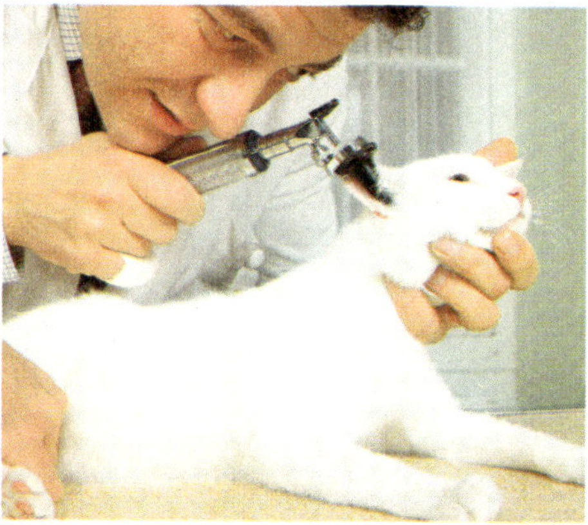

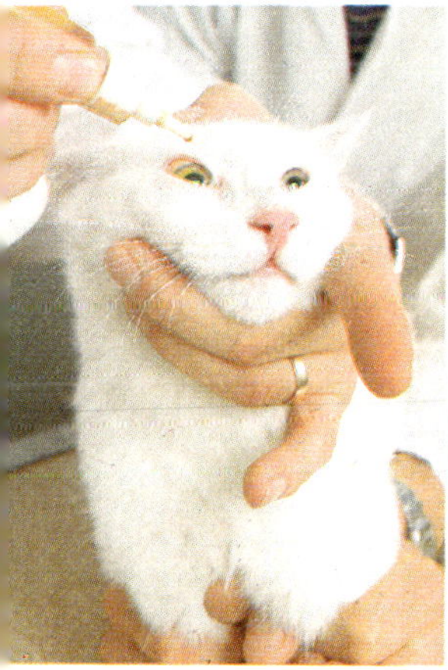

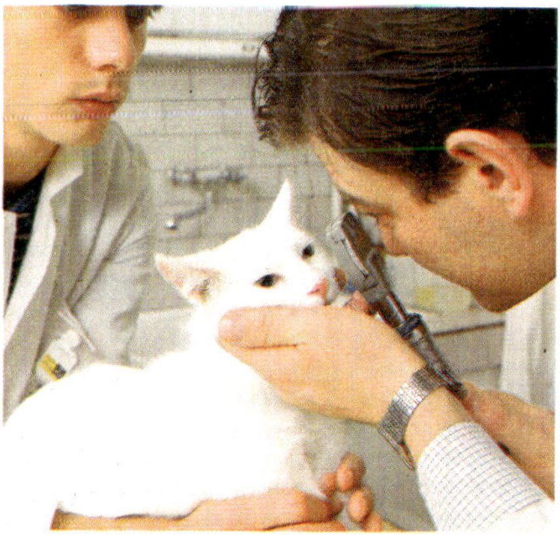

Verbrennungen: Es kommt vor, daß Katzen sich an heißen Pfannen, elektrischen Platten oder am offenen Feuer verbrennen, weil sie von Natur aus stets die Wärme suchen und manchmal die Gegebenheiten falsch einschätzen. Legen Sie ihr Eis auf oder kühlen Sie die verbrannte Stelle mit kaltem Wasser. Danach tragen Sie behutsam eine für Katzen geeignete Brandsalbe auf. Suchen Sie gleich den Tierarzt auf.
Insektenstiche: Katzen reagieren oft sehr heftig auf Insektenstiche, wobei die betroffene Stelle anschwillt. In leichteren Fällen genügt es, eine gute Salbe aufzutragen. Entfernen Sie den Stachel, sofern er noch im Fleisch steckt. Eine Katze, die am Kopf oder gar im Maul von einer Biene oder Wespe gestochen wurde, muß unverzüglich zum Tierarzt gebracht werden, damit sie nicht erstickt oder einen Herzstillstand erleidet.
Autounfälle: Eine Katze kann die Geschwindigkeit eines Autos nicht abschätzen und wird zudem nachts von den Scheinwerfern geblendet. Zusammenstöße mit einem Auto führen oft zum sofortigen Tod. Die Überlebenschancen hängen von der Schwere der Verletzungen und der Zeit ab, die vergeht, bis sie ärztlich betreut wird. Leiten Sie sofort die Schockbehandlung ein, indem Sie das Tier warm und ruhig halten. Stillen Sie das Blut und transportieren Sie das Tier auf einer improvisierten Trage, z. B. einem Brett, zum Tierarzt.

Schutz vor Hitze und Kälte

Katzen, die im Freien leben, flüchten sich vor Kälte und Regen in einen Hausgang, einen Keller oder eine weggeworfene Schachtel. Im Winter wird ihr Fell dichter, damit sie niedrige Temperaturen zu überleben vermögen.
Die Hauskatze wagt sich nur ab und zu eine Nacht in die freie Natur und kuschelt sich oft beim ersten Schlechtwetterzeichen in eine warme Ecke oder in ein weiches Kissen. Sie hat eine Vorliebe für Heizkörper, auf denen sie sich nicht selten zum Schlafen ausstreckt. Diese sind aber kein geeigneter Schlafort, denn die Wärme trocknet die Haut zu sehr aus, so daß die Haare ausfallen. Am besten verbarrikadiert man die Liegefläche auf dem Heizkörper mit einem großen Gegenstand.
Kommt die Katze durchfroren und naß nach Hause, reibt man sie mit einem Frotteetuch trocken – besonders Brust und Gliedmaßen –, damit sie sich nicht verkühlt und eine Bronchitis oder eine Lungenentzündung holt.
Auch die sommerliche Hitze setzt der Katze zu. Sie jagt und spielt zwar, döst aber lange im Schatten eines Busches oder einer Mauer. Im Haus sucht sie einen kühlen, gut durchlüfteten Schlafplatz.
Sie frißt im Sommer weniger und am liebsten am Abend nach Sonnenuntergang. Die heiße Sommersonne bringt das Katzenleben durcheinander. Frißt das Tier den Napf am Abend nicht leer, stellt man ihn in den Kühlschrank, damit das Futter über Nacht nicht verdirbt.

Reisen mit Katzen

Die meisten Katzen reisen nicht gern und bleiben lieber zu Hause und genießen den beschaulichen Alltag. Manchmal freilich ist eine kürzere oder längere Reise unumgänglich, z. B. wenn eine Untersuchung beim Tierarzt ansteht, ein Wochenende auf dem Land, ein Umzug oder ein Besuch bei einem Deckkater.
Die an ein geruhsames Leben gewöhnte Katze findet sich nur schwer mit dem Reiselärm oder der Begegnung mit einem fremden Hund ab. Selbst wenn sie der Halter fest im Arm oder an der Leine hält, zeigt sie bei der ersten unerfreulichen Störung die Krallen und versucht zu fliehen.

Bandagieren eines verletzten Beins mit einer Schiene.

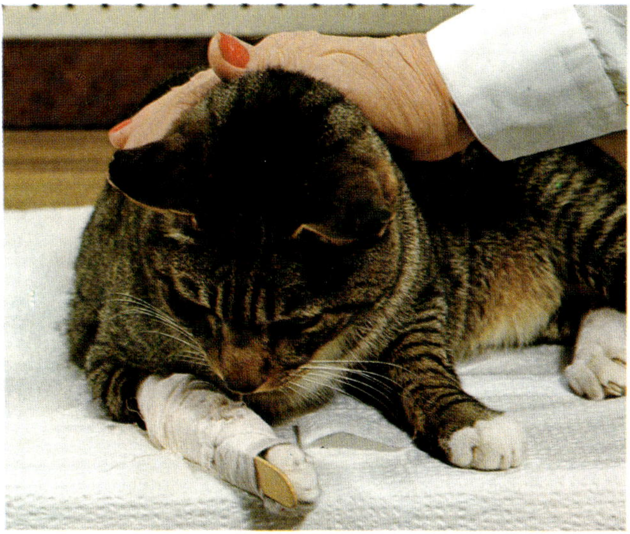

Für jede Reise, ob kurz oder lang, muß daher für die Katze ein Transportkorb oder eine Transportkiste bereitgestellt werden. Korb oder Kiste müssen so groß sein, daß sich das Tier bewegen und mühelos atmen kann. Bei einem brüsken Bremsmanöver oder einer Kurve darf das betreffende Ding natürlich nicht ins Rutschen geraten und herunterfallen.
Manche Katzen können im Auto freigelassen werden. Sie kuscheln sich in die Arme eines Mitfahrers, auf den Sitz oder legen sich aufs Ablagebrett im Heck. Ist der Besitzer zugegen, verhalten sie sich meist bis zur Ankunft ruhig. Wagen sollten Sie dies aber nur dann, wenn Sie wirklich sicher sind, daß das Tier nicht zu schreckhaften Reaktionen neigt, denn sonst kann es zu einem Unfall kommen.
Lassen Sie die Katze nie allein im Auto zurück. Im Sommer kann die Hitze im Wageninnern so groß werden, daß das Tier an einem Hitzschlag stirbt. Auch sollten Sie es vor der Reise nicht füttern, denn das Schütteln des Autos ist der Verdauung nicht zuträglich. Nach der Ankunft lassen Sie das Tier sich am besten in einem ruhigen, abgedunkelten Raum erholen.
Erkundigen Sie sich vor Reisen mit öffentlichen Verkehrsmitteln bei den zuständigen Stellen nach den Bedingungen und Vorschriften, weil die überall etwas anders sind. Ins Flugzeug können Sie die Katze unter gewissen Voraussetzungen selbst mitnehmen oder sie per Luftfracht an den Bestimmungsort senden (Näheres siehe Seiten 120–126 im Buch «Katzen-Alltag» von Susie Page).

Katzenausstellungen
Die erste Katzenausstellung fand 1598 in Winchester (England) anläßlich des St. Giles Fair – einem Jahrmarkt – statt. Nach modernen Gesichtspunkten aufgebaute Ausstellungen wurden erst rund dreihundert Jahre

später, ab 1871, von Mr. Harrison-Weir im Kristall-Palast in London organisiert. Dies war der eigentliche Anfang der Katzenausstellungen und der standardgetreuen Katzenzucht.
In Amerika wurde die erste Ausstellung 1895 im Madison Square Garden von New York durchgeführt. Katzenausstellungen erfreuten sich in den USA sofort sehr großer Beliebtheit. Bald wurden auch auf dem europäischen Festland, in Australien, Kanada, Neuseeland, Südafrika und Japan derartige Veranstaltungen organisiert. Heute finden jedes Jahr überall auf der Welt Hunderte von Katzenausstellungen statt. Sie werden im allgemeinen im Winter in großen, hellen Ausstellungshallen abgehalten, weil das Fell der Langhaarkatzen zur kalten Jahreszeit am schönsten ist. In England gibt es nur eintägige Ausstellungen. Auf dem europäischen Festland und in Nordamerika dauern sie wegen der großen Anreisedistanzen zwei Tage.
Eine der berühmtesten Ausstellungen ist die des National Cat Club, die jedes Jahr im Dezember in London stattfindet und an der jeweils 2000 Katzen mit Pedigree und 500 ohne Pedigree teilnehmen. Pedigree ist das englische Wort für Stammbaum. Es wurde zuerst in der Vollblutzucht verwendet und fand nachher in Zoologie und Botanik Aufnahme. Dieser Pedigree oder Stammbaum muß den Namen des Tieres, Rasse, Farbe, Geschlecht, Geburtsdatum und eine lückenlose Liste der Vorfahren enthalten.
Rassekatzen werden nach Alter und Geschlecht in verschiedene Kategorien eingeteilt und können den Titel eines Champions oder gar den eines (Großen) Internationalen Champions gewinnen.
Der Governing Council of the Cat Fancy (GCCF) ist in England die einzige Körperschaft, die Rassekatzen in ein Zuchtbuch eintragen kann,

Katzen mögen Reisen und Wasser nicht, aber sie können sich an die verschiedensten Gegebenheiten anpassen. So begleitet diese Katze auf einem Gemälde von George Caleb Bingham Händler auf dem Missouri.

die die Standards für die Rassen festlegt und Lizenzen für GCCF-Katzenausstellungen erteilt. Diese allmächtige Organisation legt die Bestimmungen und die Standards für die British Cat Fancy, die Britische Edelkatzenzucht, fest. Sie wurde 1910 gegründet. Seither entstanden viele britische Katzenklubs, die in der Folge Mitglieder des GCCF wurden.
In den Vereinigten Staaten gibt es keine so mächtige Organisation. Der älteste Verband ist die 1899 gegründete American Cat Association (ACA). Zuchtbücher führen auch die American Cat Fanciers' Association (ACFA), die Cat Fanciers' Federation (CFF), die Crown Cat Fanciers' Federation (CCFF), die United Cat Federation (UCF), The International Cat Association (TICA) und die Cat Fanciers' Association (CFA). In Kanada führt die Canadian Cat Association (CCA) die Zuchtbücher. Die Cat Fanciers' Association (CFA) ist der größte amerikanische Verband. Ihm sind kanadische und japanische Klubs angeschlossen. Er ist somit auch der einflußreichste Verband, der die Standards für die meisten Rassen Nordamerikas festlegt.
In Europa ist von den vielen Edelkatzenzüchter-Verbänden die Fédération Internationale Féline (FIFé oder FIF) tonangebend. Ihr sind in Europa mehr nationale Verbände angeschlossen als irgendeiner anderen Dachorganisation. Ihr Einflußbereich erstreckt sich auf Belgien, Dänemark, Finnland, Frankreich, Holland, Italien, Norwegen und Schweden. In der Bundesrepublik Deutschland ist der 1. Deutsche Edelkatzenzüchter-Verband (1. DEKZV) e.V. der FIFé angeschlossen, mit Verbands-

Die häusliche Behaglichkeit ist jeder Reise vorzuziehen. Eine Zeichnung von Felix.

gruppen in vielen kleineren und größeren Städten. Daneben gibt es zahlreiche unabhängige Organisationen, darunter die Deutsche Rassekatzen-Union e.V. DRU. In Österreich ist der Österreichische Verband für die Zucht und Haltung von Edelkatzen (Ö.V.E.K.) der FIFé angeschlossen, in der Schweiz der Helvetische Katzenverband, der sich französisch Fédération Féline Helvétique (FFH) nennt. Auch diese beiden Landesverbände haben einzelne Vereine oder Klubs als Mitglieder. Daneben existieren noch unabhängige Organisationen. In der FIFé legen die Delegierten aller Mitgliedverbände gemeinsam die zu verfolgende Politik fest und formulieren die Ziele. Jeder Mitgliedverband führt sein Zuchtbuch und stellt Stammbaumausweise aus.

Selbstverständlich werden die Tiere in bester Verfassung ausgestellt. Sie sind völlig gesund, und ihr Fell ist tadellos. Die meisten Züchter besitzen Käfige, wie sie an Ausstellungen verwendet werden, damit die Katzen sich schon zuhause daran gewöhnen können, stundenlang ohne Angst im selben Käfig eingesperrt zu sein, und damit sie völlig ruhig sind, wenn sie den Richtern vorgeführt werden.

Die Ausstellungsvorbereitungen sind bei Kurzhaarkatzen weniger zeitraubend als bei Langhaarkatzen. Doch gibt es auch da viel zu tun. Die Katze wird gebadet, die Krallen werden beschnitten und Augen und Ohren gesäubert. Überdies wird der Schwanz auf dunkle Fettablagerungen («Fett- oder Katerschwanz») untersucht, totes Haar sorgfältig ausgebürstet und das Fell manchmal zusätzlich mit einem Taschenkamm gekämmt. Die Vorbereitung der Langhaarschaukatzen beginnt in deren frühesten Jugend. Das Tier muß daran gewöhnt werden, gebadet, gekämmt und gebürstet zu werden; ebenso an die Krallenpflege und all die Dinge, die nötig sind, damit sich ein Langhaartier in seiner ganzen Schönheit präsen-

Ein Transportkorb erspart beim Reisen mit Katzen viel Ärger und Probleme.

Ein rot gestromter Perser, stolz auf seine Trophäen.

tiert. Jedes Detail der äußeren Erscheinung der Katze bedarf der täglichen Aufmerksamkeit und Pflege. Wer Schaukatzen besitzt, egal ob Kurz- oder Langhaar, muß ein hingebungsvoller Pfleger und Gesundheitsfanatiker sein.
Katzen werden im allgemeinen in 70 × 70 × 70 cm großen Einzelkäfigen ausgestellt. Es ist üblich, sie mit Kissen und Vorhängen auszustatten. In den USA wird bei einigen Ausstellungen der schönste Käfig ausgezeichnet. Die Aussteller bewerben sich um den Titel des Rassensiegers und zusätzlich um die Anwartschaft für den Titel eines Champion oder Internationalen Champion.

Das Alter naht

Wenn Sie eine alte Katze bei sich aufnehmen, müssen Sie ihr viel Freiheit lassen. Sie muß Zeit haben, Ihren Tagesablauf und die neuen Gerüche eingehend zu studieren, bevor sie sich den Menschen nähert. Sie beurteilt diese unvoreingenommen, schätzt es aber sehr, gut gefüttert zu werden.
Gewöhnlich wird auch eine alte Katze nach zwei oder drei Wochen zur Einsicht gelangen, daß die neuen Besitzer ihr gutgesinnt sind und es sich lohnt, ihre Liebe anzunehmen und zu erwidern.
Die meisten Katzen allerdings fressen, schlafen, lieben und altern in derselben Familie und am selben Ort. Eine Katze kann gut fünfzehnjährig und älter werden, doch gibt es viele Ausnahmen. Im Streß lebende und schlecht gefütterte Tiere altern schneller. Kastrierte, ein geruhsames Dasein fristende Katzen dagegen haben eine größere Lebenserwartung. Doch trotz aller Fürsorge sterben auch immer wieder gesunde, glückliche Katzen mit zehn Jahren, und kränkliche Tiere werden an die zwanzig

Die Jury bei der Arbeit.

Jahre alt. Die Katze, die – soviel man weiß – am längsten lebte, brachte es auf stolze siebenunddreißig Jahre.
Der Altersprozeß setzt ungefähr im zehnten Lebensjahr ein, was dem sechzigsten Lebensjahr des Menschen entspricht. Die Katze verliert den Schwung, schläft länger und wird magerer (manche nehmen auch zu). Die Liebe interessiert sie nicht mehr so sehr, die Kampflust schwindet, das Fell wird lichter, die Zähne brechen ab oder fallen aus. Die Augen hingegen behalten ihren Glanz. Der beim Hund oft auftretende graue Star ist bei Katzen selten. Alternde Katzen sollten regelmäßig tierärztlich kontrolliert werden. Eine ausgewogene Ernährung ist jedoch die beste Voraussetzung für ein langes, gesundes Katzenleben.
Kennt man das Geburtsdatum der Katze nicht, ist es schwierig, ihr Alter abzuschätzen. Der Zustand der Zähne gibt theoretisch darüber Aufschluß, doch gibt es Katzen, die bis ins hohe Alter ein schönes, weißes Gebiß bewahren. Das Alter läßt sich auch nicht an der Haut, dem Fell oder dem Glanz der Augen ablesen, da es zwölf- bis vierzehnjährige Katzen mit makellosem Fell und strahlenden Augen gibt.
Die Zeichen des Älterwerdens sind beim Weibchen deutlicher. Auch wenn es weiterhin rollig wird und ein reges Sexualleben führt, bringt es weniger und kleinere Junge zur Welt. Weibchen paaren sich, bis sie ungefähr vierzehn oder fünfzehn sind, nehmen aber oft nicht mehr auf.
Mit dem leidigen zehnten Lebensjahr werden die ersten Alterserscheinungen sichtbar. Das Fell lichtet sich, Leber und Nieren arbeiten nicht mehr voll. Arthrosen treten auf und bei manchen Tieren auch Gefäßkrankheiten. Dank der Fortschritte in der Tierheilkunde, der Ausgewogenheit der im Handel erhältlichen Katzennahrung und der besseren Haltung leben Katzen heute länger und würdiger als früher.

Der Abschied von der geliebten Freundin

Wenn die Hauskatze im Alter unheilbar krank wird, wenn sie die Freude an der Nahrung und an Spaziergängen verliert, Schmerzen schlecht erträgt und nicht mehr schnurrt, ist die Zeit gekommen, ihr einen letzten traurigen Liebesdienst zu erweisen. Wir haben das Tier geliebt, und es hat uns diese Liebe auf seine Weise mit unmißverständlicher Anhänglichkeit erwidert. Jetzt kann nur der Tierarzt seine Leiden auf rasche, humane Art und Weise beenden. Narkotika, die den sofortigen Tod herbeiführen, machen eine schmerzlose Sterbehilfe möglich.

In der Bundesrepublik Deutschland gibt es in einigen Städten wie Berlin, Hamburg, Mainz, München, Stuttgart u. a. Friedhöfe für Katzen und Hunde und Tierbestattungsinstitute, die das Nötige vorkehren. Österreich und die Schweiz verfügen nur über je einen Tierfriedhof. Sie können das tote Tier aber auch dem Tierarzt zur Beseitigung überlassen.

Der Tod einer Katze betrübt uns, und aus Furcht vor dem Trennungsschmerz beschließen wir vielleicht, keine Katze mehr ins Haus zu nehmen. Doch das Angebot eines Freundes, der Besuch einer Katzenausstellung oder ein Buch bringen unseren Entschluß bald wieder ins Wanken. Es gibt immer wieder eine Katze, deren Faszination wir erliegen und die darauf wartet, mit uns das Abenteuer der gegenseitigen Zuneigung einzugehen.

Fünfzehn Jahre vergehen schnell, doch es werden Jahre der Freundschaft und Liebe sein, die uns unvergeßliche Erinnerungen bescheren.

Das Alter der Katze

Die nachfolgende Tabelle zeigt das Verhältnis zwischen dem Alter der Katze und dem des Menschen. Die Relation stimmt jedoch nur ungefähr, denn Rasse, Klima, Geschlecht und Lebensweise verschieben sie möglicherweise etwas.

Katze		*Mensch*	*Katze*		*Mensch*
1 Monat	—	5–6 Monate	6 Jahre	—	42–44 Jahre
2 Monate	—	9–10 Monate	7 Jahre	—	45 Jahre
3 Monate	—	2–3 Jahre	8 Jahre	—	48 Jahre
4 Monate	—	5–6 Jahre	9 Jahre	—	55 Jahre
5 Monate	—	5–9 Jahre	10 Jahre	—	60 Jahre
6 Monate	—	14 Jahre	11 Jahre	—	62 Jahre
7 Monate	—	15 Jahre	12 Jahre	—	65 Jahre
8 Monate	—	16 Jahre	13 Jahre	—	68 Jahre
1 Jahr	—	18 Jahre	14 Jahre	—	72 Jahre
2 Jahre	—	25 Jahre	15 Jahre	—	74 Jahre
3 Jahre	—	30 Jahre	16 Jahre	—	76 Jahre
4 Jahre	—	35 Jahre	17 Jahre	—	78 Jahre
5 Jahre	—	38–40 Jahre	18 Jahre	—	80 Jahre

Zu viele herrenlose Katzen

Es ist unmöglich zu sagen, wie viele herrenlose Katzen es auf der Welt gibt, aber empirischen Schätzungen zufolge kommt ungefähr eine auf zwei Hauskatzen. In Frankreich soll es ungefähr acht Millionen Katzen geben, von denen die Hälfte herrenlos herumstreunen. Allein in Paris sammelt der Tierschutzverein monatlich zwischen hundert und dreihundert Straßenkatzen ein. Zur Ferienzeit vervier- oder verfünffacht sich die Zahl. Die Zustände sind in anderen Großstädten nicht besser. In allen treiben sich zur Hauptreisezeit viele Katzen und Hunde herum, die von ihren Besitzern ausgesetzt wurden.

Auch eine ausgewachsene oder alte Katze gewöhnt sich im neuen Heim rasch ein.

Diese Masse von Katzen läßt sich in herrenlose, streunende, streunende mit einem Halter und einem Zuhause und gelegentlich streunende Hauskatzen unterteilen. Ihre Zahl nimmt nie ab, da sie sich ständig vermehren. Dies nicht zuletzt, weil nicht wenige Besitzer die Jungkatzen aus falscher Tierliebe aussetzen, statt sie sofort einschläfern zu lassen. Wenn diese Tiere überleben, werden sie zu Nomaden. Abhilfe schaffen kann bei Kätzinnen und Katern, wie bereits ausgeführt, nur die Kastration. Noch bedarf es der Aufklärung in allen gesellschaftlichen Schichten, damit diese Tatsache jedermann bewußt wird.

Die gewöhnliche Hauskatze wird zur Edelkatze

In der Vergangenheit hatte die Hauskatze meist ein kurzhaariges, getigertes Fell. Sie wurde bewundert, galt aber als Straßen- und Hinterhofbewohnerin. Ende des neunzehnten Jahrhunderts wurde sie von fürsorglichen Züchtern als Rasse stabilisiert, wobei die vielen verschiedenen Farb- und Zeichnungsvarianten sowie der Körperbau in einem Standard festgelegt wurden. Diese Katze kennen wir heute unter der Bezeichnung Europäisch Kurzhaar, Britisch Kurzhaar und American Shorthair, wobei die Abweichungen zwischen den drei Gruppen gering sind. Sie als Promenadenmischungen oder Rinnsteinkatzen zu bezeichnen, ist für ihre Züchter die schlimmste aller Beleidigungen. Obwohl die meisten Zufallsmischungen den Europäisch, Britisch und Amerikanisch Kurzhaarkatzen ähnlich sehen, sind letztere doch echte, rassenreine Edelkatzen mit allen Vorteilen des genetischen Know-Hows und der Zuchterfahrung.

Kreuzungen wie abstrakte Bilder

Die meisten Familien besitzen Katzen, die nicht rassenrein sind. Sie haben diese Tiere geschenkt erhalten oder sind sonst auf irgendeine Weise

«Cats are invincible» (Katzen sind nicht kleinzukriegen), denkt Garfield, die vom Zeichner Jim Davis geschaffene Katze. Doch auch Katzen werden früher oder später vom Alter und seinen Beschwerden eingeholt.

zu ihnen gekommen. Den Kurzhaaredelkatzen sind diese Familienkatzen von der äußeren Erscheinung her ähnlich. Bisweilen ist auch ein orientalischer oder ein Persereinschlag festzustellen. Aber natürlich haben solche Tiere keinen Stammbaum, und oft ist nicht einmal ihre Mutter, geschweige denn der Vater bekannt.

Ein neugeborenes Kätzchen ist stets reizend, sind doch seine anatomischen Eigenheiten vollkommen ausgebildet. Sein Fell fühlt sich weich und fein wie Seide an. Wächst das Tier heran, erlebt man freilich häufig Überraschungen: es bleibt sehr klein oder wird sehr groß, hat einen Riesenkopf und einen kleinen Körper, kleine Augen, kurze Beine, Charakterfehler und so weiter. Am augenfälligsten verrät beim Heranwachsen das Fell die «niedrige» Herkunft. Die wiederholten, unkontrollierten Vermischungen führen nämlich zu den vielfältigsten und unerwartetsten Farbkombinationen. Ein ganzer Wurf kann überhaupt keine Ähnlichkeit mit den Eltern aufweisen, sondern in Zeichnung und Farbe früheren Generationen nachschlagen. Das Fell ist oft einfarbig, oft aber auch zwei-, drei- oder mehrfarbig. Um die Farbtöne und die eigenwillige Verteilung der Flecke zu würdigen, kann man sie nur harmonisch, pittoresk und schön nennen.

Der Ruf der Wildnis

Die rassenreine Edelkatze hat durch die Auslese, die Domestikation und das Zusammenleben mit dem Menschen einen klar umrissenen Charakter entwickelt. So kann man sagen: Perser sind eher verschlafen, Siamesen lebhaft und Britisch Kurzhaar gute Mäusefänger. Über das Temperament

Die verschiedenen Altersstufen der Katze. Aber ob jung oder alt: jede Katze wird schnell zum unersetzlichen Gefährten.

einer Zufallsmischung läßt sich im voraus nichts Bestimmtes sagen. In ihr können sowohl die guten wie die schlechten Eigenschaften ihrer verschiedenen Vorfahren zum Tragen kommen.

Die ideale Katze ist zu jederman freundlich. Sie ist häuslich, kratzt niemanden und ist reinlich. Die meisten gemischtrassigen Katzen besitzen diese guten Eigenschaften und sind zudem intelligent, oft intelligenter als rassenreine Edeltiere.

Doch neben diesen vorbildlichen Tieren gibt es auch solche, die launisch, angriffslustig und starrköpfig sind. Katzen, die schlechte Erfahrungen gemacht haben und mißhandelt worden sind, sind verängstigt und trauen nichts und niemandem. Unter diesen Umständen ist es schwierig, manchmal sogar unmöglich, sie an ein häusliches Leben zu gewöhnen. Gewisse herrenlose Katzen lassen sich zu nichts zwingen oder überreden. Sie sind taub für alle guten Worte und hören lediglich her, wenn es ums Essen geht. Sobald sie satt sind, verschwinden sie so schnell wie möglich wieder. Katzen mit Eigenschaften, die von uns als negativ empfunden werden, streunen den Großteil ihres Lebens umher, manchmal auch das ganze Leben lang. Sie haben einen ausgeprägten Hang zu nächtlichen Abenteuern. Ihre Welt ist in den Städten der kalte, gefahrvolle Asphaltdschungel. Bei Sonnenuntergang werden sie unruhig und verlangen lautstark, ins Freie gelassen zu werden. Jenseits des häuslichen Umfelds, wo es viele kleine Tiere zu jagen gibt, fühlen sie sich in ihrem Element. Und mit ihrem geheimnisvollen Werbegesang bereiten sie sich auf Liebesnächte und Raufereien mit den sich stets zahlreich einfindenden Artgenossen vor.

Deutscher Holzschnitt aus dem 15. Jahrhundert. Die Inschrift lautet: «Hüte dich vor Katzen, die vorn lecken und hinten kratzen.»

Tod auf der Straße

Katzen, vor allem Kater, kommen oft zerzaust nach Hause und tragen die Spuren ihrer Niederlagen an Kopf und Körper. Junge, des Kampfes ungewohnte Tiere bekommen ab und zu schlimme Wunden ab. Doch selbst kleine Verletzungen führen oft zu schwierig zu behandelnden Abszessen. Noch größer ist aber die Gefahr, daß ein Tier in der Nacht von einem Fahrzeug gestreift oder überfahren wird. Außerdem gibt es Leute, die sich durch den durchdringenden Liebesgesang in ihrer Nachtruhe gestört fühlen und vergiftetes Futter auslegen, obwohl auch ein kalter Wasserguß die Katzen vertrieben hätte.

Beim Kontakt mit streunenden Katzen können gefährliche Infektionskrankheiten wie z. B. Gastritis übertragen werden. Viele herrenlose Tiere sind zudem räudig. Die Räude wird durch Milben verursacht, die in das Gewebe unter der Haut eindringen. Da diese Stellen fürchterlich jucken, kratzt die Katze Wunden auf, die zu eitern beginnen.

Die nächtlichen Ausflüge pflegen meist in der Morgendämmerung mit der Rückkehr an den häuslichen Herd zu enden. Viele Kater haben indes noch nicht genug. Zur Paarungszeit treiben sie sich ein paar Tage, eine Woche oder länger in der Gegend herum. Erst wenn sie am Ende ihrer Kräfte sind, tauchen sie wieder in der Küche auf und verlangen ihr Futter.

Nur zeitweilig streunende Katzen, die bei Menschen ein Zuhause haben, entfernen sich nicht allzuweit, während herrenlose Katzen mit Vorliebe in alten Schuppen oder in Kellern Quartier beziehen. Hier finden sie Schutz vor Regen und Kälte. Im Müll suchen sie nach Abfällen und jagen nach Beute. Auch ihnen geht nichts über eine Maus. Wird es in ihrem Revier tagsüber sehr laut und machen feindliche Menschen, Autos und Hunde

Eine Gruppe junger Kätzchen (oben) und zwei sich zum Kampf stellende Kater (unten). Alle Tiere gehören einer Kolonie streunender Katzen an.

Plätze und Straßen unsicher, bleiben sie in ihren Verstecken und verzichten selbst auf die Nahrungssuche. Nur die wagemutigeren kommen aus ihren Löchern, legen sich in die Sonne oder verharren geduldig unter einem Fenster, aus dem ihnen erfahrungsgemäß früher oder später eine gütige Seele etwas Eßbares zuwirft.
Ist eine herrenlose Katze krank oder verletzt, versucht sie, sich selbst zu helfen. Sie versteckt sich in einem ruhigen Winkel und behandelt ihre Wunden mit heilendem Speichel. Doch gegen Infektionskrankheiten helfen weder Speichel noch individuelle Abwehrstoffe. Ein kleiner Trost: Die Infektionskrankheiten halten die Zahl der herrenlosen Katzen durch natürliche Dezimierung in Grenzen. Stellt man in seiner Umgebung fest, daß die Schar der streunenden Katzen erheblich geschrumpft ist, kann man sicher sein, daß eine Epidemie viele der samtpfotigen Vagabunden dahingerafft hat.
Wenn ihr Ende naht, suchen Katzen einen abgeschiedenen Ort, um in Würde zu sterben. Sie verkriechen sich unter einen Busch, in einen Baumstrunk oder einen verlassenen Schuppen, um nicht zu stören und nicht gestört zu werden, wenn der große Schlaf sie umfängt.
Viele verirrte und ausgesetzte Katzen werden jedes Jahr auch in Deutschland, Österreich und der Schweiz von Tierschützern und Tierschutzvereinen eingesammelt und in Tierheimen untergebracht. Manche finden wieder ein Zuhause; andere müssen unter Umständen eingeschläfert werden. Herrenlose Katzen sind in diesen Ländern freilich weitaus weniger zahlreich als etwa in südlichen Ländern. Aufklärungskampagnen, in denen auf die Verantwortlichkeit des Menschen hingewiesen und die Kastration der Katzen empfohlen wird, sollen mithelfen, die Zahl der

Hauskatze (links) und Wildkatze (oben).

Die Katze ist eines der bevorzugten Motive des amerikanischen Cartoonisten George Herriman.

ausgesetzten und herrenlosen Tiere zu verringern. Wer seine Katze gegen Verlust oder Diebstahl schützen möchte, sollte sie vom Tierarzt am Ohr tätowieren lassen und/oder ihr ein Halsband mit Adresse und Telefonnummer umlegen.

Lernen Sie Ihre Katze verstehen

Eine befriedigende Beziehung zwischen Mensch und Katze ist nur möglich, wenn der Mensch lernt, das Verhalten der Katze zu verstehen. Anders als beim Hund sind bei der Katze die natürlichen Instinkte noch unmittelbar gegenwärtig. Ließe man ihr die freie Wahl, kehrte sie dem häuslichen Leben den Rücken, und der Mensch stünde verletzt und enttäuscht vor einem Rätsel. Der *felis domestica* war es – als heiligem Tier im alten Ägypten genau wie als Liebling der Familie im zwanzigsten Jahrhundert – immer und jederzeit möglich, sich von den Menschen zu trennen, sich selbständig durchzubringen und die Gefahren und Abenteuer des ungebundenen Lebens zu bewältigen. Sie wählt dieses Dasein allerdings nur dann, wenn Katzenhalter sie aus Unwissenheit wie einen Hund, ein Kind oder ein Stofftier behandeln. Viele der von Tierschützern eingesammelten Tiere sind ausgesetzt worden, aber ebensoviele sind vermutlich von zu Hause fortgelaufen und haben in der Freiheit eine Reihe junger herrenloser Kätzchen in die Welt gesetzt. Katzen, die wie Katzen behandelt werden, sind meist mit ihrem domestizierten Leben zufrieden und glücklich.

Die Katze wurde als Einzelgängerin in eine gefahrenvolle Wildnis geboren, wo sie sich paarte und ihre Beute schlug, um zu überleben. Von der Natur wurde sie nicht zum zahmen Haustier bestimmt. Raubkatzen leben, mit Ausnahme des Löwen, die meiste Zeit allein und kommen nur zur Paarungszeit mit Artgenossen zusammen. Alle Katzen (auch Ihre sanfte, manierliche Mieze) würden heute noch so leben, hätten ihr nicht empfindsame Menschen Großmut und Bewunderung entgegengebracht.

Warum sich die Katze trotz ihrer weitgehend intakten urtümlichen Instinkte herbeiläßt, mit jenen, die für sie sorgen, unter einem Dach zu leben, ist nicht schwer zu verstehen. Erstens sind unsere heutigen Katzen die Nachfahren von Hunderten von Katzengenerationen, die sich vor ihnen zu einem domestizierten Leben bewegen ließen. Genetische Einflüsse haben während der Domestikation das Wesen der Katze so verändert, daß sie sich heute besser als Gefährtin und Gespielin eignet denn zu der Zeit, da sie durch Dschungel, Steppen und Berge pirschte. In einem Haus zu leben, ist daher für die domestizierte Katze, die eben ein neues Dasein beginnt, nicht unangenehm. Zweitens greift ja der Mensch in einer kritischen Lebensphase in ihre Entwicklung ein. Indem wir sie von frühester Jugend an füttern, ihr eine Toilette hinstellen, sie warm halten, mit ihr spielen und ihr Sicherheit geben, unterbinden wir den Reifeprozeß, der sie auf ein Leben in der freien Natur vorbereitet. Hauskatzen sind darum in einem gewissen Sinn Halbwüchsige, die nie ganz erwachsen werden, nie über den unmittelbaren Horizont hinausschauen und das Zuhause nie verlassen.

Dennoch gilt es, die ursprünglichen Instinkte der Katze, die der elektrische Büchsenöffner nie ganz abtöten wird, zu befriedigen. Schelten Sie Ihre Katze also nicht, wenn sie Mäuse fängt, sondern lassen Sie sie gewähren. Zudem müssen sich nichtoperierte Kater und Kätzinnen paaren können. Im übrigen bleibt festzuhalten, daß sich die Kastration mit dem Lebensstil eines Haustieres gut verträgt. Hauskatzen müssen allein gelassen werden, wenn sie allein sein wollen, und sie müssen verwöhnt und bemuttert werden, wenn sie Zuneigung heischen. Hält man sich nicht

an diese Grundregeln, wird das Leben für Mensch und Katze recht schwierig.
Das Zusammenleben mit einer Katze bedeutet die seltene Gelegenheit, mit einem Wesen umzugehen, das sich stets selber treu bleibt und so etwas wie ein Stück unverfälschter Natur darstellt. Katzen können uns mit ihrer ursprünglichen Art und ihrem ausgeprägten Sinn für persönliche Identität viel lehren. Katzen wissen, wer sie sind, und das scheint ihnen vollauf zu genügen. Aus Instinkt oder aus einem gesunden Ichgefühl heraus? Entscheiden Sie selbst.

Mit der nachfolgenden Beschreibung der einzelnen Rassen und Varietäten soll dem Leser ein Überblick vermittelt werden, der zugleich auch Angaben über den Körperbau und die wichtigsten Merkmale einbezieht. Auf diese Weise sollte es möglich sein, sich von den Katzenrassen ein gutes Bild zu machen. Die Beschreibungen decken sich weitgehend mit den Standards der Cat Fanciers' Association of the United States (CFA), des Governing Council of the Cat Fancy of Great Britain (GCCF) und der Fédération Internationale Féline (FIFé oder FIF), da diese meist nur in Details voneinander abweichen. Die Unterschiede in der Klassifizierung sind in den Beschreibungen vermerkt. Allerdings ist beizufügen, daß sich vieles in bezug auf die Anerkennung von Rassen und Varietäten in Fluß befindet und abschließende Feststellungen oft kaum möglich sind. Die Abfolge der Katzenrassen ist alphabetisch geordnet. Die Bezeichnungen sind meist deutsch; unter der fettgedruckten deutschen Bezeichnung steht kursiv die englische, manchmal sogar eine zweite. Häufig auch ist lediglich die englische bzw. amerikanische Bezeichnung angegeben, weil es eine deutsche noch gar nicht gibt oder sie unüblich ist. Da Englisch die Fachsprache in der Edelkatzenzucht ist, bleiben viele englische Begriffe wie gewöhnlich unübersetzt. Sie dürften indes den meisten Katzenfreunden geläufig sein. Im Register am Schluß des Bandes sind sämtliche Namen der Katzenrassen aufgeführt. Hinweise im Text helfen, Verbindungen zwischen verwandten Rassen und Varietäten herzustellen.

Weißer Perser mit ungleicher Augenfarbe (odd eyed)

Langhaarkatzen

1 *Balinesen*

Balinese

Ursprung: Um 1950 fanden sich in Amerika in einigen Würfen von Siamesen mutierte Junge. Statt des für die Rasse typischen kurzen Fells hatten diese Jungtiere lange, seidige Haare. Sie bildeten den Anfang einer neuen Zucht, die zuerst den Namen «Siam Longhair» erhielt. Doch die Züchter der traditionellen Kurzhaar-Siamesen legten Protest ein, worauf die neue Rasse in «Balinese» umbenannt wurde, obwohl sie nichts mit der Insel Bali zu tun hat.
Fell: Lang, seidig, ohne Unterwolle und ohne die bei andern Langhaarkatzen charakteristische Halskrause.
Farbe: Grundfarbe heller als Abzeichen (Maske, Ohren, Beine und Füße, Schwanz). Die Abzeichen heißen englisch Points; diese Bezeichnung wird auch im Deutschen beibehalten.

Seal-Point: Viele Schattierungen von Hellbeige bis Creme. Bauch und Brust sind heller. Die dunkelbraune Maske bedeckt das ganze Gesicht mit Ausnahme der Stirn und ist durch Farbspuren mit den Ohren verbunden. Die übrigen Abzeichen sind ebenfalls dunkelbraun.

Blue-Point: Gletscherweiße Grundfarbe mit blaugrauen Abzeichen.

Chocolate-Point: Elfenbeinfarbenes Fell mit milchschokoladebraunen Abzeichen.

Lilac-Point: Gletscherweiße Grundfarbe mit lilafarbenen (graurosa) Abzeichen.

Körper: Lang und zierlich mit fester Muskulatur. Die Balinese bewegt sich mit einer Eleganz und Anmut, die an balinesische Tänzerinnen erinnert. Schlanke Beine, wobei die Hinterbeine länger als die Vorderbeine sind.
Kopf: Längliche Keilform, mittlere Größe in guter Proportion zum Körper. Der Hals ist schlank und lang. Die Ohren sind am Ansatz breit. Die Nase ist lang und gerade.
Augen: Tiefes Blau, mandelförmig.
Schwanz: Lang, zu einer feinen Spitze zulaufend.
Charakter: Gesellig, anhänglich, intelligent, akrobatische Springerin. Eindringliche Stimme, ungefähr in derselben Tonlage und Lautstärke wie die der verwandten Siamesen.
Idealer Besitzer: Ist allen Familienmitgliedern wohlgesinnt, hängt ihr Herz aber offen an eine Person.
Lebensraum: Kann gut in der Wohnung gehalten werden, schätzt aber Auslauf auf Balkon oder im Garten.
Ernährung: Kräftiges, gesundes Tier, im Futter nicht wählerisch.
Pflege: Kämmen und Bürsten wie bei allen Langhaarkatzen. Die Haare verfilzen sich weniger leicht als bei den Perserkatzen.
Fortpflanzung: Drei bis vier Junge pro Wurf. Kreuzt man Balinesen mit Siamesen, haben die Jungen die charakteristischen Merkmale der Siamesen. Balinesen sind früher geschlechtsreif als die übrigen Langhaarkatzen. Sie sind vorbildliche Eltern und spielen viel mit ihren Jungen.
Fehler: Andere Augenfarbe als Blau, Schielen, albinotische Nase, schwache Hinterbeine, Unterwolle, Schwanz nicht dem Standard entsprechend, kränkliches Aussehen.
Varietäten: Balinesen mit andersfarbigen Abzeichen heißen Javanesen (siehe dort). Javanesen sind langhaarige Colourpoint Shorthair, so wie Balinesen langhaarige Siamesen sind. Bei der FIFé sind alle Siam-Varietäten als Balinesen anerkannt. Eine andere Bezeichnung gibt es nicht.

Oben: Seal-Point
Unten: Blue-Point

2 *Birma, Heilige Birmakatze*

Birman
Sacred Cat of Burma

Ursprung: Der Ursprung der Rasse ist sagenumwoben. Die ersten Birmakatzen lebten vermutlich im goldenen Zeitalter des Lao-Tsun in Burma und standen unter dem Schutz des Großlama der Buddhisten. Sie wurden zusammen mit anderen Katzen als Gottheiten verehrt und galten als Orakel. Dem in die Zucht eingeflossenen Perserblut verdankt sie das lange, seidenweiche Fell, das heute für sie kennzeichnend ist.
Fell: Langes bis halblanges Fell je nach Körperteil. Dicht an Nacken und Schwanz, seidenglatt und sehr lang auf dem Rücken und an den Flanken. Am Bauch leicht gewellt, volle Halskrause und an der Spitze voller, buschiger Schwanz. Im Gesicht sind die Haare kurz, werden aber auf den Wangen allmählich länger. Das Fell wird nie stumpf oder rauh.
Farbe: Es gibt verschiedene Farbvarianten, doch haben alle als charakteristische Besonderheit vier reinweiße Pfoten, Handschuhe genannt.
Seal-Point: Goldbeige Körperfarbe, weiße Handschuhe, blaue Augen, dunkles Sealbraun (Schwarzbraun) an Beinen, Ohren, Schwanz und Gesichtsmaske.
Blue-Point: Gleich wie Seal-Point, aber Beine, Ohren, Schwanz und Gesichtsmaske sind blaugrau.
Lilac-Point: Beine, Ohren, Schwanz und Gesichtsmaske sind gletschergrau mit leichtem Rosa.
Chocolate-Point: Beine, Ohren, Schwanz und Gesichtsmaske sind milchschokoladefarben.
In Amerika werden unter dem Namen Snowshoe Cat (Schneeschuhkatze) kurzhaarige Birmakatzen gezüchtet. Die Rasse wird vorerst nur von wenigen Verbänden anerkannt und ist nicht sehr verbreitet (siehe Snowshoe).
Körper: Mittelschwer und leicht gestreckt. Beine kurz und stämmig. Pfoten gerundet und gut proportioniert.
Kopf: Kräftiger Schädel mit vollen runden Wangen, leicht gewölbter Stirn, mittellanger, gerader Nase ohne Stop und ausgeprägtem Kinn. Kräftige Schnurrhaare. Die Ohren sind leicht abgerundet und mittelgroß.
Augen: Leicht abgerundet, sehr schönes Tiefblau. Ausdruck der Augen: faszinierend.
Schwanz: Kräftig. Mittlere Länge, dünn an der Wurzel, voll und buschig am Ende. Er soll fedrig behaart sein.
Charakter: Birmakatzen sind wegen ihrer ungewöhnlichen Art, sich zu bewegen, wegen ihres Fells und ihrer geheimnisvollen Augen einzigartig. Obwohl sie mit den Siamesen verwandt sind, sind sie ruhig und im Spiel gesellig. Sie sind treu und intelligent. Ihre Stimme klingt sanft und gesittet.
Idealer Besitzer: Birmakatzen lieben die ganze Familie und schließen sich vor allem jenen Personen an, die so ruhig sind wie sie selbst. Sie sind der Familie still und treu ergeben, neigen aber, wenn der Besitzer abwesend ist, zu Apathie.

Oben: Lilac-Point
Unten: Seal-Point

(Fortsetzung auf Seite 134)

3 *Cymric*

Ursprung: Diese Langhaar-Manxkatze tauchte um 1960 in Kanada in Würfen von normalen Kurzhaar-Manxkatzen auf. Da es sich um Würfe sorgfältig gepaarter Stammbaumkatzen handelte, kann ausgeschlossen werden, daß das lange Haar auf das Einkreuzen von Persern zurückzuführen ist. Die langhaarigen Manx wurden sorgsam aufgezogen und untereinander gepaart. Das Resultat war die Cymric. Da die Isle of Man (die ursprüngliche Heimat der Manx) auf halbem Weg zwischen Irland und Wales in der Irischen See liegt, erhielten diese Verwandten der Manx das keltische Wort für Walisisch als Namen: Cymric (ausgesprochen Kim'rik).
Fell: Mittellang bis lang, dichte Unterwolle, unterscheidet sich aber vom Fell der Perser. Das Fell der Cymric ist eher mittellang und pflegeleicht. Es verfilzt selten. Weiches glänzendes Deckhaar.
Farbe: Alle Farben und alle Farbkombinationen sind zugelassen.
Alle übrigen Merkmale der Cymric stimmen mit denen der Manx überein.

(Fortsetzung von Seite 132)

Lebensraum: Geeignet für gut beheizte Wohnungen, geht bei schönem Wetter auch gern auf der Terrasse oder im Garten spazieren.
Ernährung: Birmas sind mäßige Esser und ziehen Fleisch jeder anderen Kost vor.
Pflege: Regelmäßiges Kämmen und Bürsten erforderlich.
Fortpflanzung: Die Jungen kommen mit einem hellen, kräftigen Fell zur Welt. Die Abzeichen beginnen sich erst nach ein paar Wochen zu färben. Das Weibchen ist oft und intensiv rollig.
Fehler: Unregelmäßigkeit der Handschuhe, Schielen, farblose Augen, Stop, dunkles Fell, geknickter oder sonst mißgebildeter Schwanz.
Bemerkung: Bei allen Standards ist es besonders wichtig, daß die hinteren weißen Schuhe in einer Spitze unter der Fußsohle enden, in einer sogenannten Spore.

Oben: Cymric Schildpatt
Unten: Cymric Schwarz gestromt (Brown Tabby)

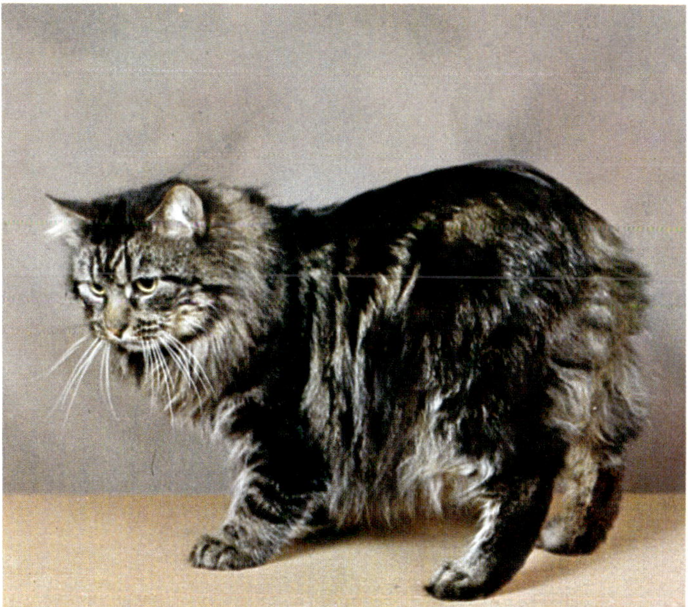

4 *Himalayan*

Perser Colourpoint
Colourpoint Langhaar (Khmer)
Colourpoint Longhair

Ursprung: Colourpoints wurden 1924 zum erstenmal durch Kreuzen von Siamesen, Birmas und Persern gezüchtet. Sie werden in England und im übrigen Europa als Perser angesehen und nicht als besondere Rasse, wie dies in Amerika der Fall ist. Der nur in den USA gebräuchliche Name «Himalayan» kommt vom Himalaya-Hasen, der gleich gefärbt ist wie die Katze.
Fell: Man könnte die Colourpoint Langhaar als Perser in Siamesen-Farben bezeichnen. Ihr Fell ist lang, dicht, seidig, weich mit voller Halskrause.
Farbe: Verschiedene Farbvarietäten sind anerkannt.

Seal-Point: Goldbeige Körperfarbe, sealfarbene (schwarzbraune) Abzeichen an Beinen, Pfoten, Schwanz, Ohren und Gesichtsmaske.

Blue-Point: Gletscherfarbene Körperfarbe, Abzeichen blaugrau.

Chocolate-Point: Elfenbeinfarbige Körperfarbe mit ausgeprägten milchschokoladefarbenen Abzeichen.

Lilac-Point: Körperfarbe in gebrochenem Weiß (magnolienfarbig) mit Lilac-Abzeichen (Gletschergrau mit leichtem Rosa).

Red-Point: Körperfarbe gebrochenes Weiß mit Creme, die Abzeichen in warmem Orangeton.

Tortie-Point: Cremefarbene Körperfarbe mit schildpattfarbenen Abzeichen.

Blue-Cream-Point: Gletscherfarbene Körperfarbe, Points blaugrau mit Creme-Flecken.

Lynx-Point (Tabby-Point-Varietäten): Helle Körperfarbe mit gestreiften Abzeichen in verschiedenen Farben.

Körper: Gedrungen mit kräftigen Beinen. Erreicht mit achtzehn Monaten das vollendete Aussehen.
Kopf: Breit und rund. Typischer Perserkopf mit vollen, gut entwickelten Wangen, kurzer und breiter Nase, kleinen, weit auseinanderstehenden Ohren, kurzem Hals und sehr langen Schnurrhaaren.
Augen: Groß und rund. Klares, tiefes Blau.
Schwanz: Kurz, nicht zugespitzt, buschig, ohne Knick.
Charakter: Anhänglich, gutmütig, spielfreudig, lieb, nicht nachtragend. Kämpft nicht mit anderen Katzen, selten launisch und kapriziös wie ihre Siamesen-Vorfahren. Vorzügliche Mäusejäger. Angenehme, wohlklingende Stimme.
Idealer Besitzer: Freundet sich rasch mit der ganzen Familie an. Wegen ihrer sanften Wesensart eignet sie sich auch für alleinstehende Personen.
Lebensraum: Die Rasse hat sich gut an ein Leben in der Wohnung gewöhnt, ist aber dankbar für viel Platz.
Ernährung: Fleisch mit etwas Reis und Gemüse.
Pflege: Regelmäßiges Kämmen und Bürsten.

(Fortsetzung auf Seite 138)

Oben: Seal-Point
Unten: Tortie-Point

5 *Javanesen*
Javanese

Ursprung: Als man mit mutierten, langhaarigen Siamesenjungen Balinesen zu züchten anfing, wurden sie in den Grundfarben der Siamesen stabilisiert: Seal-Point, Blue-Point, Chocolate-Point und Lilac-Point. Später wurde das Zuchtprogramm mit anderen Abzeichenfarben erweitert. Die Varietäten sind heute mit denen der Colourpoint Shorthair (Colourpoint Kurzhaar) vergleichbar. Colourpoint Kurzhaar heißen in Amerika jene Siamesen, deren Farben nicht als Siamesenfarben anerkannt sind. Man könnte die Javanesen daher als Colourpoint Kurzhaar mit langem Haar bezeichnen oder als Balinesen in anderen Siam-Farben. Javanesen sind eigentlich aber Siamesen mit langem Haar und vielen Farbvarietäten.
Fell: Lang, seidig, ohne Unterwolle und ohne die für Langhaarkatzen typische Halskrause.
Farben:

Red-Point: Cremeweiße Körperfarbe mit orangeroten Abzeichen.

Cream-Point: Cremeweiße Körperfarbe mit pastellcremefarbigen Abzeichen.

Tortie-Point: Blaßbraune bis cremefarbene Körperfarbe mit braunschwarz-, orange- und cremefarben gefleckten Abzeichen.

Blue-Cream-Point: Weiße Körperfarbe mit blaugrauen und cremefarben gefleckten Abzeichen.

Lilac-Cream-Point: Gletscherweiße Körperfarbe mit rosagrauen und cremefarben gefleckten Abzeichen.

Die obgenannten Farben können auch in der Lynx-Point-Zeichnung vorkommen, d. h. mit Tabby-Streifen und -Ringen auf den Abzeichen. Es wäre z. B. ein Red-Lynx-Point-Javanese möglich.
Alle übrigen Merkmale der Javanesen stimmen mit denen der Balinesen überein.

(Fortsetzung von Seite 136)

Fortpflanzung: Die Kater sind mit etwa achtzehn Monaten geschlechtsreif, d. h. erheblich später als die Weibchen. Zwei bis drei Junge pro Wurf. Sie kommen mit einem kurzen, weißen Fell zur Welt; die Abzeichen färben sich erst später.
Varietäten: Aus dem Zuchtprogramm der Colourpoints gingen auch einfarbige milchschokoladebraune oder lilacfarbene Tiere hervor. Sie werden von einigen amerikanischen Verbänden als eigene Rasse mit dem Namen «Kashmir» (siehe dort) eingestuft. Andere Verbände in den USA zählen sie zu den Himalayan. In Europa gelten sie als Perservarietäten.

Oben: Lilac-Tabby-Point Javanese
Unten: Red-Point Javanese

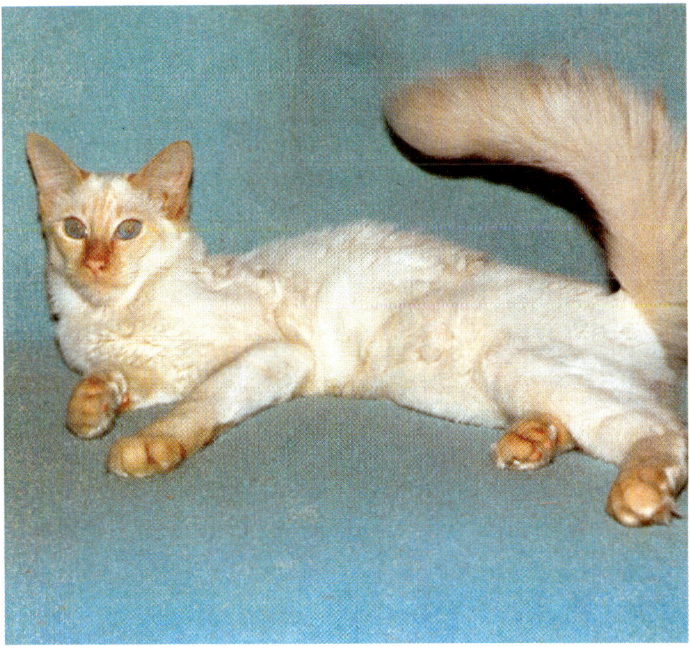

6 *Kashmir*

Ursprung: Die Klassifizierung dieser einfarbigen Himalayan/Colourpoint Langhaar ist sehr umstritten. Sie kamen in Himalayan/Colourpoint-Langhaar-Würfen zur Welt, wurden miteinander gepaart und erbrachten einfarbige Nachkommen, d. h. milchschokolade- und lilacfarbene Tiere. Lilac ist allerdings lediglich ein verdünntes Chocolate. In England gilt die Colourpoint Langhaar als Perservarietät; daher werden die Kashmir als self-coloured Perser angesehen. Dasselbe gilt für das übrige Europa. Einige amerikanische Verbände erachten die Kashmir als solidcolored Himalayan, während andere der Meinung sind, Himalayan müßten farbige Abzeichen haben. Doch wo immer man die Kashmir einreiht: sie sind wunderschöne Perser mit einem chocolate- oder lilacfarbenen Fell.
Alle übrigen Merkmale der Kashmir stimmen mit denen der Himalayan/Colourpoint Langhaar überein.

Oben und unten: Lilac

7 *Maine Coon*

Ursprung: Der Ursprung der Rasse ist ungewiß, doch wurde sie vermutlich in Maine herangezüchtet, indem amerikanische Hauskatzen mit Angorakatzen gepaart wurden. Die Maine Coon war der Star der Ausstellungen des ausgehenden letzten Jahrhunderts. Als die Perserkatzen auftauchten, büßte sie an Beliebtheit ein.
Fell: Kurz am Kopf, von den Schultern an allmählich länger werdend, am Körper und am Schwanz lang und dicht. Das Fell ist weich und seidig, aber weniger üppig als das der Perser. Ein originelles Charakteristikum ist seine Ähnlichkeit mit dem Fell der Waschbären. Der Volksglaube hält die Maine Coon daher für ein Abkömmling des Waschbären, doch ist die Kreuzung einer Hauskatze mit einem Waschbären genetisch unmöglich.
Farbe: Der Standard anerkennt 25 verschiedene Farben, sowohl Einfarbig wie Gemischt, plus acht Tabby-Kombinationen, die in vier Gruppen eingeteilt sind: Einfarbig, Tabby, Tabby mit Weiß und andere. Bei der FIFé ist die Maine Coon in allen Farben anerkannt.
Körper: Große, muskulöse Rasse mit schöner, gleichmäßiger Körperform, die genau einem Rechteck entspricht.
Kopf: Mittelbreit und rund mit mittellangem Nacken. Die Ohren sind mit Haarbüscheln versehen, spitz zulaufend und stehen aufrecht.
Augen: Groß, oval, gelblich oder eine andere mit dem Fell harmonierende Farbe (grün, golden, kupfer). Blaue Augen sind nur bei weißen Maine Coon gestattet.
Schwanz: Mittellang, üppig behaart, spitz zulaufend mit langem, wehendem Fell.
Charakter: Die Maine Coon ist intelligent, anhänglich, zärtlich, häuslich und eine große Mäusefängerin und Jägerin anderer kleiner Tiere.
Idealer Besitzer: Die Maine Coon ist zur ganzen Familie freundlich, wählt aber eine Person aus, der sie sich ganz hingibt.
Lebensraum: Diese Katze zieht es vor, einen Garten zur Verfügung zu haben. Sie gewöhnt sich aber – besonders wenn sie kastriert ist – auch an ein Leben in der Wohnung.
Ernährung: Abwechslungsweise Fleisch und Fisch. (Die Maine Coon wurde in der Vergangenheit oft als Schiffskatze verwendet.)
Pflege: Sollte wie eine Perserkatze gekämmt und gebürstet werden. Eine gesunde Katze, die auch ein rauhes Klima erträgt.
Fortpflanzung: Normalerweise zwei bis drei Junge pro Wurf, die sehr verschieden sein können. Sie entwickeln sich langsam und sind erst mit vier Jahren voll ausgewachsen.
Fehler: Zu wenig dichtes Fell, schlaffe Muskulatur.

Oben: Schwarz und Weiß
Unten: Schwarz gestromt mit Weiß

8 *Norwegische Waldkatze*

Norsk Skaukatt
Norwegian Forest Cat

Ursprung: Berichte über diese Katze aus dem kalten Norden gehen weit in die Vergangenheit zurück. Sie wird in der norwegischen Mythologie erwähnt und spielt in den nordischen Märchen aus der Zeit zwischen 1837 und 1852 eine wichtige Rolle als Zauberwesen mit langem, dichtem Schwanz. Sie ist die einzige norwegische Rasse, wurde 1930 als solche anerkannt und vor dem zweiten Weltkrieg in Oslo auf Ausstellungen gezeigt.
Fell: Lang und dicht, schützt vor Kälte. Das wollige Unterfell hält den Körper warm und wird von wasserabstoßenden Haaren überdeckt, die Regen und Schnee abhalten. Lange Halskrause und Bart. «Knickerbocker-Hosen» an den Hinterbeinen.
Farbe: Alle Farben sind zugelassen.
Körper: Robust, muskulös mit kräftigen Beinen. Ihre außerordentlichen Krallen ermöglichen es der Norwegischen Waldkatze, Bäume und Felsen zu erklimmen.
Kopf: Kräftig und länglich, dreieckig wirkend mit langer Nase und geradem Profil ohne jede Unterbrechnung. Starkes Kinn.
Augen: Klar und aufmerksam. Farbe je nach Fellfarbe verschieden; alle Farben erlaubt.
Schwanz: Lang und sehr buschig.
Charakter: Den Notwendigkeiten entsprechend wurde diese Rasse vorsichtig, intelligent, flink und jagdgewandt.
Idealer Besitzer: Die Norwegische Waldkatze fühlt sich in Gesellschaft des Menschen wohl und ist ein angenehmer Hausgenosse.
Lebensraum: Eine unabhängige Katze, die gerne Auslauf hat. Sie gewöhnt sich aber auch an ein Leben in einem Haus, das ihr genügend Freiheit läßt.
Ernährung: Fleisch und Fisch. Als gute Jägerin ernährt sich die Norwegische Waldkatze oft selbst.
Pflege: Sie sollte nur ab und zu gekämmt und gebürstet werden. Wie alle Katzen wechselt sie einmal im Jahr das Fell, und dann erinnert nur der Schwanz daran, daß sie eine Langhaarkatze ist. Während dieser ersten Sommermonate braucht sie tägliche Pflege.

Schwarz gestromt

9 *Perser*

Persian
Longhair

Ursprung: Vor 1500 gab es in Europa keine Langhaarkatzen. In Berichten aus dem Jahr 1520 sind Angorakatzen erwähnt. Diese sind türkischen Ursprungs. Die Perser stammen von den Angora ab, gelten aber als moderne Rasse, da diese durch eine konsequente selektive Züchtung entstanden ist, die erst 1871 begonnen wurde.
Es scheint so gut wie sicher zu sein, daß die ersten Perser im 17. Jahrhundert vom Forschungsreisenden Pietro della Valle nach Italien gebracht wurden. Della Valle war begeistert von den wunderschönen Katzen mit dem langen, dichten Fell, die in der westlichen Welt unbekannt waren. Die Rasse gelangte, obwohl die italienischen Züchter sie eifersüchtig hüteten, ein Jahrhundert später nach Frankreich und England. Dort erhielt ihr Fell durch das Einkreuzen von Angorakatzen die seidige Textur; gleichzeitig wurde die Farbskala erweitert.
In Großbritannien heißen die Perser einfach Langhaarkatzen. Jede Farbe gilt als besondere Rasse mit leicht veränderten Merkmalen, da jede Farbe durch andere Einkreuzungen entstand. Für die FIFé fallen alle Farbvarietäten unter den Begriff «Perser».
Die vielen begeisterten Perserfreunde unserer Zeit behaupten, ihr Lieblingstier vereine alles in sich: ein langes, sich herrlich anfühlendes Fell, unendlichen Liebreiz und Grazie in jeder kleinsten Bewegung, die leuchtendsten und tiefgründigsten Augen, die man sich vorstellen kann, und edle Schönheit.

Fell: Lang, fein und seidig, nicht am Körper anliegend, an Hals und Schultern dichter, bildet dort eine Löwenmähne, dicht behaarte Beine. Das lange Haar ist typisch für das domestizierte Tier. Mit Ausnahme des Schneeleoparden und des nordamerikanischen Luchses, die beide ein langes Winterfell haben, gibt es nämlich keine langhaarigen Raubkatzen.

Farbe: Perser werden in drei Farbgruppen eingeteilt: 1) Einfarbig Schwarz, Weiß, Blau, Creme und Rot, alle mit kupfer- oder orangefarbenen Augen. 2) Mehr als eine Farbe, Augen nach Fellfarbe verschieden, Chinchilla (Unterwolle reines Weiß, auf Rükken, Schwanz und Kopf schwarze Haarspitzen 7:1, «Tipping»), Black-Smoke (Silberweiße Unterwolle mit schwarzen Spitzen 1:2), Schildpatt und Schildpatt auf Weiß. 3) Verschiedene Farben und Zeichnungen von Grau bis Braun, von Blau bis Orange, Getigert (wie ein Tigerfell) und Gestromt.

Schwarz: Rabenschwarz bis zur Haarwurzel, ohne rostige Spuren, weiße Haare oder andere Musterung. Starke Sonnenbestrahlung verfärbt das Fell, es nimmt eine rostige Tönung an. Die Züchtung schwarzer Perser ist nicht einfach. Jungtiere haben oft erst mit sechs oder sieben Monaten die richtige Färbung. Schwarze Perser sind wunderschöne, leidenschaftliche und anhängliche Tiere. Sie haben große Augen in den Farben Kupfer oder dunkles Orange.

Weiß mit blauen Augen: Diese Varietät erinnert an die Verwandtschaft mit der Angorakatze. Es ist der einzige blauäugige Typ. Leider werden viele weiße Perser taub geboren. Die Natur hat diesen Fehler kompensiert und sie mit einem ungewöhnlich feinen Empfindungsvermögen ausgestattet. Die klassische Salonkatze: Ruhig, anhänglich, äußerst reinlich. Damit das Fell sauber bleibt: Ab und zu ein Bad, danach Kämmen und Bürsten des ganzen Tieres mit Talkpuder oder Trockenshampoo.

Weiß mit orangefarbenen Augen: Diese Varietät hat einen gedrungenen Körper, kurze Beine, einen runden Kopf mit orange- oder kupferfarbenen Augen und ein reinweißes Fell ohne jede Spur einer anderen Tönung. Sie benötigt dieselbe Pflege wie ihre blauäugigen Verwandten. Sie können auch taub geboren werden; in der Regel haben sie dann blauäugige Ahnen. Es gibt auch Perser mit einem blauen und einem orangefarbenen Auge (englisch: odd eyed).

Oben: Schwarz
Unten: Weiß mit orangefarbenen Augen

Blau: Blaue Perser sind vielleicht die kostbarste Persergattung. Sie wird in England in herrlicher Form gezüchtet. Das Fell zeigt verschiedene Blautöne (je heller, desto besser), ist seidig und sehr lang. Die großen, runden Augen sind kupfer- oder dunkel orangefarben. Ein liebes, aristokratisches Tier.

Creme: Die Fellfarbe variiert von dunklem Elfenbein zu Gelb oder dem bevorzugten hellen Braungelb. Sie muß rein und gleichmäßig sein, ohne Schattierungen oder Flecken. Augenfarbe: Kupfer oder Orange. Die Kater sind durchweg schöner als die Weibchen, die zudem nicht gebärfreudig sind. Pflege wie für weiße Perser. Häufiges Baden sorgt für ein schöneres Fell als nur tägliches Kämmen und Bürsten. Gutmütig, spielfreudig und anhänglich.

Rot: Rote Perser sind schwierig zu züchten. Die Fellfarbe entspricht oft nicht den Anforderungen. Der Standard verlangt ein tiefdunkles warmes Rot, das bis zur Haarwurzel durchgefärbt ist, ohne Markierung oder hellere Flecken, und kupferfarbene Augen. Tabby-Perser gibt es in drei Zeichnungsvarianten: Gestromt (Classic Tabby), Getigert (Mackerel Tabby) und Gefleckt (Schildpatt Tabby). Genaue Beschreibung siehe Amerikanisch Kurzhaar Tabby.

Schwarz gestromt (Brown Tabby): Grundfarbe ist warmes Goldbraun, getickt mit Schwarz, durchbrochen von kontrastierenden schwarzen Streifen, die an die Zeichnung der Raubkatzen erinnern. Die kupfer- oder orangefarbenen Augen heben sich deutlich vom dunklen Fell ab. Diese Varietät ist wegen der komplizierten Musterung, die der Standard vorschreibt, schwierig zu züchten. Die Brown Tabby muß häufig gekämmt werden, da sich die Haare leicht verfilzen. Sie ist gesellig und sanft, aber auch ein guter Mäusefänger.

Schwarz-silber gestromt (Silver Tabby): Silver Tabbys sind selten, da es schwierig ist, sie in ganzer Schönheit zu züchten. Grundfarbe

Unten: Blau
Gegenüber oben: Rot
Gegenüber unten: Creme

ist reines getipptes Silber mit deutlichen schwarzen Streifen auf der Stirn in «M»-Form, zwei Streifen auf der Brust, Streifen an den Beinen und Ringen am Schwanz, Schmetterlingsabzeichen auf den Schultern. Auf beiden Seitenflanken Flecken in der Grundfarbe Silber, die deutlich von einer oder mehreren schwarzen Linien abgegrenzt sind. Leuchtend grüne Augen. Silver Tabbys sind robust, gesund, reinlich, anhänglich, intelligent und gute Jäger.
Bei der FIFé haben alle silberfarbenen Varietäten grüne Augen. Die Tortie Tabbys sind dort nicht anerkannt, dafür aber die Chocolate- und Lilac-Varietäten.

Rot gestromt (Red Tabby): Eine wunderschöne, faszinierende Perserart mit einem tiefroten Fell und klarer dunklerer Musterung auf der Stirn, den Wangen, der Brust und den Beinen. Kurzer buschiger Schwanz, ohne weiße Spitze. Die orange- oder kupferfarbenen Augen sind groß und rund. Die Zucht ist schwierig, da häufig Fehler vorkommen, z. B. zu schmaler Kiefer oder zu blasse Musterung.
In Nordamerika wird auch eine Cameo Tabby gezüchtet. Sie hat ein silberweißes Fell mit roter Tabbyzeichnung; die Red Tabby dagegen hat ein hellrotes Fell mit dunkelroter Zeichnung.

Blau gestromt (Blue Tabby): Elfenbein mit blaugrauer Zeichnung.

Creme gestromt (Cream Tabby): Cremefarbe mit klarem dunklem Creme-Muster.

Schwarz-Schildpatt gestromt (Brown-Tortie Tabby): Kupfer mit schwarzer Zeichnung und roten oder cremefarbenen Flecken.

Blau-Schildpatt gestromt (Blue-Tortie Tabby): Elfenbein mit tiefblauer Zeichnung und cremefarbenen Flecken.

Silber-Schildpatt gestromt (Silver-Tortie Tabby): Silber mit schwarzer Zeichnung und roten oder cremefarbenen Flecken.
Alle diese Arten haben kupferfarbene Augen.

Chinchilla: Diese Varietät ist von der Silver Tabby abgeleitet. Das silberweiße Fell muß auf Rücken, Flanken, Kopf, Ohren und Schwanz schwarz getippte Haarspitzen aufweisen. Die vorzugsweise grünen oder aber bläulichgrünen Augen sind schwarz umrandet. Chinchilla-Perser sind der Inbegriff von Eleganz und Faszination. Die Jungen kommen eigenartigerweise mit dunklen Geisterstreifen auf die Welt, die allmählich verblassen und schließlich verschwinden. Dieser Persertyp ist sehr spielfreudig und anhänglich; er braucht einen einfühlsamen Besitzer. Ideal für alleinstehende Personen.

Shaded-Silver: Das Fell scheint wie mit Silber durchwirkt und ähnelt, obwohl es dunkler ist, dem der Chinchilla. Es ist von zarter, berückender Schönheit. Die grünen oder blaugrünen Augen sind schwarz umrandet. Shaded-Silver sind in Europa, Amerika und Kanada sehr beliebt. In England heißt diese Varietät Pewter und hat orangefarbene Augen mit schwarzer Umrandung.

Shaded und Shell-Cameo: Weiße Unterwolle mit rotem Tipping. Kupferfarbene Augen.

Shaded und Chinchilla-Golden: Goldfarbene Unterwolle mit schwarzem Tipping. Grüne Augen.

Shaded und Shell-Tortoiseshell (Schildpatt): Schildpatt-Tipping: Die langen Haare wirken wie schwarz abgebürstet mit roten und cremefarbenen Flecken. Kupferfarbene Augen.

Rauchperser (Black-Smoke): Das Fell ist schwarz mit silbernen Glanzlichtern auf den Seiten und den Flanken. Die Unterwolle ist silberweiß, die Pfoten sind schwarz. Das Fell ist sehr dicht und die Halskrause üppig. Die orange- oder kupferfarbenen Augen haben einen liebreizenden Ausdruck. Die Zucht ist schwierig. Eine ausnehmend schöne, wagemutige, intelligente und kräftige Katze, die sich der Familie gegenüber sehr anhänglich zeigt. Das Fell bedarf sorgfältiger Pflege.

Blue-Smoke: Blau mit weißer Unterwolle. Augenfarbe: Kupfer oder dunkles Orange.

Red-Smoke (Cameo-Red): Rot mit weißer Unterwolle. Augenfarbe: Kupfer oder dunkles Orange.

Oben: Schwarz gestromt (Brown Tabby)
Unten: Rot gestromt (Red Tabby)

Schildpatt-Smoke (Smoke-Tortoiseshell): Schwarz mit weißer Unterwolle und roten und cremefarbenen Flecken. Augenfarbe: Kupfer oder dunkles Orange.
Shell und Chinchilla sind 1/8 in Farbe getippt, Shaded 1/3 und Smoke 7/8.

Schildpatt (Tortoiseshell): Zwei Farben: Schwarz und Rot. Diese beiden Farben müssen gut in Flecken voneinander abgegrenzt sein. Orange- oder kupferfarbene ausdrucksvolle Augen. Es werden meist nur Weibchen geboren, die wenigen Kater sind steril. Schildpatt-Kätzinnen müssen daher von schwarzen, roten oder cremefarbenen Persern gedeckt werden. Sie sind ausgezeichnete Mütter und entzückende Gespielinnen.

Schildpatt auf Weiß (Tortoiseshell with White): Die Farben Schwarz und helleres oder dunkleres Rot sollen in großen Flecken über den ganzen Körper verteilt und vom Weiß gut getrennt sein. Es werden nur Weibchen geboren. Die Varietät ist mit der oben beschriebenen Schildpatt-Perser eng verwandt. Um bei der Schildpatt den Scheckungsfaktor zu erreichen, muß sie mit zweifarbigen Perserkatern gepaart werden.

Blau-Creme (Blue-Cream): Das seidige Fell ist zweifarbig. Blau und Creme sind so vermischt, daß keine Farbe vorherrscht. Augenfarbe: Orange oder dunkles Kupfer. Es kann nur mit den Weibchen gezüchtet werden, da die wenigen Kater steril sind. Die Blau-Creme ist ein außerordentlich liebes, sanftes Tier, das sich besonders für alleinstehende Personen eignet, von denen es aufmerksame Pflege fordert.

Pekinesengesicht Rot (Peke-Face Red): Das Gesicht dieser von der roten Perser abgeleiteten Form gleicht dem der Pekinesenhunde. Sehr kurze Nase und Senkung zwischen den Augen. Es gibt auch ein Pekinesengesicht Rot gestromt (Peke-Face Red Tabby).

Zweifarbige Perser (Bicolor): Die Katze kann Schwarz-Weiß, Blau-Weiß, Rot-Weiß, Creme-Weiß, Chocolate-Weiß und Lilac-Weiß sein. Pfoten, Beine, Bauch, Brust und Schnauze müssen weiß sein. Die harmonisch verteilten Farbflecken dürfen minimal ½ und maximal ⅔ des Fells bedecken. Eine weiße Blesse im Gesicht ist erwünscht. Die Persische Van Zweifarbig ist weiß mit den selben, auf Kopf, Schwanz und Beine beschränkten zusätzlichen Farben. Augenfarbe: Kupfer oder dunkles Orange.

Körper: Nach dem Standard soll der Körper der Perser zwischen 40 und 50 cm lang sein, lieber länger als kürzer, plus 25 bis 30 cm Schwanz. Die Schulterhöhe soll bei 30 cm liegen. Der Körper aller Perser hat gedrungen und muskulös zu sein, das Knochengerüst kräftig. Ein richtig zur Geltung gebrachter Körper ist fast wichtiger als ein schönes Fell. Die Beine sollten kurz und stämmig sein, die Pfoten groß und rund.

Kopf: Breit, gut proportioniert, rund und massiv, ohne Kanten; volle Wangen. Der Hals muß kurz und kräftig sein. Die Ohren sind klein, haben reizvolle Haarbüschel und stehen sehr weit auseinander. Starkes Kinn, kräftiger Kiefer. Kleine, kurze und breite Nase mit einem sauberen Stop.

Augen: Groß, rund, glänzend und ausdrucksvoll, weit auseinanderstehend. Klare Farbe, in Harmonie mit der vorherrschenden Fellfarbe.

Schwanz: Kurz und buschig, am Ende leicht abgerundet mit nach unten getragenem Wedel. Der Schwanz ist eine der Besonderheiten der Perser.

Charakter: Hinter der ruhigen Gelassenheit der Perserkatze verbirgt sich ein starkes Temperament und ein ausgeprägtes Liebesbedürfnis. Sie ist liebenswert, anschmiegsam, fröhlich, gesellig (auch anderen Katzen gegenüber) und treu. Ihr Auftreten ist geradezu aristokratisch. Einige Varietäten sind begeisterte Mäusefänger. Perser zeigen nur selten die Krallen.

Idealer Besitzer: Perser sind ihren Besitzern und deren Freunden, sofern diese sich gut mit Katzen verstehen, in außergewöhnlichem Maße zugetan.

Lebensraum: Perser sind klassische Wohnungskatzen.

Oben: Schildpatt auf Weiß
Unten: Chinchilla

Ernährung: Ausgewogen und abwechslungsreich. Zu dicke, überfütterte Tiere können Herzprobleme bekommen. Die ideale Tagesration besteht aus 100 g Fleisch (oder Fisch, Lunge, Milz), dazu ein wenig Reis und gekochtes Gemüse, ergänzt – jedenfalls im ersten Lebensjahr – durch kombinierte Vitamintropfen. Perser vertragen Milch im allgemeinen gut.
Pflege: Verschluckte Haare können zu Verdauungs- und Atmungsproblemen führen. Das dichte Fell muß daher täglich gekämmt und mit einer weichen Bürste aus Naturborsten gebürstet werden (Metallbürsten könnten dem Haar schaden). Besondere Aufmerksamkeit ist dem Schwanz zu widmen, der oft von Flöhen befallen wird. Verwenden Sie Talkum oder ein Pflegepuder, damit das Fell seine ganze Schönheit entfaltet. Wenn die Katze schmutzig ist, wird sie mit unparfümierter Seife in lauwarmem Wasser gewaschen. Danach sofort spülen und abtrocknen. Bei Jungtieren beginnen die langen Haare ungefähr um die siebente Lebenswoche zu wachsen. Zu diesem Zeitpunkt sollte man mit vorsichtigem Kämmen und Bürsten beginnen.
Fortpflanzung: Bei gewissen Varietäten sind die Geburten mit Problemen verbunden, da bei jedem Wurf zwei oder drei Junge schwächlich sind und bis zum vierten Monat ständig umsorgt werden müssen. Die Mutter bedarf während der Schwangerschaft und nach der Geburt sorgfältiger Pflege. Es müssen ihr zudem Vitamin- und Kalziumpräparate verabreicht werden. Inzucht ist zu vermeiden.
Fehler: Spärliches Fell, langgezogene Schnauze, Magerkeit, Schwanz anders gefärbt als das übrige Fell, zu nahe beieinanderstehende Ohren. Besonders wird auf Gebißdeformationen geachtet. Schiefe Gebisse führen zu Disqualifikation. Bei einem vorstehenden Unterkiefer sind nicht mehr als 2 mm erlaubt.
Bemerkung: Die FIFé hat all die Verdünnungen, also Chocolate und Lilac, bei der jeweiligen Farbe anerkannt.

Oben: Blau-Creme
Unten: Shell-Cameo

Ursprung: Der Volksmund erzählt, die Ragdoll sei mit einer weißen Perserkatze gezüchtet worden, die bei einem Autounfall verletzt worden war. Von daher rühre die Schmerzunempfindlichkeit dieser Tiere, aber auch deren Furcht vor Gefahren und Kämpfen. Die Genetiker halten nicht viel von dieser Erklärung und führen den fügsamen Charakter der Ragdoll auf wiederholtes selektives Züchten unter Hauskatzen zurück. Die in den USA vertretene Rasse ist noch umstritten und von der FIFé nicht anerkannt.
Fell: Lang bis semi-lang, ziemlich dicht.
Farbe: Anerkannt sind Chocolate-Point, Seal-Point, Lilac-Point und Blue-Point. Körperfarbe jeweils heller als Abzeichen. Mit oder ohne Handschuhe, wie sie die Birma hat. Mancherorts sind auch zwei- oder mehrfarbige Ragdolls anerkannt.
Körper: Weicher Körperbau. Wenn man die Ragdoll aufhebt, glaubt man ein Bündel Lumpen in den Armen zu haben. Ragdoll heißt ja auch Stoffpuppe.
Kopf: Mittelgroß, leicht keilförmig, abgerundet mit breiten Wangen und einer kurzen Nase.
Augen: Sehr groß, oval, weit auseinanderstehend, blau.
Schwanz: Lang, kräftig und dicht behaart.
Charakter: Außerordentlich sanft.
Idealer Besitzer: Die Katze verträgt sich am besten mit ruhigen Besitzern.
Lebensraum: Sie ist am glücklichsten, wenn sie die Wohnung nicht verlassen muß.
Ernährung: Fleisch mit Gemüse und Reis.
Pflege: Mit den Händen oder – besonders im Sommer – mit Kamm und Bürste.
Fehler: Schielen, zu lange Schnauze, Deformierungen des Schwanzes.

Oben und unten: Seal-Point

11 *Somali*

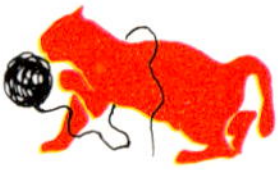

Ursprung: Die Somalikatze wurde Ende der sechziger Jahre in Amerika mit mutierten langhaarigen Abessiniern gezüchtet. Das lange Haar soll um 1900 mit Persern in die Abessinier eingekreuzt worden sein.
Fell: Mittellang, weich und sehr dicht. Besonders geschätzt werden Haarbüschel an den Ohren, «Höschen» und eine dichte Halskrause.
Farbe: Genau wie die Abessinier sind die Somali entweder Wildfarben (mattes Beige, getickt mit dunklem Creme) oder Sorrel (Kupferrot mit chocolate-braunem Ticking). Zudem gibt es noch Somali Blue und Beige-Fawn.
Körper: Von mittlerer Länge, geschmeidig und graziös, wirkt etwas breiter als die Abessinier. Kräftige, schlanke Beine. Der Rücken ist leicht gewölbt und erweckt den Eindruck der Sprungbereitschaft.
Kopf: Leicht gerundete Herzform. Aristokratisches Aussehen. Breite, spitz zulaufende, stets aufmerksam horchende Ohren.
Augen: Klares, intensives Bernsteingelb oder Grün. Augenlider dunkel mit etwas stärkerer Umrandung. Tief, ausdrucksvoll, gewinnender Blick. Leicht mandelförmig.
Schwanz: Lang, buschig, dick am Ansatz, sich leicht verjüngend.
Charakter: Die Somali sieht wild aus, ist aber durchaus zahm, manchmal jedoch etwas mißtrauisch. Sie ist sehr verspielt, lebhaft, intelligent, im Ausdruck ruhig, fast stimmlos, eine gute Mäusefängerin und Jägerin kleiner Tiere.
Idealer Besitzer: Die Somali muß zuerst Vertrauen fassen und der Achtung des Besitzers gewiß sein, bevor sie sich ganz hingibt.
Lebensraum: Lebt gerne im Haus, muß jedoch bei gutem Wetter mindestens eine große Terrasse, besser aber einen Garten zur Verfügung haben, wo sie sich frei bewegen kann.
Ernährung: Wählerisch, ißt am liebsten Fleisch und Innereien.
Pflege: Fürchtet die Kälte; man muß ihr im Winter ein gemäßes Klima schaffen.
Fortpflanzung: Ein Wurf zählt drei bis vier sehr kleine, schwarze Junge. Die Farbe und die langen Haare sind erst mit ungefähr achtzehn Monaten vollentwickelt.
Fehler: Kleiner Wuchs, spärliches Fell, übertrieben scheu. Weiße Flecken, Streifen.

Oben: Sorrel- und wildfarbene Jungtiere
Unten: Wildfarben

12 *Tiffany*

Ursprung: Die Tiffany ist eine Burmakatze mit langem Haar. Sie wurde in Nordamerika herangezüchtet und hat das warme Sealbraun (Schwarzbraun) der Burma beibehalten.
Fell: Halblang und seidig, entwickelt sich bei Jungtieren ziemlich spät. Ausgeprägte Halskrause.
Farbe: Dunkles, warmes, gleichmäßiges Braun.
Alle anderen Merkmale der Tiffany stimmen mit denen der Burma überein.

Brown

13 *Türkisch Angora*

Ankarakatze
Turkish Angora

Ursprung: Die Angora ist türkischen Ursprungs. Sie ist die Urmutter der Perser. Während Jahrhunderten wurden alle Langhaarkatzen Angora genannt, da die ersten aus der türkischen Stadt Angora (Ankara) kamen. Aus diesem Gebiet stammt auch eine Ziege mit sehr weichem Haar, das wir als Mohair kennen. Tierisches Haar wächst in ganz Kleinasien besonders gut. Die echte Angora wurde von den Persern verdrängt und starb allmählich aus. Die Zucht wurde jedoch in Amerika wieder aufgenommen, und zwar mit Tieren, die aus dem Zoo von Ankara importiert worden waren.

Fell: Weich, fein und seidig. Dicht am Hals, Bauch und Schwanz. Der Fellwechsel im Frühjahr und im Sommer ist so ausgeprägt, daß die Angora während der warmen Jahreszeit beinahe wie eine Kurzhaarkatze aussieht. Im Winter wird das Fell jeweils rasch wieder dicht. Die Angora hat keine Unterwolle; daher ist die Fellpflege viel einfacher als bei der Perser.

Farbe: Früher gab es die Angora nur weiß, und auch heute ist Weiß die bevorzugte Farbe. Gestattet sind aber auch alle anderen Farben der Langhaarkatzen. Besonders beliebt sind Schwarz, Blau, Black-Smoke, Blue-Smoke, Silber gestromt, Rot gestromt, Schwarz gestromt, Blau gestromt, Schildpatt sowie Zweifarbige (Beschreibung siehe Amerikanisch Kurzhaar).

Körper: Mittelgroß, etwas länger als bei der Perser, anmutig und geschmeidig in der Bewegung. Feingliedrig, aber schwergebaut, erscheint wegen des üppigen Felles größer als sie in Wahrheit ist.

Kopf: Mittelgroß, breit, nach unten abgestumpftes Dreieck. Große spitze Ohren mit Haarbüscheln. Feiner, schöner Hals. Gerade Nase ohne Stop.

Augen: Die ersten aus der Türkei importierten Angorakatzen hatten blaue, mandelförmige Augen oder ein blaues und ein orangefarbenes Auge. Heute sind auch Blau und Bernsteingelb zugelassen; die übrigen Farben werden toleriert. Weiße Angora mit blauen Augen sind oft von Geburt an taub.

Schwanz: Lang, am Ansatz breit, sich gegen die gut gefederte Spitze hin verjüngend. In der Bewegung legt sich der Schwanz oft über den Rücken und berührt beinahe den Kopf.

Charakter: Die Angora ist gutmütig, lieb, anhänglich, treu, anpassungsfähig und zudem intelligent. Da sie oft lange unbeweglich in derselben Stellung verharrt, hat sie etwas Sphinxhaftes.

Idealer Besitzer: Die Angora lebt am liebsten nur mit einer einzigen Person zusammen, die ihr Bewunderung, Liebe und Respekt entgegenbringt.

Lebensraum: Fühlt sich auf dem Lande wie in der Stadt wohl. Im Haus möchte sie frei herumlaufen.

Ernährung: Verzehrt am liebsten Fleisch, ist aber nicht wählerisch.

(Fortsetzung auf Seite 164)

Oben und unten: Weiß

14 *Türkische VAN*

Türkische Van-Katze
Turkish Van

Ursprung: Diese Angorakatze stammt ursprünglich aus dem türkischen Gebirge um den Vansee. Sie wurde 1955 nach England gebracht und 1969 offiziell anerkannt. England und die FIFé anerkennen die Türkisch Angora noch nicht, wohl aber die Türkische Van.
Fell: Als Schutz gegen die Kälte in ihrer ursprünglichen Heimat hat die Türkische Van ein weiches, seidiges, dichtes Fell ohne dicke Unterwolle. Das Winterfell kann es mit jenem der Perser aufnehmen, das Frühjahrs- und Sommerfell dagegen ist erheblich lichter.
Farbe: Kreideweiß ohne jede Spur von Gelb. Kastanienrote Flecken in Ohrennähe. Die Ohren selbst müssen weiß sein. Kastanienroter Schwanz mit dunkleren Ringen.
Körper: Kaum von jenem der Türkisch Angora verschieden. Kräftig, ziemlich lang, mit muskulösen Schultern. Insgesamt ist aber auch die Van eine feingliedrige Katze.
Kopf: Kurz und keilförmig mit breiten, behaarten Ohren; das Innenohr ist zart muschelrosa. Lange Nase mit rosafarbenem Spiegel. Gleich gefärbt sind die Fußballen.
Augen: Rund, bernsteingelb. Rosa umränderte Lider.
Schwanz: Mittellang und mittelvoll, in der ganzen Länge kastanienrot gefärbt mit blassen Ringen.
Charakter: Seit diese Katze vor Jahrhunderten domestiziert wurde, hängt sie den Menschen treu an. Wenn sie in Seenähe aufwächst, geht sie oft schwimmen, denn sie hat keine Angst vor dem Wasser und kann – zu ihrem Entzükken – auch lauwarm gebadet werden.
Idealer Besitzer: Mag die ganze Familie, zieht aber meist eine Person allen anderen vor.
Lebensraum: Eine Hauskatze. Am geeignetsten ist vermutlich eine Wohnung mit einer bepflanzten Terrasse.
Pflege: Kämmen und Bürsten wie Perser.
Fortpflanzung: Keine sehr fruchtbare Rasse. Ungefähr vier Junge pro Wurf.
Fehler: Flecken am Körper statt am Kopf und am Schwanz, schwache Muskulatur, runder Kopf.

(Fortsetzung von Seite 162)

Pflege: Tägliches Bürsten und Kämmen. Katzen, die in der Stadt leben, haben oft ein schmutziges Fell. Da sie im Gegensatz zur Türkischen Van Wasser nicht lieben, verwendet man am besten regelmäßig ein Trockenshampoo.
Fortpflanzung: Die Jungtiere sind frühreif. Sie sind sehr lebhaft und spielen schon früh. Das Angorafell bekommen sie erst mit zwei Jahren. Der Zoo von Ankara hat sich in den letzten Jahren um die Erhaltung dieser türkischen Nationalkatze bemüht.
Fehler: Kurzes Haar, welliges Fell, Flecken, kurzer Schwanz.

Oben und unten: Türkische Van Auburn-White

Amerikanisch Kurzhaar schwarz gestromt (Brown Tabby)

Kurzhaarkatzen

15 *Abessinier*
Abyssinian

Ursprung: Ende des 19. Jahrhunderts verglich man in Abessinien, dem heutigen Äthiopien, die dort lebenden Katzen mit ägyptischen Katzenmumien und den Darstellungen altägyptischer Katzen auf Grabmalereien. Die Übereinstimmung war verblüffend, besonders in bezug auf die Wildfarbe und die Schädelform. Dies erklärt, warum die heutigen Abessinier vielfach als direkte Nachfahren der altägyptischen Katzen, denen die berühmte Göttin Bastet nachgestaltet wurde, angesehen werden.
Ein englischer Offizier brachte um 1860 einige dieser Katzen aus Abessinien nach England. Der Kater hieß Zula. Dank ihm und der Geduld der Züchter vermehrten sich die Abessinierkatzen problemlos.
Der Standard für die Rasse wurde erst 1929 festgelegt. Der Abyssinian Club wurde gegründet, dessen Ziel die Verbreitung der Rasse war und der sich noch heute um die Verbesserung des Erscheinungsbildes und des Verhaltens bemüht. «Es geht», so wird gesagt, «nicht einfach um eine Katze, sondern um Ihre Majestät, die Katze.»
Während des ersten und zweiten Weltkriegs brachte das Fehlen geeigneten Futters die Rasse beinahe zum Aussterben. 1960 und 1970 wurde sie durch Leukämie-Viren erneut dezimiert. Heute zählt die Abessinier, besonders in Amerika, zu den gesuchtesten und am meisten geliebten Katzen.
Fell: Kurz, aber dicht wie bei Kaninchen.
Farbe: Wildfarben (Ruddy, Normalfarbig) ähnlich wie Hasen oder Sorrel (Kupferrot mit rotbraunem Ticking). Abessinier werden auch in Blau und Beige-Fawn gezüchtet, doch sind diese wie die übrigen Farben (Lilac, Chocolate, Tortie, Creme u.a.) selten. Die FIFé hat Blau und Beige-Fawn und die dazugehörigen Silbervarietäten anerkannt, Amerika noch nicht.
Typisch für die Abessinier ist das Ticking: Jedes einzelne Haar ist doppelt oder dreifach gebändert – hell am Ansatz, dunkel an der Spitze. Durch das Ticking erhält das Fell attraktive, sich verändernde Schattierungen. Cremefarbene Streifenzeichnung auf Kinn, Lippen und rund um die Augen ist unerwünscht. Die blasse Zeichnung im Gesicht verleiht der Abessinier das Aussehen eines kleinen, zahmen Pumas.
Körper: Lang, schlank und gut proportioniert. Die mittellangen, feingebauten Beine, die kleinen ovalen Füße und die flinken Bewegungen tragen zur Eleganz und Anmut der Abessinier bei, die stark an Siamesen erinnert.
Kopf: Der Kopf ist herzförmig, von mittlerer Länge und harmonischen Proportionen. Die mittellange Nase ist dunkel, schwarz umrahmt und im Profil weder gerade noch eingebuchtet. Die Ohren sind straff aufgerichtet, verhältnismäßig groß, am Ansatz breit und an der Spitze abgerundet.

Oben: Wildfarben
Unten: Sorrel

Augen: Grün, bernsteingelb oder haselnußfarben. Die Augen der Abessinier wurden als «die größten und unschuldigsten Augen der Welt» beschrieben. Dunkle Augenumrandung.
Schwanz: Lang, spitz zulaufend, stark am Ansatz.
Charakter: Die Abessinier ist sehr anhänglich und lieb, aber dennoch eine lebhafte, athletische, sogar ungestüme Katze. Sie bringt der neuen Familie am Anfang möglicherweise ein gewisses Mißtrauen entgegen, doch bei guter Behandlung und sanftem Zureden offenbart sie bald ihren guten Charakter und ihre hohe Intelligenz. Sie interessiert sich für alles in ihrer Umgebung, zeigt ein seltenes Maß an Gehorsam und miaut wohlklingend.
Idealer Besitzer: Sie verlangt besondere Aufmerksamkeit von seiten der Besitzer und will, daß man sich mit ihr abgibt und mit ihr spielt. Findet sie keine Zuwendung, bläst sie Trübsal, sondert sich ab und läuft vielleicht sogar fort. Es gibt wenige Katzen, die soviel aufmerksame Zuneigung fordern wie sie. Oft hängen Abessinier ihr Herz nur an eine einzige Person.
Lebensraum: Die Abessinier ist keine gute Wohnungskatze. Sie sollte zumindest eine Terrasse oder einen kleinen Garten zur Verfügung haben, gleichzeitig aber auch immer die Nähe des Besitzers spüren. Sie klettert wie ein kleiner Panther und will für ihre ererbten Fähigkeiten bewundert werden.
Ernährung: Abessinier haben eine Vorliebe für jede Art von Fleisch. Geben Sie ihr, damit sie nicht dick wird und ihre elegante Schönheit verliert, nicht mehr als 100 bis 150g im Tag und dazu gekochtes Gemüse und ein wenig gekochten Reis. Sie mag es auch, wenn man ihr ein wenig Bierhefe aufs Essen streut (einen Teelöffel voll). Während des Wachstums ist ein Vitaminpräparat empfehlenswert.
Pflege: Damit das Tier in guter Verfassung bleibt, sollte es wöchentlich gekämmt, mit einer weichen Bürste gebürstet und mit einem Tuch abgerieben werden. So bleibt das Fell weich und glänzend.
Fortpflanzung: Kater und Weibchen, die im selben Haus leben, sind rührend zärtlich miteinander. Die Weibchen sind nicht sehr fruchtbar und haben schwierige Schwangerschaften, daher brauchen sie auch Hilfe bei den Geburten. Ein Wurf zählt höchstens drei bis vier Junge. Die Kleinen haben dunkle Flecken im Fell, die nach einigen Monaten verschwinden. Sie entwickeln sich langsamer als die meisten jungen Katzen.
Abrichten: Ein sehr geduldiger Besitzer kann der Abessinier beibringen, kleine Kunststücke zu vollführen oder irgendwelche Dinge herzubringen. Auf Katzenausstellungen paradiert sie, als wäre sie sich ihres besonderen Charmes bewußt, und spielt mit ihren geschmeidigen Bewegungen und ihrem süßen, melodischen Miauen die Rolle der Schönheitskönigin.
Fehler: Zu gedrungener Körperbau, runder Kopf, zu weit ausgebreitete weiße Brust, vereinzelte Flecken, graue oder zu helle Unterwolle, Streifen an den Beinen, am Hals oder am Schwanz, kleine oder spitze Ohren, zuviel Stop.

Wildfarben

16 *Amerikanisch Kurzhaar*

American Shorthair

Ursprung: Auswanderer, die im 17. Jahrhundert in Amerika eine neue Heimat suchten, nahmen mit ihren wenigen Habseligkeiten auch ihre Katzen mit aufs Schiff. Diese Tiere rühmten sich keiner edlen Abkunft, sondern waren einfache Hauskatzen. Einer Gruppe leidenschaftlicher Züchter gelang es in meisterlicher Weise, in Amerika heimische Katzen einzukreuzen und eine neue Rasse zu stabilisieren. Die kräftigen und schönen Tiere erregten sofort Bewunderung und wurden bald auch mit Erfolg ausgestellt.

Der gewöhnlichen europäischen Hauskatze, die mit ihren Besitzern eingewandert war, wurde so mit der neuen Nationalität auch ein gewisser Ruhm zuteil. Die erste American Shorthair, die auf das Jahr 1904 zurückgeht, hieß Buster Brown. Sie war das Ergebnis der Kreuzung von britischen Kurzhaarkatzen mit amerikanischen Kurzhaarkatzen.

Fell: Die American Shorthair hat ein kurzes, dichtes Fell, das sie vor Kälte, Feuchtigkeit, Verletzungen durch Rivalen und dorniges Gestrüpp schützt. Das Winterfell ist dichter als das Sommerfell, aber nicht wollig.

Farbe: Die Shorthair ist – typisch amerikanisch – in einer Unzahl von Farben anerkannt.

Weiß: Reines leuchtendes Weiß. Augen: Tiefblau oder leuchtend gold oder ein Auge blau, das andere gold.

Schwarz: Haare von der Wurzel bis zur Spitze rabenschwarz, nirgends ein Rost- oder Rauchton. Augen: Gold.

Blau: Ein kräftiges, gleichmäßiges Blau (Grau) bis zur Haarwurzel und vom Nasenspiegel bis zur Schwanzspitze. Augen: Gold.

Rot: Intensives, klares, glänzendes Tiefrot ohne Schattierungen oder Tabby-Zeichnung. Diese Farbe ist besonders schwierig zu erreichen. Augen: Leuchtend gold.

Creme: Reine Pastellfarbe, je heller, desto besser. Augen: Gold.

Chinchilla: Unterwolle, Kinn, Ohrbüschel, Bauch und Brust in reinem Weiß. Die längeren Haare auf dem Rükken, an Flanken, Kopf und Schwanz sind schwarz getippt, was dem Fell einen silbernen Glanz verleiht. Augen, Lippen und Nase sind schwarz umrandet. Die Nase selbst ist ziegelrot. Die Fußballen sind schwarz und die Augen grün oder blaugrün.

Shaded-Silver: Gleich wie die Chinchilla, nur ist das schwarze Tipping viel kräftiger und läßt das Fell am Rückgrat dunkel erscheinen. Seitlich, am Kopf und am Schwanz wird es nach unten blasser. Die Unterseite ist weiß. Die Augen sind grün oder blaugrün.

Shell-Cameo (Chinchilla Rot): Was bei der Chinchilla schwarz ist, ist bei der Cameo rot; Nase, Fußballen und Augenränder inbegriffen. Augen: Gold.

Oben: Schwarz
Unten: Schwarz-silber gestromt (Silver Tabby)

Shaded-Cameo (Red-Shaded): Wo die Shaded-Silver schwarz ist, ist die Shaded-Cameo rot; Nase, Fußballen und Augenränder inbegriffen. Augen: Gold.

Black-Smoke: Wenn die Black-Smoke liegt, wirkt sie schwarz, aber wenn sie sich bewegt, wird die weiße Unterwolle sichtbar. Augen: Gold.

Blue-Smoke: Wo die Black-Smoke schwarz ist, ist die Blue-Smoke grau. Augen: Gold.

Cameo-Smoke (Red-Smoke): Wo die Black-Smoke schwarz ist, ist die Cameo-Smoke rot. Augen: Gold.

Alle Tabby-Varietäten können in den drei Zeichnungsmustern Classic Tabby, Mackerel Tabby und Patched Tabby gezüchtet werden.

Classic-Tabby-Zeichnung (Gestromt)

Klare, deutlich abgegrenzte und breite Zeichnung. Beine und Schwanz gleichmäßig beringt, wobei die Ringe aufsteigen und in die Körperzeichnung übergehen. Halsbandartige, durchgehende Streifen an Hals und oberer Brust, je mehr, desto besser. Ein «M» auf der Stirn. Nicht durchbrochene feine Linien vom äußern Augenwinkel nach hinten verlaufend. Spiralen auf den Wangen. Vertikale Streifen vom Hinterkopf bis zu den Schultern bilden Schmetterlingsmuster mit klar umrandeten Hinter- und Vorderflügeln und Tupfen innerhalb der Umrandung. Die Zeichnung auf dem Rücken besteht aus einer vertikalen Linie, die sich vom Schmetterlingsabzeichen bis zur Schwanzspitze erstreckt. Parallel zu dieser Linie befindet sich auf jeder Seite noch eine Linie. Diese drei Streifen sind durch Streifen in der Grundfarbe deutlich voneinander abgegrenzt. Ein großer solider Tupfen auf den beiden Seitenflanken, der von einer oder mehreren durchgehenden Linien abgegrenzt ist. Die Zeichnung sollte auf beiden Seiten gleich sein. Von der Brust abwärts über den Bauch hin eine Doppelreihe von schwarzen Punkten.

Mackerel-Tabby-Zeichnung (Getigert)

Klar abgegrenzte, wie mit feinem Pinselstrich gemalte Zeichnung. Beine und Schwanz gleichmäßig beringt, wobei die Ringe in die Körperzeichnung übergehen. Deutliche Halsstreifen an Nacken und oberer Brust. Kopf gestreift mit einem «M» auf der Stirn. Vom äußeren Augenwinkel nach hinten verlaufende Linien. Andere Linien über den Kopf zu den Schultern. Die Rückgratlinien laufen zusammen und bilden einen schmalen Sattel. Schmale Streifen vom Rückgrat zum Bauch.

Patched-Tabby-Zeichnung (Schildpatt Tabby): Eine Patched Tabby bzw. Tortie Tabby (Torbie) ist eine Tabby in den Farben Silber, Braun oder Blau mit roten und/oder cremefarbenen Flecken.

Brown-Tortie Tabby: Kupferbraunes Fell, schwarz gestromt oder getigert mit roten und/oder cremefarbenen Flecken. Augen: Gold.

Blue-Tortie Tabby: Bläuliches Elfenbein dunkelgrau gestromt oder getigert und cremefarbene Flecken. Augen: Gold.

Oben: Weiß mit blauen Augen
Unten: Blau-Creme

Silver-Tortie Tabby: Blasses Silber schwarz gestromt oder getigert mit roten und/oder cremefarbenen Flecken. Augen: Gold oder haselnußbraun.

Schwarz-silber gestromt (Silver Tabby): Blasses Silber mit schwarzer Zeichnung, schwarzen Fußballen, rotem Nasenspiegel und grünen oder haselnußbraunen Augen.

Rot gestromt (Red Tabby): Helles Rot mit dunkelroter Zeichnung, roten Lippen, rotem Kinn, roter Nase und roten Fußballen. Augen: Gold.

Schwarz gestromt (Brown Tabby): Kupferbraun mit schwarzer Zeichnung, roter Nase und goldfarbenen Augen.

Blau gestromt (Blue Tabby): Bläuliches Elfenbein mit dunkelgrauer Zeichnung und goldfarbenen Augen.

Creme gestromt (Cream Tabby): Helles Creme mit Zeichnung in dunklerem Ton. Nase und Fußballen sind rosafarben. Augen: Gold.

Rot-silber gestromt (Cameo Tabby): Silberweiß mit roter Zeichnung. Nase und Fußballen rosafarben. Augen: Gold.

Schildpatt (Tortoiseshell): Schwarzes Fell mit roten und cremefarbenen Flecken. Augen: Gold.

Calico: Weißes Fell mit schwarzen und roten Flecken. Augen: Gold.

Dilute Calico: Weißes Fell mit blauen und cremefarbenen Flecken. Augen: Gold.

Blue-Cream: Graues Fell mit cremefarbenen Flecken. Augen: Gold.

Zweifarbig (Bicolor): Weiß mit schwarzen oder blauen oder roten oder cremefarbenen Flecken. Augen: Gold.

Körper: Robuster Körperbau, mittel bis groß, Brustkorb und Schultern gut entwickelt. Die stämmigen, mittellangen Beine mit den kräftigen Pfoten erlauben es der American Shorthair, sich auch in unwegsamem Gelände zu bewegen. Sie wirkt furchtlos, selbstsicher und wie ein durchtrainierter Athlet.

Kopf: Voll mit runden Wangen, aufgestellten, weit auseinanderstehenden Ohren und langen Schnurrhaaren. Gute Jägerin mit kräftigem Kiefer, der es ihr erlaubt, jede Beute zu packen.

Augen: Glänzend, weit auseinanderstehend, aufmerksam, lebhaft, rund, aber leicht schrägstehend.

Charakter: Intelligent, anhänglich, häuslich, kinderliebend. Klettert und springt gut, frönt ihrem Jagdinstinkt auch bei ausreichender Fütterung. Fängt Mäuse jeder Größe und zu jeder Zeit.

Idealer Besitzer: Sie schließt alle Familienmitglieder ins Herz, sofern sie ihr Respekt entgegenbringen und sie loben, wenn sie nebenbei gefangene «kleine Geschenke» nach Hause bringt.

Lebensraum: Sie verschmäht das Leben in einer Wohnung nicht, solange sie sich ab und zu auf einer Terrasse oder einem Dach frei bewegen kann. Wenn sie noch mehr Auslauf hat, ist sie glücklich. Ihr guter Orientierungssinn und ihre Verbundenheit mit dem Haus lassen sie auch nach

Oben: Shaded-Silver
Unten: Rot gestromt (Red Tabby)

stundenlanger Abwesenheit wieder nach Hause zurückkehren.
Ernährung: Problemlos. Wenn sie nicht jagen kann, braucht sie einmal in der Woche Innereien.
Pflege: Wenn sie nach Hause kommt, muß sie tüchtig gebürstet werden. Wenn sie von klein auf daran gewöhnt wird, lehnt sie sich gegen Wasser und Seife nicht auf.
Fortpflanzung: Meist vier Junge pro Wurf.
Fehler: Zu dünn oder zu dick, zu lange oder zu feine Haare, anormaler oder sehr kurzer Schwanz, Stupsnase, zusätzliche Zehen, weiße Tupfen, extreme Größe.

Oben: Schwarz gestromt (Brown Tabby)
Unten: Rot getigert

17 *Amerikanisch Rauhhaar oder Drahthaar*
American Wirehair

Ursprung: Die American Wirehair ist eine moderne Katze. Sie ist das Ergebnis einer spontanen Mutation, die 1966 in Verona im Staate New York festgestellt wurde. Zwei American Shorthair kamen mit rauhem, krausem Fell zur Welt, das dem eines Lamms ähnlicher sah als dem eines Kätzchens. Durch Kreuzungen, die von fähigen Züchtern vorgenommen wurden, entstand die neue Rasse. Ein geschichtliches Detail: Die erste American Wirehair hieß Adam und war rot-weiß gefärbt.
Fell: Mittellang und leicht gelockt. Gekräuselte Haare. Drahtig am Kopf, auf dem Rücken, den Flanken und am Schwanzansatz, weich am Kinn und am Unterbauch. Das Fell verleiht der American Wirehair ein einmaliges Aussehen.
Farbe: Die meisten Farben der American Shorthair sind auch bei der American Wirehair zugelassen. Eine Ausnahme bilden die Patched Tabbys (Tortie Tabbys).
Körper: Mittel bis groß, gut proportioniert, muskulös, der Torso gut gerundet. Kräftige mittellange Beine, ovale Fußballen. Die Kater sind deutlich größer als die Weibchen.
Kopf: In Proportion zum Körper, rund mit gut entwickelten Wangen. Nase mit leicht konkaver Wölbung am Ansatz. Mittelgroße, gerundete Ohren.
Augen: Groß, klar und leuchtend, rund, ziemlich weit auseinanderstehend in Winkelform, in der Farbe zum Fell passend.
Charakter: Unabhängig, sehr interessiert an allem, was um sie vorgeht, anhänglich, gute Mäusefängerin, anpassungsfähig, aktiv, flink und durchaus in der Lage, alle übrigen Katzen mit «eiserner Pfote» zu beherrschen.
Idealer Besitzer: Hängt an der ganzen Familie, beansprucht aber Achtung und Ruhe.
Lebensraum: Liebt das Zuhause, hat aber auch gerne Auslauf.
Pflege: Bürste und Kamm sind gemäßigt zu benützen, denn das Fell soll kraus und nicht wellig sein.
Fortpflanzung: American Wirehair sind ausgezeichnete Eltern.
Fehler: Langes oder weiches Fell, geknickter Schwanz, Farben, die auf Einmischungen anderer Rassen hindeuten, ein zu ausgeprägter Stop.

Oben: Schwarz-silber getigert
Unten: Weiß

Ursprung: Eine moderne, in den Vereinigten Staaten durch erfolgreiches Kreuzen einer Brown Burma mit einer schwarzen American Shorthair herangezüchtete Rasse. Da sie dem schwarzen indischen Panther ähnlich sieht, wurde sie nach der Stadt Bombay benannt.
Fell: Sehr kurz, fein, eng anliegend, Textur wie Satin.
Farbe: Vollkommen schwarz bis zur Haarwurzel, leicht schimmernd. Bei der Geburt ist die Bombay etwas heller.
Körper: Geschmeidig, eher gestreckt, mittelgroß, muskulös in der Entwicklung, getragen von gelenkigen mittellangen Beinen mit schwarzen Fußballen. Der Unterschied zwischen Katern, die erheblich kräftiger sind, und Weibchen ist größer als bei anderen Rassen.
Kopf: Gerundet, ohne scharfe Winkel, volles Gesicht, kurze Schnauze mit deutlichem Stop, starkes Kinn. Die mittelgroßen Ohren sind sanft gerundet. Die Bombay spitzt sie beim leisesten Geräusch. Schwarze Nase.
Augen: Groß, rund, weit auseinanderstehend, gelb oder dunkles Kupfer.
Schwanz: Elegant, gerade, von mittlerer Länge.
Charakter: Eine gute Gefährtin, ruhig, einfühlsam, anhänglich, intelligent, leise Stimme. Sie verlangt Beachtung und verträgt sich gut mit Kindern und anderen Haustieren. Verbringt das Leben gerne im Haus und hat wenig Bedürfnis, ins Freie zu gehen.
Ernährung: Mäßige Esserin, da sie wenig Kalorien verbraucht. Vorliebe für Fleisch.
Fortpflanzung: Höchstens vier bis fünf heißhungrige Junge pro Wurf. Sie sind heller als die Eltern und werden erst nach dem sechsten Monat ganz schwarz.
Fehler: Krauses Haar, Tupfen im Fell, kurzer, anormaler Schwanz, grüne Augen, Nasenspiegel und Fußballen nicht schwarz.

Oben und unten: Schwarz (einzige anerkannte Farbe)

19 *Britisch Kurzhaar*
British Shorthair

Ursprung: Da Harrison Weir, der Mann, der die Katzenzucht als Erster zur Kunst machte, die sich rasant vermehrenden britischen Straßenkatzen liebte, schuf er beinahe im Alleingang die Britisch Kurzhaar. Ende des 19. Jahrhunderts war die Britisch Kurzhaar die populärste Katze der im Crystal Palace in London abgehaltenen Ausstellungen. Anfangs des 20. Jahrhunderts faßten dann aber die Perser in England Fuß. Die Britisch Kurzhaar stieg erst wieder in den dreißiger Jahren in der Gunst der Katzenfreunde, erlitt aber wie alle Rassen im zweiten Weltkrieg erneut einen Rückschlag. Als die Zucht nach dem Krieg wieder aufgenommen wurde, wurden eine Zeitlang Perser eingekreuzt, doch gelang es dank genauer Kontrollen, die sich über Jahre erstreckten, die Perser wieder auszukreuzen. Da es sich um eine alte Rasse handelt, ist die Britisch Kurzhaar ein kraftvolles, gesundes, stolzes und intelligentes Tier, das gerne und geschickt Mäuse fängt.
Fell: Während Jahrhunderten, vielleicht Jahrtausenden hat das kurze, dichte Fell das rauhe englische Klima für die Britisch Kurzhaar erträglich gemacht und sie vor Verletzungen geschützt.
Farbe: Offiziell gibt es die Britisch Kurzhaar in siebzehn verschiedenen Farben. Einige davon sind so verbreitet, daß sie von allen, die in der Katzenzucht nicht bewandert sind, als eigene Rasse angesehen werden. So sind die Briten z. B. sehr stolz auf ihre Blau und versuchen, mit ihr der Chartreux (Französisch Blau) den Rang abzulaufen. Im Volksgebrauch wird denn auch die Britisch Blau gerne als «Kartäuser» bezeichnet. Ebenso wird die Tabby wegen ihrer einmaligen Zeichnung oft als besondere Rasse eingestuft.

Weiß: Diese Katze kann mit blauen oder orangefarbenen Augen gezeigt werden, oder mit einem blauen und einem orangefarbenen Auge (odd eyed). Die genannten Farben dürfen jedoch nicht grün umrandet sein. Das Fell muß reinweiß sein, ohne Spuren einer anderen Tönung.

Schwarz: Die Schwarz muß reinschwarz sein mit orangen Augen ohne grüne Umrandung.

Blau: Die Britisch Blau darf keine andere Farbe im Fell haben als das lebhafte Grau, das in der Katzenzucht Blau genannt wird. Nase und Fußballen müssen ebenfalls blau sein. Nur die Augen kontrastieren in Kupfer oder Orange.

Creme: Die Cremefarbe ohne Tabbyzeichnung ist sehr schwer zu erzielen. Nasenspiegel und Fußballen sind rosa. Die Creme hat ebenfalls orangefarbene Augen.
Classic-Tabby-Zeichnung (Gestromt): Nach Varietät verschiedene Farben. Charakteristisch ist die Zeichnung: Drei dunkle Streifen laufen parallel zueinander über den ganzen Rücken von der Schulter bis zur Schwanzspitze. Auf den Schultern Schmetterlingsabzeichen, auf den Flanken Austernmuster (Spiralen). Durchgehende Halsketten umfassen Nacken und obere Brust. Auf der Schnauze feine, gegen die Nase zulaufende Streifen. Beine und Schwanz beringt. Die Zeichnung muß klar mit der Grundfarbe kontrastieren (genaue Beschreibung siehe Amerikanisch Kurzhaar Tabby).
Mackerel-Tabby-Zeichnung (Getigert): Getigerte Katzen sehen, wie es der Name sagt, einem Tiger ähnlicher als gestromte. Anstelle der Flecken und Schmetterlingsabzeichen treten zahlreiche schmale Streifen, die vom Rückgrat vertikal zum Bauch verlaufen (genaue Beschreibung siehe Amerikanisch Kurzhaar Mackerel Tabby).

Schwarz-silber gestromt (Silver Tabby): Reines Silber mit schwarzer Zeichnung. Sollte grüne oder gelbgrüne Augen haben und eine rote oder schwarze Nase.

Oben: Schwarz gestromt (Brown Tabby)
Unten: Britisch Blau (im Volksgebrauch «Kartäuser»)

Rot gestromt (Red Tabby): Rote Farbe mit klarer tiefroter Zeichnung. Ziegelrote Nase. Runde, kupferfarbene oder dunkelorange Augen.

Schwarz gestromt (Brown Tabby): Warmes Goldbraun, getickt mit Schwarz, durchbrochen von deutlichen schwarzen Streifen. Ziegelroter Nasenspiegel. Augen: Kupfer oder dunkles Orange.

Getupft (Spotted): Gestromte Tabby mit zahlreichen Tupfen. Möglich ist Silber mit schwarzen Tupfen, Braun mit schwarzen Tupfen, Rot mit tiefroten Tupfen. Nasenspiegel und Fußballen der Fellfarbe entsprechend.

Alle Tabby-Varietäten müssen bei der FIFé eine dunklere Augenumrandung und eine Nasenumrandung zu der entsprechend roten Nase aufweisen.

Schildpatt: Schwarz mit klar voneinander abgetrennten roten Flecken in verschiedenen Nuancen. Nase und Fußballen: Rosa oder schwarz. Augen: Kupfer- oder orangefarben. Keine Tabby-Zeichnung, kein Weiß und kein Vorherrschen einer Farbe.

Schildpatt auf Weiß: Weiße Grundfarbe mit schwarzen und roten Flecken in verschiedenen Nuancen. Augen: Kupfer- oder orangefarben. Etwas Weiß auf den Pfoten erwünscht, aber die anderen zwei Farben sollten stets vorherrschen.

Blau-Creme: Helles Blau und Creme überall vermischt, auch an den Extremitäten. Augen: Kupfer oder dunkles Orange, ohne grüne Umrandung.

Zweifarbig (Bicolor): Schwarz, Blau, Chocolate, Lilac, Rot oder Creme, alle mit Weiß. Nasenspiegel und Fußballen sind stets rosa oder der Farbe gemäß. Augen: Kupfer oder dunkles Orange, ohne grüne Umrandung.

Smoke: Schwarze oder blaue Katzen mit silberweißem Unterhaar, getippt mit Schwarz. Keine Tabby-Zeichnung und kein Weiß. Nasenspiegel und Fußballen schwarz oder seal. Augen: Kupfer oder dunkles Orange.

British Tipped (Chinchilla): Diese Katze hat weißes Unterhaar. Das Fell auf dem Rücken, den Flanken, dem Kopf, den Ohren und dem Schwanz ist in einer der anerkannten Farben getippt. Kinn, Brust, Bauch und Schwanzunterseite bleiben weiß. Die Augenfarbe sowie die von Nase und Fußballen wechselt je nach der Farbe des Tipping. Schwache Ringe am Schwanz sind zulässig, Tabby-Zeichnungen am Körper dagegen nicht.

Bei der FIFé sind alle Varietäten ebenso in Chocolate und Lilac anerkannt. Bei den Katzen mit Weißfleckung muß ⅔ Farbe und ⅓ Weiß vorhanden sein, maximal je die Hälfte.

Körper: Mittelgroß bis groß, massive, gut gebaute und gut proportionierte Katze mit breiter Brust und gedrungenem Körper. Kurze, starke Beine. Die Pfoten sind zierlich, fest und gut abgerundet.

Kopf: Breit und abgerundet mit kurzem, kräftigem Nacken. Die Nase muß kurz, breit und gerade sein, leichte Einbuchtung, kein Stop. Augen und Ohren sind weit auseinandergesetzt. Das Kinn ist kompakt und kräftig.

Augen: Groß, rund, weit geöffnet und ebenmäßig.

Schwanz: Kurz, dick am Ansatz mit rundem Schwanzende. In Proportion zum Körper.

Charakter: Ein verantwortungsvolles, würdiges, unabhängiges Tier, das der Familie dennoch herzlich zugetan ist. Es spielt mit Kindern und Hunden und ist Erwachsenen ein loyaler Gefährte. Dank seiner inneren Sicherheit meistert es jede Situation souverän.

Idealer Besitzer: Die Britisch Kurzhaar liebt alle, die sie lieben.

Lebensraum: Obwohl sie am liebsten viel Platz mit Garten und Auslauf hat, paßt sie sich an jede katzengerechte Umgebung an.

Fehler: Unregelmäßiger Schwanz, Stop, langes Fell.

Oben: Weiß mit orangefarbenen Augen
Unten: Schwarz getupft (Brown spotted)

20 *Burma*
Burmese

Ursprung: Einer Legende zufolge stammt die Rasse aus burmesischen Klöstern, wo die Burma als Gottheit verehrt wurde. Eine Gedichtsammlung aus der Ajuthiazeit Siams (1350–1767) – des heutigen Thailand – beschreibt die Burmakatze, die Siam und die Korat sowie eine schwarze Katze mit weißem Halsband namens Singhasep.
Ein braunes Burmaweibchen namens Wong Mau wurde von Rangoon nach den Vereinigten Staaten gebracht. Durch die Kreuzung mit einem Siamkater begründete es Ende der zwanziger Jahre eine neue Burmesendynastie.
Fell: Seidiges Haar, fein, dicht, glänzend.
Farbe: Die Burmakatze hat ein braunes Fell, das bei der ausgewachsenen Katze dunkel chocolate oder sandbraun ist. In Amerika ist nur die braune Burma (Sable) anerkannt. In Großbritannien und in den der FIFé angeschlossenen Ländern werden dagegen auch die Farben Rot, Creme, Blau, Lilac, Chocolate, Brown-Tortie, Blue-Tortie, Chocolate-Tortie und Lilac-Tortie anerkannt.
Körper: Mittelgroß, lang, anmutig, aber muskulös und unerwartet stark. Es sollen keine Fettpolster vorhanden sein. Mittellanger Hals, gerundete Brust, lange schlanke Beine, zierliche ovale Pfoten. Obwohl die Burma mit der Siamkatze verwandt ist, darf sie dieser nicht ähnlich sein.
Kopf: Der Kopf hat die Form eines kurzen, stumpfen Keils; er ist immer kürzer als jener der Siamesen. Betontes Kinn und kräftiger Kiefer. Die Ohren sind am Ansatz breit und an der Spitze gerundet. Im Profil gesehen sollen sie sich leicht nach vorne neigen.
Augen: Die obere Augenlinie verläuft nach orientalischer Art zur Nase, die untere ist gerundet. Die Augen sind weit geöffnet, sehr ausdrucksvoll und können alle Schattierungen von Gelb bis zur Bernsteinfarbe haben. Gut ist lebhaftes und leuchtendes Goldgelb.
Schwanz: Mittellang, gerade, zur Spitze leicht zulaufend.
Charakter: Anhängliche, intelligente, Aufmerksamkeit und Lob heischende, liebenswerte und sehr neugierige Katze. Sie liebt Auto- und Eisenbahnfahrten und schaut zum Fenster hinaus, ohne sich je zu erschrecken. Sie hat eine ziemlich laute Stimme, ist gut zu Kindern und schätzt es nicht, allein gelassen zu werden.
Idealer Besitzer: Die Burmakatze braucht jemanden, der ihre Liebe zu erwidern weiß und sich Zeit nimmt, mit ihr zu spielen und sie zu liebkosen. Sie verhält sich Bekannten wie Unbekannten gegenüber aufgeschlossen.
Lebensraum: Die Burmakatze ist sehr anpassungsfähig. Sie kann daher sowohl in der Stadt wie auch auf dem Land leben. In Wohnungen fühlt sie sich wohl, besonders wenn sie einen Balkon mit Begrünung zur Verfügung hat.
Ernährung: Eine gesunde, kräftige Katze, die keine besonderen Ansprüche stellt. Fleisch, Gemüse und ein wenig

Oben: Braun (sollte gelbe Augen haben)
Unten: Chocolate

Reis, während des Wachstums zusätzlich ein Vitaminpräparat.
Pflege: Das Fell muß saubergehalten und gelegentlich mit einem befeuchteten weichen Tuch oder Handschuh sanft abgerieben werden. Ein- oder zweimal wöchentlich kämmen.
Fortpflanzung: Das Weibchen wird mit etwa sieben Monaten zum erstenmal rollig. Ein Wurf zählt im Mittel fünf Junge. Das Fell der Jungen ist milchkaffeebraun und dunkelt dann nach. Die Burma ist eine langlebige Katze, die achtzehn und mehr Jahre alt werden kann.
Fehler: Weißer Fleck unter der Kehle, Muster oder Linien im Fell, zu dunkle Fellfarbe, graue oder grüne Augen, gebogener oder geknickter Schwanz.
Varietäten: In Amerika heißen die Burmesen in den Farben Blue, Champagne (Chocolate) und Platinum (Lilac) Malayan und werden als besondere Rasse behandelt (siehe Malayan).

Unten und rechts: Braun

21 *Chartreux*

Kartäuser

Ursprung: Unklar, aber bestimmt französisch. Am wahrscheinlichsten ist die Annahme, daß diese Rasse von Kartäusermönchen in einem der Klöster in der Nähe von Paris oder im Savoyischen gezüchtet wurde. Jedenfalls handelt es sich um eine alte Rasse, da schon der Naturforscher Carolus Linnaeus (1707–1778) sie erwähnt.
Fell: Kurz, dicht, glänzend, wollig wie beim Fischotter.
Farbe: Alle Grautöne sind erlaubt, helles Graublau wird bevorzugt. Die Haut ist fleckenlos blau. Die französische Schriftstellerin Colette schrieb von ihrer Chartreux: «Die Sonne spielte in ihrem Fell, das wie der Hals der Waldtauben malvenfarben und blau schimmerte.»
Körper: Kräftig und massiv, die Katze kann bis zu sechs Kilos wiegen. Breite Schultern und breite Brust, gedrungener Hals, muskulöse Beine. Der Kater wirkt, verglichen mit dem Weibchen, sehr kräftig.
Kopf: Gerundeter Schädel, dreieckige Schnauze, gerade Nase, hochgesetzte Ohren, volle Wangen, ausgeprägter Kiefer, beinahe schwarze Lippen.
Augen: Groß, rund, Kupfer oder Gold, Bernstein oder Orange. Sanfter, vertrauensvoller, lieber Ausdruck.
Schwanz: Mittlere Länge, am Ende leicht gerundet.
Charakter: Eine liebe, anhängliche, intelligente Katze. Ihr werden alle guten Eigenschaften der Katzen und sogar auch der Hunde zugeschrieben. Sie miaut selten und ist eine gute Mäusefängerin.
Idealer Besitzer: Mit ihrer sanften, liebenswerten, fügsamen Art gewinnt sie die ganze Familie. Sie hängt ihr Herz an alle, die sie achten und lieben.
Lebensraum: Am geeignetsten ist ein Haus mit Garten und Balkon, einem Keller und einem Dachboden, wo sie ihre Fängerqualitäten zur Geltung bringen kann. Eine große Wohnung kann aber auch genügen.
Ernährung: Fleisch mit etwas Reis und Gemüse, einmal pro Woche Innereien. Es ist ratsam, das Fleisch öfter in Würfel geschnitten zu verabreichen, denn beim Kauen entwickelt die Kartäuser ihre charakteristisch ausgeprägten Wangen.
Pflege: Regelmäßig bürsten. Eine sehr gesunde Katze.
Fortpflanzung: Leider sind die echten Kartäuser selten geworden. Doch nun haben sich neue Züchter für die schöne, gute und kräftige Katze begeistert.
Fehler: Weiße Haare, Streifen oder Tupfen, grüne Augen, geringe Muskulatur und leichter Körperbau.
Varietäten: In Frankreich gibt es drei Chartreuxtypen: Reine Chartreux ohne fremdes Blut; Chartreux, in die einmal Perser eingekreuzt wurden, und Chartreux, die unter ihren Vorfahren Britisch Blau (die englische Kartäuserversion) haben. Man weiß von weiteren Katzen, deren Merkmale mit jenen der Chartreux übereinstimmen. So die Katze von Khorassan im Iran, die dunkelgrau und nicht sehr zutraulich sein soll, und die von Tobolsk, einer russischen Stadt in Sibirien, die ein wolliges, dunkelrotes Fell haben soll.

(Fortsetzung auf Seite 194)

Oben: Jungtier
Unten: Blau

22 *Colourpoint Kurzhaar*
Colourpoint Shorthair

Ursprung: Die ursprüngliche Siamesin war rehbraun mit dunkelbraunen (seal) Abzeichen an Beinen, Pfoten, Schwanz, Ohren und Gesichtsmaske. Sie wurde später mit den Abzeichenfarben Chocolate, Lilac und Blue gezüchtet und in den Vereinigten Staaten anerkannt. Doch als die Siamesen mit Abessiniern und anderen Kurzhaarkatzen gekreuzt wurden, um die Palette der Abzeichenfarben zu erweitern, hielten es die amerikanischen Verbände für angebracht, diese Neuzüchtungen der nicht-siamesischen Gene wegen als neue Rasse zu klassifizieren. Die Briten und die FIFé rechnen sie weiter zu den Siamkatzen. In Amerika aber entstand die Colourpoint Shorthair.
Fell: Kurz, glattanliegend, fein und glänzend.
Farben: Es gibt folgende Colourpoint-Shorthair-Varietäten:

Red-Point: Weißes Fell mit aprikosenfarbenen bis dunkelroten Abzeichen.

Cream-Point: Weißes Fell mit Abzeichen in Lederfarbencreme bis leicht Rosa.

Seal-Tabby-Point: Rehbraun mit hell- und dunkelbraun gestreiften Abzeichen.

Chocolate-Tabby-Point: Elfenbeinfarbenes Fell mit sehr hell- und mittelbraun gestreiften Abzeichen.

Blue-Tabby-Point: Bläulich-weißes Fell mit gestreiften Abzeichen in zwei kontrastierenden Grautönen.

Lilac-Tabby-Point: Weißes Fell mit gestreiften Abzeichen in zwei kontrastierenden Graurosatönen.

Red-Tabby-Point: Weißes Fell mit gestreiften Abzeichen in zwei kontrastierenden Rottönen.

Seal-Tortie-Point: Blaß rehbraunes Fell mit sealbraunen Abzeichen, rot und creme gesprenkelt.

Chocolate-Tortie-Point: Elfenbeinfarbenes Fell mit braunen, cremefarben gesprenkelten Abzeichen.

Blue-Tortie-Point: Bläulichweißes Fell mit dunkelgrauen, cremefarben gesprenkelten Abzeichen.

Lilac-Tortie-Point: Weißes Fell mit graurosa, cremefarben gesprenkelten Abzeichen.

Alle übrigen Merkmale der Colourpoint Shorthair stimmen mit jenen der Siamesen überein.

(Fortsetzung von Seite 192)

Bermerkung: Die FIFé unterscheidet zwischen Chartreux = Kartäuser und Britisch Blau. Die blaue Farbe wird im Volksgebrauch allgemein häufig Kartäuser genannt. Der Unterschied zwischen Chartreux und Britisch Blau zeigt sich vorwiegend am Kopf. Der ist bei der Chartreux mehr trapezförmig; die Ohren sind auf den Kopf gesetzt und wirken größer. Bei der Britisch Blau sind sie breiter angesetzt; der Kopf ist breiter und wesentlich runder. Im Profil wirken die Chartreux kürzer. Sie haben eine gerade Nase, wogegen die Britisch Blau eine leichte Einbuchtung aufweisen.

Colourpoint Kurzhaar Chocolate-Tabby-Point

23 *Egyptian Mau*

Ursprung: Eine einzigartige Katze, deren Geschichte vermutlich bis ins alte Ägypten zurückreicht, denn sie ist auf Wandmalereien zu erkennen, die aus dem 14. Jahrhundert v. Chr. stammen. Sie hat zudem eine Tupfenmusterung, wie sie bei keiner anderen domestizierten Katze zu finden ist. Die moderne Egyptian Mau geht aufs Jahr 1953 zurück. Damals brachte Prinzessin Natalia Trubezkoi eine Ägypter-Kätzin nach Italien und ließ sie von einem Ägypter-Kater decken. Das Weibchen warf zwei Junge, wovon der Kater später wieder mit der Mutter gepaart wurde. Das war der Anfang der Rasse. 1956 brachte Prinzessin Trubezkoi die ersten Tiere nach Amerika und begann mit der Zucht.
Die Rasse erhielt den Namen Egyptian Mau, weil «Mau» auf altägyptisch Katze hieß. Sie ist sehr eng mit der Abessinier verwandt.
Fell: Seidig, von feiner Textur, aber dicht und glänzend. Das getickte Haar ist kurz.
Farbe: Das hervorstechende Merkmal ist die Zeichnung. Anders als bei gestromten oder getigerten Katzen besteht sie aus einzelnen, regelmäßig verteilten Tupfen. Am Kopf und im Gesicht besteht sie aus feinen, wie mit Wimperntusche hingepinselten Linien. Der mittellange Schwanz ist gebändert. Es gibt die Egyptian Mau in drei Farben:
Silber: Grundfarbe blaues Silber mit rabenschwarzer Zeichnung und grünen Augen. *Bronze:* Helle Bronze mit dunkelbrauner Zeichnung und grünen Augen. *Rauch:* Grau und Silber mit schwarzer Zeichnung und grünen Augen.
Körper: Mittelgroß, gut proportioniert und ausgewogen, elegant mit gut entwickelter Muskulatur. Schlanke Beine.
Kopf: Leicht gerundeter Keil, Schnauze nur leicht zugespitzt. Große, nach allen Seiten horchende Ohren, breit am Ansatz und leicht spitz zulaufend. Das Innenohr ist hellrosa, so daß die Ohren transparent wirken.
Augen: Groß, mandelförmig. Bevorzugt werden grüne Augen, aber auch Gelb und Haselnußbraun sind zugelassen.
Schwanz: Lang und spitz zulaufend.
Charakter: Intelligent, weise, willig, verspielt, kinderlieb, gute Mäusefängerin. Wohlklingende, beinahe vogelähnliche Stimme. Liebt Spazierengehen an der Leine.
Idealer Besitzer: Sie gewöhnt sich an jede Art häuslichen Lebens, freundet sich aber nur mit Menschen an, die sie mag.
Lebensraum: Sie braucht wenig Auslauf und ist auch in einer kleinen Wohnung, wenn möglich mit Balkon, zufrieden.
Ernährung: Fleisch und ab und zu Innereien, dazu etwas Reis und Gemüse.
Pflege: Eine etwas empfindliche Katze, die unter plötzlichen Temperaturstürzen leidet. Sie verlangt während des Wechsels der Jahreszeiten besonders viel Aufmerksamkeit.
Fortpflanzung: Der Kater wie das Weibchen sind ausgezeichnete Eltern, die sich sehr um die Jungen kümmern und oft und lange mit ihnen spielen. Die Jungen entwickeln sich ziemlich langsam.
Fehler: Sich überschneidende Tupfen, Fehlen von Tupfen, schmaler Kopf, spitze Schnauze, kurzer Schwanz, falsche Augenfarbe.

Oben: Orientalisch Kurzhaar Lilac spotted
Unten: Egyptian Mau Bronze

24 *Europäisch Kurzhaar*

European Shorthair

Ursprung: Unter die Bezeichnung Europäisch Kurzhaar fallen im Prinzip alle guten europäischen Kurzhaarkatzen, sofern sie Hauskatzen sind. Millionen von Familien besitzen eine Europäische Kurzhaar.

Ihr Ursprung ist ungewiß. Vermutlich stammt sie von der afrikanischen Wildkatze ab, die die Römer vor ungefähr 2000 Jahren nach Europa brachten. Die europäische Rasse ist jedenfalls sehr alt und zudem vermutlich die reinste Katzenrasse überhaupt, da sie ihre ursprünglichen Charakteristika beibehalten hat, ohne daß Selektionen und genetische Studien seitens der Züchter nötig waren.

Der Ausdruck «Tabby» stammt aus dem Irak. Die jüdischen Weber in Bagdad woben die Musterung der Katzen ihres Quartiers in die Seide ein, die sie nach Europa exportierten. Dort wurde das kostbare Gewebe unter der Bezeichnung Tabby gehandelt. Im deutschen Sprachgebrauch sind die Bezeichnungen Gestromt, Getigert oder Getupft üblicher.

Fell: Kurz, fein, dicht und glänzend.

Farbe: Der Standard anerkennt viele Farben und Zeichnungen.

Schwarz: Eine sehr schöne und weitverbreitete Katze. Sie hat ein glänzendes rabenschwarzes Fell ohne rostige Spuren und gelbe, orange- oder kupferfarbene Augen. Ein mutiges, kämpferisches Tier. Fehler: Dreieckiger Kopf, Flecken im Fell, weiße Haare. Die Jungen haben oft eine schlechte Farbe und Geisterzeichnung, was später meist wieder verschwindet. Grüne Augen sind nicht erlaubt.

Weiß: Eine zauberhaft schönes Tier. Es ist aber weniger verbreitet als die Europäisch Kurzhaar Schwarz. Es gibt sie mit gelben, orangen- oder kupferfarbenen Augen. Blauäugige weiße Katzen sind selten und meist taub. Als die besten Deckkater gelten jene mit zwei verschiedenfarbigen Augen, da sie sowohl blauäugige Junge wie solche mit orangen oder kupferfarbenen Augen zeugen können. Als Fehler gelten: Undefinierbare Augenfarbe, spitze Schnauze, gelbstichiges Fell, schwache Beine. Eine autoritäre Katze. Das Fell muß mit Talkpuder gebürstet werden.

Albino: Es gibt die Europäisch Kurzhaar auch Weiß mit blaßblauen Augen und rot schimmernden Pupillen. Der Vorteil dieser Albinokatze ist, daß sie nicht taub wird. Obwohl die Albino als Rasse eingetragen sind, werden sie zu Ausstellungen nicht zugelassen.

Creme: Sehr selten. Reine Pastellfarbe ohne helle Unterwolle, ohne Zeichnungen und Flecken. Tiere mit rötlicher Tönung oder Schattierung im Fell sind mittelmäßig. Ein schönes Tier hat ein gleichmäßig durchgefärbtes Fell und haselnußbraune oder kupferfarbene Augen.

Rot: Tiefdunkles Rot, gleichmäßig durchgefärbt, orange Augen. Selten.

Blau: Wird in England gut gezüchtet und ist sehr verbreitet. Sie ist kräftig gebaut, hat ein hellgraues, gleichmäßig durchgefärbtes Fell und orange- oder kupferfarbene Augen.

Getigert: Gleicht einem kleinen Tiger und wird sehr geschätzt. Robuster, massiver, muskulöser Körper. Kräftiger Kopf und ausgeprägte Wangen. Breite Schultern. Die Zeichnung besteht aus einem «M» auf der Stirn, zwei bis drei Spiralen auf den Wangen, zwei halsbandartigen Streifen auf der Brust sowie aus deutlich voneinander abgegrenzten Streifen vom Rückgrat zum Bauch. Die Beine sind regelmäßig gestreift, der Schwanz ist gleichmäßig beringt. Die in vielen Varietäten vorkommende Tigerkatze ist eine gute Gefährtin und wegen ihrer Jagdleidenschaft ein nützliches Haustier. Sie sieht der American und British Shorthair Mackerel Tabby sehr ähnlich.

Gestromt: Der Körper ist etwas länger als bei der Tigerkatze, und die Wangen sind weniger ausgeprägt. Zeichnung: Ein «M» auf der Stirne, zwei bis drei Spiralen auf den Wangen und zwei durchgehen-

Oben: Rot getupft (Red spotted)
Unten: Blau

de halsbandartige Streifen auf der Brust. Über den Rücken erstrekken sich von der Schulter bis zur Schwanzspitze drei schwarze Streifen. Auf den Schultern hat die gestromte Katze Schmetterlingsabzeichen und auf den Flanken Flecken in der Grundfarbe, die von einer oder mehreren schwarzen Linien abgegrenzt sind. Von der Brust abwärts über den Bauch hin eine Doppelreihe schwarzer Punkte. Die Europäisch Kurzhaar Gestromt ist in vielen Farben anerkannt. Sie jagt mit Erfolg Mäuse jeder Größe, grüne Eidechsen, kleine Säugetiere und sogar Fische. Die Zeichnung der gestromten Europäerin ist die der amerikanischen und britischen Shorthair Classic Tabby.

Schildpatt: In dieser Varietät gibt es beinahe nur Weibchen. Sie hat die Musterung von Schildpatt, wobei die Farben Rot und Schwarz gut in Flecken voneinander abgegrenzt und verteilt sein müssen. Eine Flamme im Gesicht ist erwünscht. Orange- oder kupferfarbene Augen. Diese Katze gilt als Glücksbringerin. Die wenigen Kater sind steril, daher wird die Schildpatt mit einem einfarbigen Europäisch-Kurzhaar-Kater gepaart, dessen Farbe einer ihrer beiden Farben entspricht.

Schildpatt auf Weiß: Die Farben Rot und Schwarz sind in großen Flecken über den ganzen Körper verteilt. Wünschenswert ist Weiß auf dem Rücken sowie eine weiße Blesse im Gesicht. Augenfarbe: Orange, Kupfer oder Bernstein.

Es gibt noch einige weitere Schildpatt-Varietäten.

Blau-Creme: Das Ergebnis von Kreuzungen von Europäisch Creme und Europäisch Blau. Daher müssen die Farben Creme und helles Blau überall gleichmäßig vermischt sein, ohne daß eine dominiert. Augenfarbe: Orange, Gelb oder Kupfer. Von dieser Varietät gibt es fast nur Weibchen.

Zweifarbig: Die Farbkombinationen Schwarz-Weiß, Blau-Weiß, Chocolate-Weiß, Lilac-Weiß, Rot-Weiß und Creme-Weiß sind anerkannt. Maximal ⅔ Farbe, minimal ½ Farbe, der Rest ist weiß. Eine Blesse im Gesicht ist erwünscht.

Getupft (Spotted): Körper und Beine sind mit runden oder ovalen, klar abgegrenzten Tupfen bedeckt, die zur Grundfarbe passen. Wirbel auf den Wangen, ein «M» auf der Stirn und gleichmäßig gestreifte Beine. Erlaubt ist auch eine leichte Linie über dem Rücken. Augenfarbe, Nasenspiegel und Fußballen sollen der Fellfarbe entsprechen. Anerkannt sind die Farben Black (Seal), Blau, Chocolate, Lilac, Rot und Creme. Fehler: Pigmentflecken auf dem Nasenspiegel oder schwarze Schnurrhaare bei den zwei letzterwähnten Farben. Außerdem gibt es schwarz-silber, blau-silber, chocolate-silber und lilac-silber getupfte Europäisch Kurzhaar. Die Getupften sind von der FIFé ebenfalls anerkannt.

Körper: Gut gebaut, massiv, robust, muskulös mit breiter Brust, kräftigen Beinen und festen, runden Pfoten.

Kopf: Gerundet mit gut entwickelten Wangen, kleinen Ohren mit gerundeten Spitzen und mittellanger Nase. Das Gesicht wirkt eher länger als breit.

Augen: Groß, ausdrucksvoll. Sie sind grün, gelb oder orangefarben. Außer bei Weiß und bei allen Silbervarietäten wird die grüne Augenfarbe bevorzugt.

Charakter: Eine aktive, intelligente, lebhafte, mutige und neugierige Katze. Jagt mit Geschick Mäuse und andere kleine Tiere. Da viele dieser Katzen nicht aus kontrollierten Zuchten stammen, sind sie im Charakter sehr verschieden, aber alle sind, im Gegensatz zu ihren wildlebenden Vorfahren, sehr häuslich. Sie haben eine angenehme Stimme, ertragen die Kälte gut und leben lang.

Idealer Besitzer: Die Europäisch Kurzhaar paßt sich an jeden Lebensstil an, solange sie geliebt wird und ihre Gewohnheiten geachtet werden. Besonders die Weibchen hängen sehr an der ganzen Familie. Die Tiere schätzen Betrieb und Gesellschaft.

(Fortsetzung auf Seite 202)

Oben: Weiß mit orangefarbenen Augen
Unten links: Schwarz-silber gestromt
Unten rechts: Schwarz-silber getupft

25 *Exotisch Kurzhaar*

Exotic Shorthair

Ursprung: Die Rasse entstand durch das Kreuzen einer Perser mit einer American Shorthair.
Fell: Etwas länger als das Fell der übrigen Kurzhaarrassen. Dicht, weich und plüschartig in der Textur.
Farbe: In den USA sind dieselben Farben zugelassen wie bei den Persern, mit Ausnahme von Gold, Persisch Van Zweifarbig und Pekinesengesicht Rot. Genaue Beschreibung der Farben siehe Perser. Bei der FIFé sind alle Farben anerkannt, die auch bei den Persern, die Colourpoint Langhaar eingeschlossen, anerkannt sind.
Körper: Groß bis mittelgroß, gedrungen mit niedrigen, dicken Beinen.
Kopf: Massiv mit rundem Gesicht und kurzem, dickem Hals. Kleine, weit auseinandergesetzte und tief am Kopf plazierte Ohren. Kurze, breite Nase mit ausgeprägtem Stop. Starkes Kinn. Der Gesamteindruck ist der einer kurzhaarigen Perser.
Augen: Groß, rund, glänzend, weit auseinandergesetzt, verleihen dem Gesicht einen lieben Ausdruck. Die Augenfarbe ist analog zu jener der Perser mit entsprechender Fellfarbe.
Schwanz: Kurz, tief angesetzt, ohne Bogen.
Charakter: Sehr intelligente, liebe, sanfte, anhängliche, sinnierende Katze. Gute Mäusefängerin.
Idealer Besitzer: Eine Katze für die ganze Familie.
Lebensraum: Eine klassische Wohnungskatze, die ihr ganzes Herz an ihr Zuhause hängt.
Ernährung: Fleisch, Innereien und Gemüse in beschränkten Mengen, damit sie nicht zu schwer wird.
Pflege: Behutsames Bürsten.
Fortpflanzung: Im allgemeinen vier Junge pro Wurf. Das Fell der Jungtiere ist dunkler als das der Eltern und erreicht erst beim erwachsenen Tier seine ganze Schönheit.
Fehler: Zarter Kopf, zu kurzer oder anormaler Schwanz, nicht richtige Augenfarbe.

(Fortsetzung von Seite 200)

Lebensraum: Die Europäisch Kurzhaar fühlt sich sowohl in der Wohnung, auf dem Balkon, im Garten wie auf dem freien Feld wohl.
Ernährung: Problemlos. Sie ißt alles, braucht aber Fleisch.
Fortpflanzung: Wenn die Weibchen während der Rolligkeit nicht streng gehütet werden, sind sie öfter trächtig und haben mehr Junge pro Wurf als alle anderen Rassen. Die Jungtiere fressen schon sehr früh Fleisch.

Oben: Exotisch Kurzhaar Rot gestromt (Red Tabby)
Unten: Exotisch Kurzhaar Schildpatt

26 *Havanna (Braun-Havanna)*

Havana Brown
Chestnut Brown

Ursprung: Die Rasse entstand durch die zufällige Paarung einer schwarzen Kurzhaar-Kätzin mit einem Siam-Chocolate-Point-Kater im Jahre 1952. Das in der Folge geborene Weibchen wurde wiederum mit einem Siam-Chocolate-Point-Kater gekreuzt. Es scheint allerdings, daß auch Russisch Blau eingekreuzt wurde (die Formel ist geheim).
Die Engländer tauften die Rasse Havana Brown, weil ihre Farbe jener des Tabaks der Havanna-Zigarren ähnlich ist. Sie wurde aber in England gezüchtet. Ende der fünfziger Jahre wurde sie in Chestnut Brown umgetauft, um den englischen Ursprung zu betonen und Verwechslungen mit dem in der Pelzindustrie eine Rolle spielenden Havanna-Kaninchen vorzubeugen. In den letzten Jahren wurde aber der ursprüngliche Name wieder aufgenommen.
In Amerika darf die Havana Brown der Siamkatze nicht zu ähnlich sehen. Die FIFé klassiert die Havanna als Varietät der Orientalisch Kurzhaar self.
Fell: Mittellang, glänzend, weich, am ganzen Körper gleichmäßig. Das Fell der europäischen Havanna ist kurz.
Farbe: In Würdigung der englischen Bezeichnung Chestnut (Kastanienbraun) sind alle Kastanienbrauntöne erlaubt. Gleichmäßige Färbung am ganzen Körper; Haare bis zur Wurzel durchgefärbt. Nase, Schnurrhaare und Augenbrauen in derselben Farbe wie der Körper. Einzig die Fußballen sind zimtrot.
Körper: Mittelgroß, elegant, muskulös. Die Katze darf weder zu kräftig noch zu schlank wirken. Beine mittellang, ovale Pfoten. Die europäische Havanna ist etwas länger und hat schlanke Beine, wobei die Hinterbeine etwas höher sind als die Vorderbeine.
Kopf: Länger als breit, zu einer feinen Schnauze auslaufend. Deutliche Nasen- und Schnurrhaareinbuchtung. Festes Kinn. Große, weit auseinandergesetzte, etwas nach vorne weisende, an den Spitzen gerundete Ohren.
Augen: Mandelförmig. Klares, leuchtendes Grün.
Schwanz: Lang, in den USA mittellang.
Charakter: Lebhaft, verspielt, edel, von zurückhaltender Anhänglichkeit, ideale Gefährtin, häuslich. Sie hat eine wohltönende Stimme, doch neigen Mütter dazu, ununterbrochen mit ihren Jungen zu sprechen. Wer sich mit ihr vertraut macht, merkt, daß diese Katze anders ist als alle anderen Rassen.
Idealer Besitzer: Eine treue Gefährtin für Einzelpersonen, die allzu stürmischen Liebesbezeugungen abhold sind.
Lebensraum: Wohnung, wenn möglich mit Balkon.
Ernährung: Normal. Eine gesunde Katze.
Pflege: Mit dem Strich kämmen oder bürsten und mit weichem Tuch oder Handschuh glänzen.
Fortpflanzung: Das Weibchen ist eine vorbildliche Mutter. Die Jungen haben ein plüschartiges Fell und öffnen die Augen innerhalb der ersten Lebenswoche. Immer noch eine seltene und daher teure Rasse.
Fehler: Tigerstreifen, Tupfen, weiße Haare im Fell, kurzer oder hakenförmiger Schwanz, kräftiger, runder Kopf.

Oben und unten: Havanna (Orientalisch Kurzhaar Chocolate)

27 *Japanese Bobtail*
Mi-Ke-Katze

Ursprung: Eine in Japan, China und Korea seit Jahrhunderten bekannte Katze. Zuerst gab es sie Schwarz, dann Weiß und schließlich auch Rot. Als eine dreifarbige Bobtail geboren wurde, wurde sie zum Glückssymbol und erhielt den Namen Mi-Ke (das heißt Drei-Farben). Sie kommt oft in der japanischen Literatur und Malerei vor und wird mit neckisch erhobenem Pfötchen als Glücksbringer verkauft. Nach dem zweiten Weltkrieg wurde die Bobtail auch in der übrigen Welt bekannt. Amerikanische Armee-Einheiten brachten sie mit in die Vereinigten Staaten. Es ist aber weiterhin eine seltene Rasse.
Fell: Mittlere Länge, weich, seidig, aber kräftig. Ohne Unterwolle und Schattierung.
Farbe: Schwarz, Weiß und Rot werden bevorzugt, entweder einfarbig, zwei- oder dreifarbig. Die Flecken müssen gut voneinander getrennt sein, und das Weiß muß vorherrschen. Nicht zugelassen sind in den USA Abessinier- und Siamesenfarben. Von der FIFé werden alle Farben anerkannt.
Körper: Mittelgroß, schlank, elegant, aber muskulös. Lange und schlanke Beine, Hinterbeine länger. Ovale Pfoten.
Kopf: Form eines gleichschenkligen Dreiecks mit leicht gerundeter Schnauze und breiten, hochstehenden Ohren.
Augen: Lebhaft, groß, oval und schrägstehend. In der Farbe zum Fell passend.
Schwanz: Der Schwanz ist eines der Hauptmerkmale dieser Katze. Er soll höchstens 8 cm lang sein (ausgedehnt bis etwa 15 cm); daher der Name Bobtail, zu deutsch etwa Stummelschwanz. Er wächst zudem wie eine Quaste und wird aufrecht getragen.
Die Bobtail ist mit der schwanzlosen Manx nicht verwandt.
Charakter: Eine originelle, anhängliche, intelligente, lebhafte und neugierige Katze. Sie ist eine gute Mäusefängerin, soll gerne schwimmen und wie ein Hund apportieren. Ihr Vokabular ist recht umfangreich.
Idealer Besitzer: Sie schenkt ihr Herz der ganzen Familie und will geachtet sein.
Lebensraum: Paßt sich sowohl an ein Leben im Haus wie im Freien an.
Ernährung: Sie liebt Fisch über alles und sollte deshalb wenigstens einmal in der Woche Fisch bekommen.
Pflege: Tägliches Kämmen und leichtes Bürsten mit einer Naturbürste.
Fehler: Runder, kurzer Kopf, zu schwerer Körperbau und zu schwere Muskulatur, zu langer oder nicht zur Quaste gerollter Schwanz.

Oben: Mi-ke (Schildpatt auf Weiß)
Unten: Schwarz-Weiß (Harlekin)

28 *Korat*

Ursprung: Eine der ersten geschichtlich festgehaltenen Katzen (siehe Burma). Sie stammt aus der thailändischen Provinz Korat, wo sie unter dem Namen Si-Sawat als Glücksbringerin gilt. Es gab Zeiten, da es üblich war, Herrschern und Adeligen als Zeichen der Unterwürfigkeit eine Korat zu schenken.
1959 wurde ein erstes Zuchtpaar in die Vereinigten Staaten eingeführt. Die Rasse wurde 1966 anerkannt, aber erst 1972 zum ersten Mal in Europa vorgestellt. Inzwischen ist sie von der FIFé anerkannt worden. Die heutige Korat sieht noch genau so aus, wie sie vor Jahrhunderten dargestellt wurde.
Fell: Kurz bis mittellang, weich, glänzend, dicht anliegend, ohne Unterwolle.
Farbe: Einheitlich silberblau, ohne Schattierungen und ohne Streifen. Si-Sawat heißt in der Sprache Thailands helles Grüngrau oder Silbergrau.
Kopf: Keilförmig, aber Schnauze nicht spitz zulaufend. Ohren am Ansatz breit, Spitzen gerundet, hochgesetzt und stets aufmerksam horchend. Nur leichte Innenbehaarung.
Augen: Hervortretend, leuchtend, geheimnisvoll. Schöne grüne Farbe. Die weit auseinanderstehenden beinahe übergroßen Augen sind charakteristisch für diese Rasse.
Schwanz: Mittlere Länge, kräftig am Ansatz, zu einer rundlichen Spitze zulaufend.
Charakter: Anhänglich, intelligent, kämpferisch. Verfolgt aufmerksam alles, was um sie herum vorgeht, erschrickt jedoch bei Lärm und Betrieb. Besonders die Weibchen behalten ihre Spielfreudigkeit bis ins hohe Alter bei.
Idealer Besitzer: Fühlt sich vor allem bei ruhigen Menschen wohl. Hat eine leise, wohlklingende Stimme.
Lebensraum: Eine ausgesprochene Wohnungskatze. Sie haßt Straßenlärm und ein hektisches Familienleben.
Ernährung: Hauptsächlich Fleisch.
Pflege: Tägliches Kämmen und Abreiben des Fells mit Flanellhandschuh oder Tuch.
Fortpflanzung: Beide Elternteile sind den jeweils drei oder vier Jungen sehr zugetan und umsorgen sie liebevoll. Die Jungtiere erreichen ihre volle Schönheit erst nach dem zweiten Lebensjahr.
Abrichten: Die Korat läßt sich leicht abrichten und lernt willig kleine Kunststücke, die sie mit sichtlicher Freude vorführt.
Fehler: Jede andere Farbe als Silberblau, an der Spitze geringelter Schwanz, weiße Haare oder Flecken.

Oben: Silberblau, Jungtier
Unten: Silberblau (einzige anerkannte Farbe)

29 *Malayan*

Ursprung: Eine neue, rein amerikanische Rasse, die 1980 anerkannt wurde. Die Malayan ist eine Zwillingsschwester der Burma, von der sie nur in der Farbe abweicht. Die FIFé anerkennt sie nicht als besondere Rasse, sondern klassiert sie – wie das auch in England gemacht wird – als Burma Chocolate.
Fell: Fein, glänzend, kurz, Textur wie Satin.
Farbe: Die Malayan ist die am gleichmäßigsten gefärbte einfarbige Katze. In den USA anerkannte Farben sind: Champagne (Chocolate, ein warmes Beige), Blau (mittleres Grau mit einem hellrötlichen Reflex) und Platin (Lilac, helles Silber mit hellrötlichem Reflex).
Körper: Mittelgroß, muskulös, kompakt, ohne Fettpolster. Runde, breite Brust, schlanke Beine.
Kopf: Schön gerundet, ohne abgeflachte Partien, im Profil deutlich sichtbarer Stop, volles Gesicht.
Augen: Gelb, rund, weit auseinandergesetzt.
Schwanz: Mittellang, gerade.
Charakter: Eine sehr anhängliche, liebenswerte, neugierige, eigenwillige Katze. Sie reist gern und hat eine laute Stimme.
Idealer Besitzer: Sie braucht einen Besitzer, der ihre Liebe erwidert, ihr viel Zeit widmet und sie oft liebkost und auf die Arme nimmt. Sie ist Bekannten wie Fremden gegenüber zutraulich.
Lebensraum: Sie fühlt sich am wohlsten in einer großen Wohnung, wenn möglich mit begrüntem Balkon. Sie haßt Lärm.
Ernährung: Fleisch, Gemüse und Reis, während des Wachstums ein Vitaminpräparat. Eine gesunde Katze.
Pflege: Das Fell behutsam kämmen oder bürsten und mit einem weichen Tuch oder Handschuh abreiben, damit es sauber und glänzend bleibt.
Fortpflanzung: Die Weibchen werden mit sieben oder acht Monaten zum erstenmal rollig. Obwohl sie als besondere Rasse gelten, können Burmakatzen plötzlich Malayanjunge zur Welt bringen. Die Malayan lebt sehr lange.
Fehler: Blaue oder grüne Augen, weiße Tupfen oder Streifen, gestutzter, hakenförmiger oder geknickter Schwanz.

Champagne (in Europa Burma Chocolate)

30 *Manx*

Cat of the Isle of Man

Ursprung: Angeblich sollen die Phönizier, das alte Handels- und Seefahrervolk des Mittelmeerraums, diese Katzen in Japan, China und Malaysia verbreitet haben. Dort sollen sie weiterentwickelt worden sein. Auf antiken Darstellungen kann man denn auch tatsächlich Katzen ohne Schwanz sehen. Die Schwanzlosigkeit ist das charakteristische Merkmal der heutigen Manx. Nach dem Dafürhalten der meisten Züchter hat indes allein die Japanese Bobtail ein rezessives Stummelschwanz-Gen, das die Stummelschwänzigkeit immer weiterträgt, während das Manx-Gen, das für die Schwanzlosigkeit verantwortlich ist, dominant ist und zu Totgeburten führt, wenn nicht eine Katze mit Schwanz eingekreuzt wird.

Es gibt aber noch weitere Versionen zur Erklärung der Schwanzlosigkeit. 1588 sank eine Galeone der unbesiegbaren spanischen Armada unweit der Isle of Man vor der irischen Küste. Sie hatte einige schwanzlose Katzen an Bord gehabt, da es auf allen Schiffen stets Mäuse gab. Diese retteten sich auf die Insel und vermehrten sich. Die Menschen sorgten dafür, daß Katzen anderer Rassen sich nicht mit diesen schwanzlosen Tieren paarten. So wurde die Schwanzlosigkeit nach einigen Generationen erblich, und viele Junge kamen schwanzlos zur Welt. In einer anderen Geschichte wird erzählt, diese Katze sei erst zu Noahs Arche gelangt, als eben die Tore geschlossen wurden; dabei sei ihr der Schwanz abgeklemmt und von der Sintflut weggetragen worden. Aus jüngerer Zeit stammt folgende Erklärung: Die irischen Krieger pflegten ihre Helme mit den Schwänzen der Katzen der Isle of Man zu schmücken. Da habe eine Katzenmutter, um ihren Jungen spätere Qualen zu ersparen, deren Schwänzchen sorgfältig abgebissen. Und von da an hätten es auch alle übrigen Katzenmütter auf dieser Insel so gehalten …

1901 wurde ein Manx-Club gegründet. Seither können, obwohl die Zucht beschränkt ist, Liebhaber auf der ganzen Welt in den Besitz einer Manx kommen. Die Bewohner der Isle of Man sind so stolz auf ihr Nationaltier, daß sie eine Münze mit einer Manx prägen ließen.

Fell: Doppeltes, glänzendes, sauberes Fell, weich und offen wie das eines Kaninchens. Dichte Unterwolle.

Farbe: Wie bei der Europäisch Kurzhaar sind alle Farben und Fellzeichnungen zugelassen.

Körper: Mittlere Größe, kräftige Struktur. Muskulös mit gerundeter Kruppe, tiefen, vollen Flanken und kurzem Rücken. Breite Brust. Die Hinterhand ist höher als die Vorderhand, was der Manx den hoppelnden Gang eines Hasen verleiht.

Kopf: Relativ groß und rund mit stark entwickelten Wangen und einem kurzen, kräftigen Hals. Mittellange Nase mit leichtem Stop. Weit voneinander gesetzte, ziemlich hoch plazierte und leicht zugespitzte Ohren.

Augen: Groß, rund, glänzend. In der Farbe dem Fell entsprechend.

Schwanz: Die Manx und die ihr verwandte Cymric sind die

Oben: Schwarz gestromt (Brown Tabby)
Unten: Silber getigert, Jungtier

einzigen schwanzlosen Edelkatzen. Am Ende des Rückgrats, wo bei anderen Katzen der Schwanz beginnt, hat sie ein manchmal von Haarbüscheln überdecktes Loch. Dies beeinträchtigt die Schönheit des Tieres und zudem dessen Gleichgewicht.

Charakter: Eine intelligente, gefügige, glückliche, sehr spielfreudige und aktive Katze, die sich mit Kindern und anderen Tieren gut verträgt. Dank ihrer vorzüglichen Reflexe ist sie eine unschlagbare Mäusefängerin.

Idealer Besitzer: Eine Manx hat nie nur einen einzigen Besitzer, da sie sich mit allen Familienmitgliedern und allen, die im Haus ein- und ausgehen, anfreundet. Sie ist bei jedermann zufrieden und glücklich.

Lebensraum: Eine ausgesprochen häusliche Katze. Das Haus ist ihr einziges Königreich. Die Wanderlust treibt sie selten ins Freie. Wagt sie sich aber einmal hinaus, erweist sie sich als vorzügliche Kletterin.

Ernährung: Normale Katzennahrung ohne besondere Vorlieben. Gewicht überwachen, damit sie nicht zu schwer wird.

Pflege: Sie sollte täglich sehr sorgsam gekämmt und gebürstet werden, damit das weiche, seidige Fell erhalten bleibt.

Fortpflanzung: Die Zucht ist sehr schwierig. Einerseits soll ja die Schwanzlosigkeit beibehalten werden, und andererseits führt das wiederholte Kreuzen zweier schwanzloser Tiere oft zu Rückgratverkrümmungen. Die Jungen kommen dann entweder tot zur Welt oder sterben nach wenigen Wochen. Damit die Rasse gesund und kräftig bleibt, müssen Manx mit Stummelschwänzen oder Katzen mit normal langem Schwanz eingekreuzt werden.

Der Schwanz ist bei der Manx bei der Geburt verschieden ausgebildet. Dementsprechend lassen sie sich in vier Klassen einteilen: Manx, die ganz ohne Schwanzwirbel geboren werden; Manx mit einigen wenigen, nicht sichtbaren Schwanzwirbeln; Manx mit einem winzigen Stummelschwanz und Manx mit einem halblangen, beinahe normalen Schwanz. Alle diese Typen werden als reine Manx angesehen, doch können nur die völlig schwanzlosen Manx ausgestellt werden. Pro Wurf kommen höchstens vier Junge zur Welt.

Fehler: Fehlen der Unterwolle, schmaler Kopf.

Varietäten: Die Cymric (siehe dort) ist eine in den sechziger Jahren gezüchtete Rasse. Haarbüschel an Ohren und Wangen und ein weiches mittellanges Fell mit Unterwolle verleihen dieser Langhaarkatze ein einmaliges Aussehen.

Oben: Rot gestromt mit Weiß
Unten: Rot gestromt mit Weiß

31 *Ocicat*

Ursprung: Wie die Egyptian Mau ist die Ocicat getupft. Diese Ozelot-Imitation wurde in den Vereinigten Staaten mit einer Abessinier und einer Siam Chocolate-Point gezüchtet. Obwohl inzwischen viele Generationen herangewachsen sind, ist die Rasse noch nicht anerkannt worden. In Europa würde man sie wohl zu den Orientalisch Kurzhaar zählen. Die Vorfahren der Ocicat sind Abessinier und Siamesen, doch hat sie auch Amerikanisch Kurzhaar in ihrem Stammbaum. Sie ist deshalb ziemlich groß und wiegt zwischen fünf und sieben Kilos.
Fell: Kurz und glänzend.
Farbe: Grundfarbe Blaßcreme mit kastanienbraunen Tupfen und Zeichnungen. Der dunkleren oder helleren Tönung entsprechend gibt es eine Dark-Chestnut und eine Light-Chestnut.
Körper: Eine große, muskulöse Katze mit langen Beinen.
Kopf: Gut proportionierter Kopf mit geraden Linien, einer feinen Schnauze und breiten, großen, aufgerichteten Ohren.
Augen: Gold mit dunkler Umrandung.
Schwanz: Lang, spitz zulaufend.
Charakter: Freundliche, gesellige Katze, die weder ihre Abessinier- noch ihre Siamesennachkommenschaft verleugnet und viel Zuwendung verlangt.
Idealer Besitzer: Sie fühlt sich nur bei Menschen wohl, die Freude an aktiven, schönen Tieren haben.
Lebensraum: Große Wohnungen mit Garten oder Terrasse sind am geeignetsten.
Ernährung: Fleisch oder Fisch mit Gemüse und Reis.
Fortpflanzung: Keine erwähnenswerten Probleme, obwohl es sich um eine junge Rasse handelt.
Fehler: In Streifen übergehende Tupfen.

Oben: Bronze (Schwarz getupft)
Unten: Schwarz-silber getupft

32 *Orientalisch Kurzhaar*
Oriental Shorthair

Ursprung: Die Orientalisch Kurzhaar ist eine einfarbige Siamesin. Sie ist in Amerika seit Mitte der siebziger Jahre bekannt, wurde in England aber schon in den sechziger Jahren als Foreign Shorthair gezüchtet. Es gab sie in Wahrheit aber schon seit Jahrhunderten als Siamkatze. Die Katzen mit farbigen Abzeichen, die wir als Siamesen kennen, sind ja nur ein Teil der Siamkatzen, wie es sie heute noch in Thailand (Siam) gibt. Dort leben auch viele einfarbige Katzen, die in der Tat das als «foreign» bezeichnete Aussehen der Siamesen aufweisen. Als diese einfarbigen Siamesen in den zwanziger Jahren in England nicht mehr als Siamesen anerkannt wurden, schufen ihre Züchter mit ihnen neue Rassen, die sie «Foreign» nannten. In England wird jede Farbe als besondere Rasse angesehen und mit der Bezeichnung Foreign versehen, so daß es Foreign White, Foreign Lilac und viele andere gibt. In dem von der FIFé anerkannten Weltstandard sind sie unter dem Gesamtbegriff «Orientalisch Kurzhaar self» aufgeführt und nur die rein weiße Varietät hat den Zusatz «Foreign».
Fell: Kurz, fein, glänzend, glatt anliegend.
Farben: In Europa sind die Orientalisch Kurzhaar in zwei Kategorien eingeteilt: Orientalisch Kurzhaar self und Orientalisch Kurzhaar Tabby (Gestromt), Getigert oder Getupft. In Amerika kennt man die Klassen Solid (Einfarbig), Shaded, Smoke (Rauch), Tabby und Parti-Color (Schildpatt-Varietäten = Mehrfarbig gefleckt).
Solid-Colors-Klasse

Weiß (Foreign-White): Reines weißes Fell und blaue oder grüne Augen. Gelbe Augen sind erlaubt, aber nicht ungleiche Augenfarben. Der Weltstandard anerkennt nur tiefblaue Augen.

Ebony (Schwarz-Ebony): Glänzendes, rabenschwarzes Fell, keine andere Farbe. Augen: Klares leuchtendes Grün, in Amerika auch Gelb gestattet.

Blue (Blau): Grau, bis zum Grund gleichmäßig durchgefärbt. Je heller, desto besser.

Chestnut (Kastanienbraun/Braun-Havanna): Mittelbraun, Nase und Schnurrhaare im selben Braunton. Entspricht der Havanna (siehe dort).

Lavender (Lilac-Lavender): Hell lavendelfarbig mit einem Rosa-Schimmer. Nase und Fußballen im selben Lavendelton.

Red (Rot): Warmes, gleichmäßiges Rot.

Cream (Creme): Reine Pastellfarbe. Je heller, desto besser. Nase und Fußballen rosa.

Shaded-Colors-Klasse (alle nicht im Weltstandard)

Silver: Weiße Unterwolle mit längeren, schwarz-, blau-, kastanienbraun- oder lavendelgetippten Haaren. Augen, Lippen und Nase schwarz umrandet.

Cameo: Weiße Unterwolle mit längeren rotgetippten Haaren.

Smoke-Colors-Klasse (alle nicht im Weltstandard)

Ebony-Smoke: Weiße Unterwolle mit ausgeprägtem schwarzem Tipping. Im Liegen wirkt die Katze schwarz.

Oben: Lavender (Lilac)
Unten: Creme

Blue-Smoke: Weiße Unterwolle mit ausgeprägtem grauem Tipping. Im Liegen wirkt die Katze blau bzw. grau.

Chestnut-Smoke: Weiße Unterwolle mit ausgeprägtem braunem Tipping. Im Liegen wirkt die Katze kastanienbraun.

Lavender-Smoke: Weiße Unterwolle mit ausgeprägtem graurosa Tipping. Liegend hell lavendelfarben.

Cameo-Smoke: Weiße Unterwolle mit ausgeprägtem rotem Tipping. Im Liegen wirkt die Katze rot.

Tabby-Colors-Klasse

Außer in der Classic-Tabby- und Mackerel-Tabby-Zeichnung (Gestromt und Getigert, siehe Amerikanisch Kurzhaar) gibt es die Orientalisch Kurzhaar auch Spotted (Getupft) und mit der Ticked-Tabby-Zeichnung.

Spotted-Tabby-Pattern (Getupft)

Körper und Beine müssen mit gleichmäßigen runden oder ovalen Tupfen bedeckt sein, die klar abgegrenzt sind und nicht ineinanderlaufen. Die Rückenlinie ist im Idealfall auch getupft, eine leichte Linie ist aber erlaubt. Gesicht und Stirn mit der typischen Tabby-Zeichnung. Am Bauch sogenannte Knöpfe. Beine gleichmäßig gestreift.

Ticked-Tabby-Zeichnung (Tabby der Abessinier)

Die Körperhaare sind in verschiedenen Schattierungen der Grundfarbe und der Farbe der Zeichnung getickt (gebändert). Von oben gesehen dürfen sich keine Tupfen, Streifen oder Flecken abzeichnen, mit Ausnahme einer dunkleren Rückenschattierung. Auf der helleren Unterseite sind Tabby-Zeichnungen gestattet. Gesicht, Beine und Schwanz weisen deutliche Tabby-Streifen auf. Die Katze muß mindestens *ein* klar erkennbares Halsband haben.

Ebony Tabby (Black Tabby): Kupferbraunes Fell mit schwarzer Zeichnung.

Blue Tabby: Bläulichweißes Fell mit dunkelgrauer Zeichnung.

Chestnut Tabby (Chocolate Tabby): Rotbraunes Fell mit brauner Zeichnung.

Lavender Tabby (Lilac Tabby): Hellgraues Fell mit reicher Graurosa-Zeichnung.

Red Tabby: Rotes Fell mit dunkelroter Zeichnung.

Cream Tabby: Hellcremefarbenes Fell mit dunkelcremefarbener Zeichnung.

Black-Silver Tabby: Hellsilberfarbenes Fell mit schwarzer Zeichnung.

Red-Silver Tabby (Cameo Tabby): Weißes Fell mit rotsilbriger Zeichnung.

Außerdem gibt es Blue-Silver Tabby, Chocolate-Silver Tabby, Lilac-Silver Tabby und Red-Silver Tabby.

Parti-Color (Schildpatt-Varietäten, Torties)

Schildpatt: Schwarzes Fell mit roten Flecken in heller und dunkler Tönung.

Blue-Cream oder Blue-Tortie: Graues Fell mit hellen und dunklen cremefarbenen Flecken.

Chestnut- oder Chocolate-Tortie: Mittelbraun mit hellen und dunklen roten Flecken.

Lavender-Cream oder Lilac-Tortie: Lavendel mit hellen und dunklen cremefarbenen Flecken.

Alle übrigen Merkmale der Orientalisch Kurzhaar stimmen mit jenen der Siamesen überein.

Oben: Blau
Unten: Schwarz (Ebony)

33 *Rex*

Ursprung: Die Rexkatzen wurden an verschiedenen Orten als spontane Mutationen geboren: in Deutschland, Ohio, Oregon und in England. Als 1950 in Cornwall (England) in einem normalen Wurf ein Kater mit gelocktem Fell zur Welt kam, wurde dieser mit seiner Mutter rückgekreuzt, und wieder wurden gelockte Kätzchen geboren. Zehn Jahre später wurde in Devon (England) ebenfalls ein gelocktes Kätzchen geboren. Die Rex Cornish (auch: Cornish Rex), deren Standard mit dem der German Rex beinahe identisch ist, und die Rex Devon (auch: Devon Rex) werden, da sie ihr charakteristisches Merkmal nicht zusammen vererben können, seither als getrennte Rassen gezüchtet.
Fell: Das Fell der Rex Cornish und der German Rex ist verschieden vom Normalhaar. Da die Grannenhaare fehlen, ist es weich und samtig wie ein Maulwurfpelz, dabei aber kurz und gewellt oder gelockt. Auch das Fell der Devon Rex ist sehr kurz, fein, wellig und weich, aber sie hat Grannenhaare. Beide Arten haben gekrümmte Schnurrhaare.
Farben: Es sind alle Fellfarben erlaubt. Nicht anerkannt sind bis jetzt die Si-Rex, die Rexkatzen in Siamfarben. Bei der FIFé sind sie erlaubt.
Körper: Bei beiden Rex-Rassen ist der Körper dem der Siamesen ähnlich. Er ist mittellang, schlank, leicht mit gerundetem Rücken und langen, geraden Beinen.
Kopf: Die Cornish hat einen mittellangen, dreieckigen Kopf, eine gerade Nase und große, die Dreieckform fortsetzende Ohren. Die Devon hat ebenfalls einen dreieckigen Kopf, aber vollere Wangen, eine kürzere Nase mit einem Stop und sehr große, weit auseinandergesetzte Ohren.
Augen: Oval, klar und leuchtend. In der Farbe zum Fell passend. Mittelgroß bei der Cornish, groß bei der Devon.
Schwanz: Lang, dünn und leicht zulaufend. Gute, gewellte Behaarung.
Charakter: Die Rex ist gutmütig, empfindsam, offen und ruhig. Sie ist aber auch zu eleganten Sprüngen fähig, neugierig, anhänglich und fügsam, zudem unabhängig und sehr intelligent.
Idealer Besitzer: Die Engländer nennen die Rex «das Tier für nette Leute». Sie freundet sich mit der ganzen Familie an.
Lebensraum: Da die Rex häuslich und überdies ein Gewohnheitstier ist, eignet sie sich gut als Wohnungskatze.
Ernährung: Sie hat sehr gerne Fleisch. Eine gesunde Katze, die nicht zu schwer werden sollte.
Pflege: Mit Seiden- oder Wildledertuch abreiben.
Fortpflanzung: Nur Tiere derselben Rasse und Linie paaren. Cornish und Devon ergeben miteinander gepaart glattfellige Junge. Drei bis sechs Junge pro Wurf. Die Katzenkinder werden sehr schnell aktiv.
Fehler: Geknickter Schwanz.
Bemerkung: Die Standards der FIFé sind im Vergleich zu jenen in Amerika ziemlich unterschiedlich. Die Cornish hat noch am ehesten mit der Siamkatze Ähnlichkeit, wogegen die German Rex im Typ der Europäer ähnelt. Die Devon ist mittelgroß, sehr fest und wirkt trotz der langen schlanken Beine etwas krummbeinig. Die Unterschiede beim Kopf sind ebenfalls ziemlich extrem. Er ist bei der von der FIFé beschriebenen Cornish größer und weist ein wesentlich kräftigeres Kinn auf als der US-Typ. Die Devon hat extrem breite Wangenknochen und riesengroße Ohren. Die German Rex hat fast den gleichen Kopf wie die Europäer.

Oben: Schildpatt Tabby
Unten: Blau-Creme auf Weiß

34 *Russisch Blau*
Russian Blue

Ursprung: Die Rasse wurde vermutlich vor mehr als einem Jahrhundert auf einem Handelsschiff, das aus Archangelsk in Rußland kam, nach England gebracht. Die Katze war grau, sympathisch und elegant. Durch kluge Selektion verbesserten die Engländer den Körperbau und machten die Katze populär. Außer Russisch Blau wird sie auch Archangel Blue, Malteserkatze oder Spanisch Blau genannt. Das deutet darauf hin, daß die Rasse sich rasch verbreitete und in verschiedenen Ländern Aufnahme fand.
Fell: Sehr kurz und dicht, seidig und weich, plüschartig aufstehend. Das Fell ist doppelt und weist einen deutlichen Silberschimmer auf. Die Textur und das Aussehen des Fells sind die charakteristischen Merkmale.
Farbe: Reines, gleichmäßiges Blau mit silbergetipptem Deckhaar, das den Silberschimmer hervorruft. Alle Grautöne bis hin zu Graublau. Mittleres Blau wird bevorzugt. Ihm verdankt die Russisch Blau den Namen. Neuerdings werden auch Russisch Weiß und Schwarz gezüchtet.
Körper: Langgestreckter Körper, mittelstarker Knochenbau, lange, schlanke Beine, kleine ovale Pfoten. Nicht in der Farbe, aber im Gesamteindruck erinnert die Russisch Blau an die Falbkatze der Pharaonen.
Kopf: Kurz und keilförmig, breites Gesicht mit mittellanger, gerader Nase und kräftigem Kinn. Stark betonte Schnurrhaarkissen. Der langgestreckte, geschmeidige Hals verleiht dieser Katze eine besondere Eleganz. Die Ohren sind groß, breit, zugespitzt und aufgerichtet. Sie sind nur wenig behaart und wirken daher durchsichtig.
Augen: Groß und mandelförmig, weit auseinandergesetzt, lebhaft. Von Smaragdgrün bis Flaschengrün.
Schwanz: Ziemlich lang, gerade, glatt, spitz zulaufend.
Charakter: Eine zufriedene, ruhige, liebe, demonstrativ anhängliche, intelligente und mutige Katze. Kann an der Leine geführt werden. Zartes Miauen während der Rolligkeit. Die Russisch Blau sind sehr zärtlich zueinander und daher ausgezeichnete Eltern.
Idealer Besitzer: Die Russisch Blau fühlt sich in einer ruhigen Familie am wohlsten. Wirblige Kinder und viel Lärm schätzt sie nicht sehr.
Lebensraum: Eine ausgesprochene Wohnungskatze. Sie verbringt den Winter am liebsten vor dem Ofen oder neben dem Radiator, erträgt aber, wenn nötig, große Kälte ebensogut wie ihre russischen Vorfahren.
Ernährung: Möglichst viel Abwechslung. Gehacktes Fleisch, Gemüse und ab und zu Innereien.
Pflege: Das Fell muß aufstehen und darf beim Kämmen und Bürsten nicht geglättet werden. Abreiben mit Wildleder oder Seidentuch.
Fortpflanzung: Die Russisch-Blauen dürfen nur untereinander gepaart werden. Im allgemeinen vier Junge pro Wurf. Streng selektionierende Zuchten bestehen in Amerika und Nordeuropa.
Fehler: Gedrungener oder schwerer Körperbau, viereckiger oder runder Kopf, runde Augen, weiße Flecken.

Oben und unten: Russisch Blau mit Geisterzeichnung (Fehler)

35 *Scottish Fold*

Ursprung: Chroniken berichten von einer Katze mit umgefalteten Ohren, die Ende des 19. Jahrhunderts von einem englischen Matrosen aus China mit nach Hause gebracht wurde. Dieses kleine Abweichen von der Norm erregte großes Aufsehen. Es ist nicht feststellbar, ob diese Katze Nachkommen hatte. Wie auch immer: Im Jahr 1961 wurden auf einem Bauernhof in Schottland Katzen mit Hängeohren geboren. Aufmerksame Züchter benützten sie, um die neue Rasse der Faltohrkatzen zu entwickeln. Obwohl die gefalteten Ohren von vielen Katzenfreunden als Mißbildung angesehen werden, ist die Rasse in Amerika und Australien zugelassen. Bei der FIFé ist die Anerkennung der Rasse beantragt. In Großbritannien ist sie nicht zu Ausstellungen zugelassen.
Fell: Kurz, dicht, weich und griffig.
Farbe: Die meisten bei der Amerikanisch Kurzhaar zugelassenen Farben sind auch bei der Scottish Fold anerkannt: Weiß, Schwarz, Blau, Rot, Creme, Chinchilla, Shaded–Varietäten, Smoke, Gestromt, Getigert, Schildpatt-Tabby sowie Calico und Zweifarbig.
Körper: Mittlere Größe, kurz, leicht gerundet, aber nicht breit und schwer, kompakt. Volle, breite Brust. Gelenkige, mittellange Beine.
Kopf: Rund mit ausgeprägtem Kinn und breiten Wangenknochen. Kurze, breite Nase mit ganz leichter Einbuchtung. Hals kurz und kräftig. Das charakteristische Merkmal der Rasse sind die möglichst kleinen, nach vorn und nach unten gefalteten Ohren, die einem dominanten Gen entsprechen und dem Tier das Aussehen eines clownesken Spielzeugs oder einer Keramikfigur geben. Viele Fachleute finden diese Ohren häßlich.
Augen: Rund, groß, mit einem lieblichen und intensiven Ausdruck. Augenfarbe zum Fell passend.
Schwanz: Mittellang, gut proportioniert, am Ansatz dick. Dicke kurze Schwänze mit gerundeter Spitze werden als Fehler betrachtet. Dieser kann durch die Kreuzung mit Britisch oder Amerikanisch Kurzhaar vermieden werden.
Charakter: Die Scottish Fold ist häuslich und liebt ihren Herrn, aber auch Fremde, Kinder und andere Tiere. Trotz ihres Charmes, ihrer Sensibilität und Friedsamkeit fängt sie Mäuse und andere kleine Tiere.
Idealer Besitzer: Sie bindet sich an eine einzige Person, ist aber auch zu den anderen Familienmitgliedern freundlich.
Lebensraum: Sie lebt sehr gerne im Haus, schätzt jedoch gelegentliche Eskapaden.
Ernährung: Problemlos.
Pflege: Kämmen und Bürsten, die Ohren sauber halten. Eine gesunde, für Krankheiten nicht anfällige Rasse.
Fortpflanzung: Es läßt sich erst in der vierten Lebenswoche feststellen, ob die Katzenkinder gefaltete oder aufgerichtete Ohren haben.
Fehler: Dicker, kurzer oder geknickter Schwanz. Kleiner Kopf oder aufgerichtete Ohren.

Oben: Blau
Unten: Schwarz gestromt (Brown Tabby)

36 *Siamkatzen, Siamesen*

Siamese

Ursprung: Daß die Siamkatze aus Asien stammt, steht außer Zweifel. Dennoch war es bisher nicht möglich, die wilde Spezies herauszufinden, von der sie abstammt. Nachforschungen in Thailand (Siam) und Indochina blieben erfolglos. Auf alten Drucken sind jedoch Siamesen abgebildet. Die ältesten bekannten Abbildungen zeigen sie mit dem für Raubkatzen typischen gestreiften Fell, was beweist, daß ihre Vorfahren im Dschungel zu suchen sind.

Nach Europa ist die Siamesin erst in jüngerer Zeit gelangt. Obwohl sie schon 1871 auf Ausstellungen in England vorgestellt wurde, brachte sie vermutlich erst Mr. Owen Gould, der englische Generalkonsul in Bangkok, 1880 endgültig nach London, denn er hatte zwei Siamesen vom König von Siam als Geschenk erhalten. Ein Jahr später wurden sie mit großem Erfolg im Crystal Palace gezeigt.

Nach Amerika gelangten die Siamesen im Jahre 1890, vermutlich als Geschenk des Königs von Siam an einen amerikanischen Freund. Die damaligen Siamesen waren weniger elegant als die heutigen. Sie hatten einen gedrungeneren Körper und leicht gerundete Köpfe, besaßen aber einen geheimnisvollen orientalischen Charme. Leider erwiesen sie sich wegen des Klimas und der veränderten Lebensumstände als sehr krankheitsanfällig.

Um 1920 wurden die Siam zur Modekatze. Um die Nachfrage zu befriedigen, mußten die Züchter möglichst viele Jungtiere auf den Markt bringen. Infolge wiederholter Inzucht wurde die Rasse schwach und starb beinahe aus. Die Angst, sie könnte ganz aussterben, zwang die Züchter, auf strenge Selektion zu achten und wirtschaftliche Interessen in den Hintergrund zu stellen. So entstand die selbstbewußte, unberechenbare Katze, die wir heute kennen, die aristokratischste aller Kurzhaarkatzen.

Fell: Alle Siamesen haben ein glatt anliegendes, sehr kurzes Fell von sehr feiner, aber dichter und glänzender Textur.

Farbe: Das ausgeprägteste Merkmal der Siamesen ist der Kontrast zwischen der Farbe der Abzeichen und der helleren Grundfarbe. Die Abzeichen (Gesichtsmaske, Ohren, Beine und Füße, Schwanz) heißen englisch Points. Diese Bezeichnung ist international übernommen worden. Wichtig ist, daß die Farbe der Gesichtsmaske bis zu den Augen reicht und mit den Ohren verbunden ist. Sie muß das ganze Gesicht, Schnurrhaarkissen inbegriffen, bedecken, darf sich aber nicht über den Hinterkopf erstrecken. In Amerika gelten nur die vier unten beschriebenen Varietäten als Siamesen. Alle anderen werden zur Colourpoint-Shorthair-Rasse gezählt. Die Briten und die FIFé anerkennen auch Red-Points, Creme-Points, zahlreiche Tortie-Points, Tabby-Points und Tortie-Tabby-Points als Siamesen.

Oben: Seal-Point
Unten: Lilac-Point

Seal-Point: Die klassische und verbreitetste Siamesen-Farbe. Sie ist beim ausgewachsenen Tier beige, geht auf dem Rücken in einen etwas dunkleren warmen Ton über und ist am Bauch und Brust heller. Maske, Ohren, Beine, Pfoten und Schwanz sind dunkel sealbraun (schwarzbraun) gefärbt. Augen: Lebhaft, tiefblau. Die dunkel gefärbten Partien müssen sich deutlich von der hellen Grundfarbe abheben. Nasenspiegel und Fußballen: Seal.

Blue-Point: Dieselben Merkmale wie die Seal-Point, aber Maske, Ohren, Beine, Pfoten und Schwanz sind in einem mit der gletscherweißen Grundfarbe harmonisierenden Grau gehalten. Nasenspiegel und Fußballen: Blaugrau.

Chocolate-Point: Elfenbeinfarbige Körperfarbe ohne Schattierungen, Abzeichen in einem warmen Milchschokolade-Braun. Nasenspiegel und Fußballen: Zimt- bis schokoladefarben.

Lilac-Point: Körperfarbe in gebrochenem Weiß (magnolienfarbig), Abzeichen gletschergrau mit leichtem Rosa. Nasenspiegel und Fußballen: Lavendelrosa.

Körper: Mittlere Größe, lang, schlank und geschmeidig. Lange, feine Beine, die Hinterbeine etwas länger als die Vorderbeine. Kleine und ovale Füße. Guter Muskeltonus. Sehr elegante Bewegungen, stolze Erscheinung. Die Siamesin darf nicht die geringsten Fettpolster ansetzen.

Kopf: Die moderne Siamesin muß einen keilförmigen Kopf haben. Der Keil fängt an der Nase an und verbreitet sich allmählich an beiden Seiten in geraden Linien zu den Ohren. Das Ende des festen Kinns steht in einer vertikalen Linie zur Nasenspitze. Langer, schlanker Hals. Ohren am Ansatz breit und weit offen, spitz zulaufend. Nase lang und gerade, verlängert die Stirnlinie ohne «break».

Augen: Mandelförmig, mittelgroß, schräg zur Nase stehend. Die Legende erzählt, die Siamesen hätten eine kostbare Tempelvase zu bewachen gehabt. In treuer Pflichterfüllung hätten sie diese unablässig angestarrt, bis ihre Augen den leichten Silberblick bekamen, der der Rasse noch heute anhaftet. Siamesen dürfen aber nicht schielen. Ihre Augen sind stets von einem reinen, leuchtenden, tiefen Blau.

Schwanz: Für die einen ist ein kurzer Schwanz ein Zeichen asiatischer Reinheit, für die andern ist er eine Degenerationserscheinung. Die offizielle Beschreibung lautet: Sehr lang, dünn am Ansatz und zugespitzt, ohne Knick. Nach einer anderen Legende vertraute eine Prinzessin von Siam ihre Ringe den Katzen an. Die Schmuckstücke wurden ihnen über die Schwänze gestülpt. Um sie nicht zu verlieren, entwickelten die Katzen den berühmten Knick in ihrem Schwanz, der für die früher gezüchteten Siamkatzen typisch war.

Charakter: Eine überaus sensible, komplexe, in ihren Reaktionen oft unberechenbare Katze. Ihre Art zu lieben, zu spielen, sich zu verhalten, kann sich von einem Tag auf den anderen völlig ändern. Ihre Unbeständigkeit unterscheidet

Oben: Chocolate-Point
Unten: Blue-Point

sie im Charakter von allen anderen Katzenrassen. Sie ist jedoch ein intelligentes, einfallsreiches und sehr aktives Tier: lebhaft, überschäumend, mutig, gelehrig, eifersüchtig, zudringlich, gesprächig und überaus liebenswert. Besonders wenn sie rollig ist, miaut und schreit die Siamesin hemmungslos. Sie krächzt dann oft wie ein Baby.

Idealer Besitzer: Sie hängt ihr Herz meist nur an eines der Familienmitglieder und zeigt den anderen manchmal sogar die kalte Schulter. Zu Kindern ist sie meist gut. Wenn sie von ihrer Bezugsperson getrennt wird, kann das zu ihrem Tod führen. In Anbetracht ihrer Überempfindlichkeit sollte sie von jedermann mit Sanftmut und Geduld behandelt werden.

Lebensraum: Sie lebt gerne in einer Wohnung, träumt aber oft von der großen Freiheit und gibt sich ungestüm und ausgelassen. Sie muß ihrer Energie freien Lauf lassen können und sollte sich daher, wenn kein eingezäunter Garten zur Verfügung steht, im ganzen Haus bewegen können. Während der Rolligkeit muß sie gut gehütet werden, da sie versuchen wird, auszubrechen.

Ernährung: Zuviel Futter ist ihrer Linie und damit auch ihrer Eleganz abträglich. Es ist ratsam, von einer reinen Fleischkost abzusehen, da das Fell sonst früh nachdunkelt. Geben Sie ihr auch Fisch, gekochtes Gemüse und gekochten Reis. In den ersten Lebensmonaten braucht sie zudem Kalzium und ein Vitaminpräparat, um der Rachitis vorzubeugen.

Pflege: Zweimal in der Woche normales Kämmen und Bürsten. Nehmen Sie eine mittelharte Bürste, damit neben Schmutz und Staub auch die toten Haare entfernt werden, die besonders zur Zeit des Fellwechsels reichlich vorhanden sind. Mit Handschuh oder Tuch über das Fell streichen, damit es glänzt.

Fortpflanzung: Das Weibchen ist früher geschlechtsreif als bei anderen Rassen. Es kann schon mit fünf Monaten trächtig werden, und die Würfe sind meist groß. Die Katzenkinder sind bei der Geburt praktisch ganz weiß. Die Fellfarben entwickeln sich erst allmählich während ihrer Jugend. Obwohl Siamesen krankheitsanfälliger sind als andere Rassen, können sie zwischen 15 und 20 Jahre alt werden.

Abrichten: Die Siamesin ist eine der wenigen Katzen, die sich zum Spazierengehen an die Leine nehmen läßt oder auf eine Reise mitgenommen werden kann.

Fehler: Kränklich, verstopfte Nase, mißgebildetes Kinn, schwache Beine, zu ausgeprägter Silberblick, andere Augenfarbe als Blau. Weitere Fehler sind Flecken am Bauch und an den Flanken, eine zu kurze Schnauze, zu robuster oder zu magerer Körper, geknickter Schwanz, weiße Pfoten.

Varietäten: Andersfarbige Siamesen siehe Colourpoint Kurzhaar. Einfarbige braune Siamesen siehe Tonkinesen. Andere einfarbige Siamesen siehe Orientalisch Kurzhaar. Langhaarige Siamesen siehe Balinesen und Javanesen.

Blue-Point

37 *Singapura*

Ursprung: Diese sich in den Straßen Singapurs herumtreibenden und dort heimischen Katzen wurden erst kürzlich nach Amerika gebracht und sind noch selten. Die Singapura ähnelt den Abessiniern und hat wie die meisten natürlichen Rassen Südostasiens ein geticktes Fell. Sie ist kleiner als andere Hauskatzen und von der FIFé nicht anerkannt.
Fell: Kurz, seidig, sehr fein, glatt anliegend.
Farbe: Bis jetzt wurden in Amerika nur folgende Farben vorgestellt: Elfenbein mit braunem Ticking und Zweifarbig Weiß mit getickter Tabby-Zeichnung. In Singapur gibt es sie noch in vielen anderen Farben und Mustern.
Körper: Kleine, muskulöse Katzen mit leicht gewölbtem Rücken, mittellangen Beinen und kleinen schmalen Pfoten. Kurzer und dicker Nacken. Die Kater sind größer und schwerer als die Kätzinnen.
Kopf: Runder Kopf mit kurzer Nase und einem Stop. Große spitze Ohren, weit offen am Ansatz, stumpfe, mittelkurze Schnauze und kräftiges Kinn.
Augen: Groß, mandelförmig, weit geöffnet und leicht schräg stehend. Augenfarbe: Gold.
Schwanz: Mittellang, zu stumpfer Spitze auslaufend, ohne Knick.
Charakter: Ruhige, anschmiegsame Katze, aufgeweckt und gesund, die Menschen und Kinder liebt.
Idealer Besitzer: Diese Katzen fühlen sich bei ruhigen, geduldigen Menschen am sichersten.
Lebensraum: Da Generationen von Singapura in den Straßen gelebt haben, paßt sie sich jeder Umgebung an. Eine ruhige Wohnung ist am geeignetsten.

Oben und unten: Elfenbein mit braunem Ticking

38 *Snowshoe*

Ursprung: Eine junge, vom Menschen geschaffene Katze, die wie eine kurzhaarige Birma aussieht. Sie hat weiße Handschuhe und dunkle Beine und wird wegen der weißen Schnauze manchmal auch Silver Lace (Silberspitze) genannt. Da die Rasse noch nicht weltweit anerkannt ist und ein Standard erst entwickelt wird, weichen die verschiedenen Zuchten etwas voneinander ab. Wir begnügen uns daher mit einer allgemeinen Beschreibung.
Fell: Kurz, glänzend, enganliegend, nicht zu fein.
Farbe: Die Snowshoe hat die dunklen Abzeichen der Siamesin und die weißen Handschuhe der Birma, dazu eine weiße Schnauze und oft auch eine weiße Nase.
Seal-Point: Warmes Rehbraun mit dunkelbraunen Abzeichen (ohne Füße und Schnauze).
Blue-Point: Bläulichweiß mit dunkelgrauen Abzeichen (ohne Füße und Schnauze).
Körper: Mittelgroße, kräftige Katze. Muskulös, kraftvoll, schwergebaut. Langer Rücken und lange Beine. Kater größer als Kätzin. Sie darf der Siam nicht ähnlich sehen.
Kopf: Keilförmig, deutliche Naseneinbuchtung, mittellanger Nacken und große, breite Ohren, spitz zulaufend. Der Kopf darf dem viel feineren Kopf der Siamkatze nicht ähnlich sehen.
Augen: Groß, mandelförmig, zwischen Nase und Ohr schräggestellt.
Schwanz: Mittlere Länge, dick am Ansatz, nicht zu dünn. Zur Spitze hin leicht gerundet.
Charakter: Eine lebhafte, gutmütige, anhängliche Katze. Sie ist weniger ruhig als die meisten Kurzhaarkatzen, aber nicht so laut wie Siamesen. Mit Kindern verträgt sie sich gut.
Idealer Besitzer: Eine Familie, in der ständig etwas läuft, oder eine verständnisvolle Einzelperson, die nicht ungewöhnlich oft und lange abwesend ist.
Lebensraum: Eine große Wohnung und viel Gesellschaft.

Oben und unten: Seal-Point

Sphynx

Ursprung: 1966 kam in Kanada in einem sonst normalen Wurf ein haarloses Katzenkind zur Welt. Mit ihm wurde die Sphynx herangezüchtet, die auf englisch Canadian Hairless oder Moon Cat genannt wird. Diese Mutation hatte es schon früher gegeben. Ende des letzten Jahrhunderts wurde in Mexiko die mexikanische Nacktkatze gezüchtet, die Mexican Hairless.
Fell: Sehr, sehr kurz. Im Gesicht, an den Ohren, den Pfoten, dem Schwanz, den Hoden und über das Rückgrat wildlederartig.
Körper: Lang, feinknochig, schlank. Leichte Muskulatur.
Kopf: Nicht zu dreieckig, zwischen den Augen flach. Kurze Nase mit leichtem Stop. Sehr große, breit angesetzte Ohren mit gerundeter Spitze, vom Kopf abstehend. Wie die Haare sind auch die Schnurrhaare wenig entwickelt.
Augen: Schräggestellt, groß, mandelförmig. Farbe: Goldfarben, grün oder haselnußbraun.
Schwanz: Lang und dünn.
Charakter: Sehr gesellig und anhänglich.
Idealer Besitzer: Sie fühlt sich in jeder Familie wohl, vorausgesetzt, sie wird geschätzt und geliebt.
Lebensraum: Sie kann nur im Haus und in Gegenden mit gemäßigtem Klima leben.
Fehler: Zu viele Hautfalten oder dichter Flaum.
Bemerkung: Von der FIFé verbotene Züchtung.

Links: Blau
Oben: Blau
Unten: Schwarz

40 *Tonkinesen*

Tonkinese

Ursprung: Eine nordamerikanische Kreuzungsrasse zwischen einer Siamesin und einer Burma. Die Tonkinesen haben die dunklen Abzeichen der Siam- und das dunkle Fell der Burmakatzen. Sie scheinen die besten Qualitäten beider Rassen mitbekommen zu haben.
Fell: Weich, glänzend, glatt anliegend.
Farbe: Die Farben werden in den USA anders als bei uns bezeichnet, entsprechen aber den Grundfarben der Siamesen.

Natural-Mink: Warmes Braun, Abzeichen dunkelbraun.

Champagne-Mink: Sanftes Beige, Abzeichen hellbraun.

Blue-Mink: Blau bis Blaugrau, Abzeichen hellblau bis schieferblau.

Platinum-Mink: Grundfarbe Silber, Abzeichen dunkelsilbern.

Körper: Mittelgroß, muskulös, mit langen Beinen. Kleine, ovale Pfoten. Die Hinterbeine sind etwas länger als die Vorderbeine.
Kopf: Gemäßigt dreieckig mit eckiger Schnauze, mittelgroß. Nach vorn geneigte, mittelgroße und abgerundete Ohren. Die Nase hat einen leichten Stop.
Augen: Mandelförmig, weit auseinandergesetzt. Farbe: Blaugrün.
Schwanz: Lang, im Ansatz dick, spitz zulaufend.
Charakter: Eine sehr neugierige, aktive Katze, die gerne Ausflüge unternimmt und Gesellschaft liebt. Sie läßt sich auch an der Leine führen.
Idealer Besitzer: Alle, die ihr die Liebe und Aufmerksamkeit schenken können, die sie verlangt.
Lebensraum: Sie braucht Platz, damit sie sich bewegen kann. Einen Garten würde sie zweifellos schätzen.
Bemerkung: Tonkinesen können nie rein gezüchtet werden. Sie spalten sich immer wieder in Siam- und Burmafarbe auf (einzig bekannter intermediärer Erbgang bei Katzen).

Oben und unten: Natural Mink

Glossar katzenspezifischer Probleme

Abführmittel. Abführmittel oder Laxative werden bei Verstopfung eingesetzt. Die meisten werden auf Mineralöl- oder Paraffinölbasis hergstellt (2 bis 3 Tage lang 1 Teelöffel ins Futter geben). Abführmittel nur nach Absprache mit dem Tierarzt verabreichen. Niemals für Menschen bestimmte Abführmittel verabreichen.

Abszeß. Eiterherd, der als Reaktion auf eine Infektion an verschiedenen Körperstellen auftreten kann. Abszesse sind oft die Folge von Kampfverletzungen, die durch Bakterien an den Krallen des Gegners infiziert wurden. Das betroffene Gewebe schwillt schmerzhaft an, und oft fiebert die Katze. Abszesse sollten nie ausgedrückt werden. Machen Sie Umschläge mit Lappen, die in warmes Salzwasser getaucht werden, bis der Abszeß von selbst aufgeht. Danach können Sie die Stelle mit einem in Wasserstoffsuperoxyd getauchten Wattestäbchen säubern. Größere Abszesse müssen vom Tierarzt behandelt werden.

Aggressivität. Der Hang einer Katze zu kratzen, zu beißen und zu kämpfen. Katzen kämpfen nicht nur zur Paarungszeit miteinander, sondern auch aus Futterneid oder um ihre territorialen Ansprüche zu verteidigen. Aggressivem Verhalten liegt gelegentlich eine psychische Störung zugrunde. Es ist in solchen Fällen kaum beeinflußbar.

Akne. Eine Hautkrankheit, die das Kinn und den Bereich um die Lippen befällt. Sie kann durch falsche Ernährung, Verstopfung oder eine hormonelle Störung verursacht werden. In leichten Fällen genügt es, die befallenen Stellen mit einer neutralen Seife zu waschen und sofort zu spülen. In schweren Fällen, wenn große Flächen erkrankt sind oder Furunkel auftreten, wird der Tierarzt entsprechende Mittel verschreiben oder einen Eingriff vornehmen.

Allergie. Eine Überempfindlichkeit gegenüber normalerweise gutverträglichen Substanzen – Nahrung, Medikamente, Pollen, Staub. Mögliche Symptome sind: Schwellungen, Ausschlag, Juckreiz, tränende Augen, Nasenausfluß, Atemnot, Schmerzen, Erbrechen. Alte Katzen leiden oft unter Futterallergien; sie kratzen sich ständig und lecken ihr Fell. Meist genügt es, die Ernährung umzustellen. Andere Allergien beeinträchtigen die Atmungsorgane und haben Asthma zur Folge. Am häufigsten ist bei Katzen eine durch Flöhe oder Milben verursachte Hautallergie. Die Katze muß sofort von den Parasiten befreit werden. Ist die Haut bereits stark gereizt, würden Gegenmittel und Shampoos die Entzündung noch verschlimmern. In solchen Fällen muß der Tierarzt beigezogen werden. Übrigens sind oft auch Flohhalsbänder die Ursache von Allergien. Die Katze kann aber nicht nur Opfer von Allergien werden, sondern auch Allergien verursachen. Allein schon die Anwesenheit einer Katze ruft bei manchen Menschen Niesen und sogar Asthmaanfälle hervor.

Alopezie. Krankhafter Haarausfall, der mit dem jahreszeitlich bedingten Fellwechsel nichts zu tun hat. Die Haare fallen büschelweise aus. Grund ist eine krankhafte Veränderung der Haut. Verzichten Sie auf die Behandlung mit Hausmitteln (besonders mit solchen auf Alkoholbasis) und bringen Sie die Katze sofort zum Tierarzt.

Alter. Mit neun Jahren ist eine Katze alt, doch kann ihr Alter verlängert werden. Sie bleibt nun meist im Haus und will nur noch ihre Ruhe haben. Sie schläft mehr als früher und nimmt kaum noch am Familienleben teil. Das Fleisch sollte in ihrem Menüplan nun öfter durch Fisch, Frischkäse und fetthaltige Fleischbrühe ersetzt werden. Geben Sie ihr keine Süßigkeiten und keine Leckerbissen vom Familientisch. Die Katze verliert mit zunehmendem Alter an Aggressivität, und auch Seh- und Hörschärfe nehmen ab. Manche magern ab, andere nehmen zu. Die Körperfunktionen werden weniger regelmäßig. Eine alte Katze sollte periodisch vom Tierarzt untersucht werden.

Anämie. Mangel an roten Blutkörperchen, Blutarmut. Der Grad der Ernsthaftigkeit hängt von der Ursache ab (innere Blutung, unzureichende Neubildung roter Blutkörperchen, Vitaminmangel, Infektion etc.). Die Anämie ist keine Krankheit, sondern Symptom einer krankhaften Veränderung, die eruiert werden muß. Eine anämische Katze ist schwach, ißt wenig, uriniert wenig, siecht dahin, und ihre Schleimhäute sind sehr blaß. Sobald der Tierarzt die Ursache der Blutarmut festgestellt hat, kann die Katze entsprechend behandelt werden.

Anästhesie. Mittels Spritze in eine Vene und/oder Narkose (Inhalation) einen Zustand der Bewußtlosigkeit und Schmerzunempfindlichkeit herbeiführen. In gut eingerichteten Tierkliniken werden die Tiere bei chirurgischen Eingriffen auf gleiche Weise anästhesiert wie Menschen in der Humanmedizin. Zur lokalen

Betäubung werden auch Injektionen in die Muskeln vorgenommen. Die meisten Eingriffe erfordern eine Vollnarkose, von der sich das Tier rasch wieder erholt.

Angst. Der Selbsterhaltungstrieb veranlaßt verwilderte Katzen, Menschen, Hunde, Lärm und unbekannte Orte zu meiden. Hauskatzen sind im allgemeinen viel gelassener und können, wenn ein unerwartetes Ereignis sie erschreckt, normalerweise leicht wieder beruhigt werden. Gegen angeborene Ängstlichkeit und Scheu läßt sich meist kaum etwas tun.

Antibiotika. Aus Bakterien gewonnene Wirkstoffe, die schädliche Mikroorganismen und deren Vermehrung bekämpfen. Das bekannteste Antibiotikum ist Penizillin. Es darf nur auf tierärztliche Verordnung hin angewendet werden. Die Dosierung muß genau nach Rezept erfolgen.

Appetitverlust. Wenn eine Katze, die immer normal aß, plötzlich den Appetit verliert, gilt es auf der Hut zu sein. Appetitlosigkeit kann ein Symptom von Verdauungsstörungen, Katzenseuche, Katzengrippe, einer Erkältung oder von Fieber sein. Wenn der Zustand länger anhält und die Katze abmagert, muß sie vom Tierarzt untersucht werden.

Arthritis. Gelenkentzündung als Begleiterscheinung des Alterungsprozesses oder als Folge eines Lebens in feuchter Umgebung. Ältere Tiere sind anfälliger als junge. Ein Röntgenbild gibt manchmal Aufschluß über das Stadium der Krankheit. Medikamente der Humanmedizin sind für Katzen schädlich. Nur vom Tierarzt verordnete Mittel verabreichen.

Asthma. Das Wort bedeutet «schweres Atmen». Asthma ist ein chronisches Leiden. Charakteristisch sind schwergehender Atem sowie Husten- und Erstickungsanfälle. Aus einer vernachlässigten Bronchitis kann sich Asthma entwickeln. Bei älteren Katzen heilt Asthma selten voll aus, vor allem wenn das Tier unter Herz- und Lungenbeschwerden leidet. Beschränkung des Futters, Ruhe an einem trockenen Ort und regelmäßige Besuche beim Tierarzt sind nötig.

Atembeschwerden. Das erste Anzeichen einer Erkrankung der Atemwege ist Niesen. Danach beginnen die Augen zu tränen. Das Tier ist lustlos und verliert den Appetit. Wenn der Atem rasch geht oder das Tier fiebert, muß es vom Tierarzt behandelt werden. Bei älteren Tieren mit Herzbeschwerden kann diese zusätzliche Belastung lebensgefährlich sein. Im allgemeinen genügt jedoch eine Behandlung mit Antibiotika, vor allem wenn die Beschwerden rasch erkannt werden.

Atemnot (Dyspnoe). Erschwerte Atmung infolge eines Unfalls oder einer Erkrankung der Lungen. Die Ursache muß so rasch wie möglich festgestellt und das Tier behandelt werden.

Augen. Die Augen der Katze sollten regelmäßig kontrolliert und wenn nötig mit lauwarmem Wasser gesäubert werden. Katzenaugen sind empfindlich. Staub, Luftzug, Verletzungen oder Fremdkörper können zu Bindehautentzündungen, Hornhautvereiterungen oder grauem Star führen. Bei all diesen Leiden kann das Tier, wenn es nicht behandelt wird, erblinden.

Aussetzen. Es gibt mehr herrenlose Katzen als Hunde. Hingegen ist die Zahl der ausgesetzten Katzen kleiner, denn oft wählen sie selbst die Freiheit. Katzen werden z. B. ausgesetzt, wenn ein älterer Katzenbesitzer stirbt und niemand von der Familie die Katze übernehmen will. Aber auch in solchen Fällen läuft die Katze oft selbst fort. In Deutschland, Österreich und in der Schweiz gilt das Aussetzen einer Katze wie in einigen anderen Ländern als Akt der Grausamkeit und wird mit Buße oder Gefängnis bestraft.

Ausstellungen. Katzenausstellungen finden in der ganzen Welt statt. Jeder Katzenhalter kann sein Tier ausstellen, sofern es bei einem Verband eingetragen und er somit im Besitz eines Stammbaums ist. Die Richter sind bei jeder Rasse erfahrene Fachleute und halten sich streng an die offiziellen Standards. Sie prüfen Farbe, Zeichnung, Felltextur, Körperbau, Gebiß, Augenfarbe, Ohren usw. der Ausstellungstiere. Jede Katze erhält so eine bestimmte Punktzahl und kann Klassensieger und nach einigen Ausstellungen auch Champion (bzw. Internationaler und Großer Internationaler Champion) werden. Internationale Champions können sich auch um die Titel «Rassesieger» und «Best in Show» bewerben.

Beruhigungsmittel (Sedativa). Beruhigungsmittel sollten Katzen nur auf ärztliche Anweisung hin verabreicht werden, da die Gefahr einer heftigen Reaktion, z. B. Absinken des Blutdrucks bis zum Kollaps, besteht. Tierärzte verschreiben manchmal vor einer Reise oder einer Operation ein leichtes Beruhigungsmittel.

Blasenkatarrh (Cystitis). Durch Bakterien hervorgerufene Entzündung der Harnblase. Das Urinieren wird häufig und ist oft schmerzhaft; der Urin selber ist von Eiweiß und Eiter getrübt. Blasenkatarrh wird von Schmerzen und Fiebern begleitet. Harnwegspezifische Medikamente schaffen rasch Abhilfe. Die Katze muß stets einen Napf mit frischem Wasser zur Verfügung haben, damit sie jederzeit trinken kann. Die Katzentoilette ist möglichst sauber zu halten.

Blutung. Fortlaufender Austritt von Blut aus einer Wunde, verursacht durch die Verletzung von Venen oder Arterien. Die Blutung muß sofort mit kalten Kompressen und Druck auf die Wunde gestillt werden. Oft ist ein Eingriff nötig. Bei Blutungen aus einer Schlagader muß eine Aderpresse angelegt werden. Wird die Katze von einem Auto oder einem anderen Fahrzeug angefahren, kann es zu inneren Blutungen kommen. Das Blut sammelt sich dabei im Unterleib, im Magen oder in der Blase. Das Tier braucht absolute Ruhe, und zwar unter Aufsicht des behandelnden Tierarztes.

Bronchitis. Entzündung der Bronchien. Die Symptome sind Niedergeschlagenheit, Schüttelfrost, Husten und Appetitlosigkeit. Die häufigste Form von Bronchitis wird von einer Erkrankung der Atemwege verursacht. Die Katze ist in einem Zimmer mit konstanter Temperatur zu halten und mit schleimlösenden Medikamenten zu behandeln. Chronische Bronchitis ist eine typische Krankheit alter Katzen. Sie erhalten meist schleimlösende Medikamente und Beruhigungsmittel verschrieben, damit sie nicht asthmatisch werden. Eine ernsthafte Komplikation stellt die katarrhalische Lungenentzündung (Bronchopneumonie) dar, da dabei das Lungengewebe angegriffen wird. Die Katze ist apathisch, hat trockenen Husten und hohes Fieber; der Atem geht schnell, sie frißt kaum etwas, hat jedoch großen Durst. Sie gehört unbedingt in tierärztliche Behandlung. Mit Medikamenten und Antibiotika läßt sich die Entzündung beheben, doch braucht die Katze noch eine längere Erholungszeit an einem warmen, trockenen Ort bei leichter, ihr zusagender Kost.

Brustfellentzündung (Pleuritis). Entzündung des Brustfells, d. h. des serösen Beutels, der die Lungen umgibt. Ursachen können tiefe Wunden in der Brust, schwere Erkältungen, Bronchopneumonie und Tuberkulose sein. Das Tier atmet unter Schmerzen, hat trockenen Husten und leichtes Fieber. Es muß sofort zum Tierarzt gebracht werden.

Dermatitis. Entzündung der Haut, verursacht durch Parasiten, eine Infektion oder eine Allergie. Die Katze wird versuchen, sich durch Kratzen Linderung zu verschaffen.

Desinsektion. So heißt der Vorgang, durch den schädliche Parasiten, die die Katze befallen haben, vernichtet werden. Bäder und Pulver gegen Parasiten erweisen sich als nützlich. Flöhe vermehren sich in den Spalten des Katzenlagers und des umliegenden Fußbodens. Säubern Sie daher auch das Lager und dessen Umgebung mehrmals gründlich.

Diabetes. Zuckerkrankheit, an der vor allem ältere Katzen leiden. Sie wird durch falsche Ernährung, Fettleibigkeit und Erbfaktoren ausgelöst oder entsteht als Reaktion auf ein Medikament. Das Tier verliert an Gewicht, trinkt ungewöhnlich viel Wasser, uriniert häufig und ist schwach. Die Diagnose wird durch die Analyse des Urins gestellt. Behandlung mit Insulin und einer speziellen Diät.

Digitalispräparate. Arzneimittel, die manchmal in geringen Dosen verschrieben werden, um die Herztätigkeit anzuregen.

Durst. Katzen trinken in allgemeinen nicht sehr viel. Daher gilt es, gesteigertem Durst Beachtung zu schenken. Heftiges Verlangen nach Wasser kann auf Verdauungsstörungen, Virusinfektionen, Diabetes oder Fieber hinweisen.

Dysenterie (Ruhr). Eine Infektion des unteren Darmtrakts, die zu Schmerzen, Fieber und schwerem Durchfall führt. Es gibt verschiedene Ursachen: Falsche Ernährung, Erkältung, infektiöse Enteritis, Darmparasiten, Vergiftungen oder andere Erkrankungen der Verdauungsorgane. Die Katze in einem warmen Raum halten und ihr nichts zu fressen geben. Den Tierarzt beiziehen.

Ekzeme. Entzündung der Haut mit Rötungen und Bläschen- oder Krustenbildung. Die Katze verschlimmert den Zustand meist noch durch Kratzen. Die verschiedenen Ekzeme können ihre Ursache in einer Nahrungsmittelvergiftung, in schlechter Hautpflege, in einer Fehlfunktion der Leber, Vitaminmangel oder einer Allergie haben. Das Leiden kann akut oder chronisch sein und mehrere Körperstellen befallen, vor allem Rücken und Schwanz, Hals und Kopf. Der Tierarzt verabreicht unter Umständen Spritzen, um Leberschäden vorzubeugen. Die betroffenen Stellen baden und mit einer geeigneten Salbe behandeln. Die Ernährung umstellen und auch Fisch, Frischkäse, Buttermilch oder Joghurt verabreichen.

Enteritis. Darmentzündung infolge einer Vergiftung (Lebensmittelvergiftung, hartnäckige Verstopfung) oder einer bakteriellen Infektion. Leichte Fälle können nach vierundzwanzigstündigem Fasten mit einer Diät aus entrahmter Milch und Brühe behandelt werden. Schwerere Fälle, die von Fieber begleitet sind, bedürfen der Behandlung mit krampfstillenden Mitteln (Spasmolytica) und/oder Antibiotika. Infektiöse Enteritis ist eine ansteckende Krankheit, die tödlich sein kann, sofern sie nicht rasch erkannt wird (siehe auch Katzenseuche). Eine Schutzimpfung gegen diese Seuche (schon ab 7. Lebenswoche möglich) ist dringend zu empfehlen.

Erbrechen. Zwanghaftes Ausstoßen des Mageninhalts durch den Mund. Erbrechen ist keine Krankheit, kann aber Anzeichen einer Krankheit oder Störung sein. Es wird oft durch das Aufnehmen von verdorbenem Futter, Plastik, Gras, Papier, Knochen oder Stoff ausgelöst. Dauert das Erbrechen längere Zeit an, sollte die Katze nicht mehr gefüttert und zum Tierarzt gebracht werden.

Erschöpfung. Stadtkatzen, die z. B. aufs Land mitgenommen werden, können durch die ungewohnten körperlichen Anstrengungen in einen Erschöpfungszustand geraten. Sie sind niedergeschlagen, gleichgültig und erbrechen sich vielleicht auch oder haben Blut im Urin. Gründliches Ausruhenlassen genügt als Behandlung.

Erste Hilfe. In Notfällen – bei stark blutenden Verletzungen, Verbrennungen, Verätzungen und Vergiftungen mit entsprechendem Schockzustand usw. – ist es für den Katzenhalter meist unumgänglich, selbst Hand anzulegen und das Tier so gut wie möglich zu versorgen, damit sich sein Zustand nicht verschlimmert, ehe der Tierarzt sich seiner annehmen kann. Welche Maßnahmen man im einzelnen ergreifen soll, zeigt das nützliche Buch «Erste Hilfe für meine Katze» von Sheldon Rubin in Wort und Bild. Es ist im Albert Müller Verlag erschienen.

Ertüchtigung. Phlegmatische Katzen und Wohnungskatzen werden leicht übergewichtig und schlapp. Ihre Widerstandskräfte gegenüber Krankheiten nehmen ab, und sie ermüden rasch. Aus diesem Grund müssen sie zu körperlicher Ertüchtigung angehalten werden. Für Katzen, die Auslauf haben, besteht das Problem nicht. Wohnungskatzen muß indes die Möglichkeit geboten werden, sich im Spiel zu ertüchtigen.

Euthanasie. Sterbehilfe, die meist durch die Injektion eines Stoffes geleistet wird, der den Herzstillstand herbeiführt. Der Tierarzt greift darauf zurück, um unheilbar erkrankten Katzen weitere Leiden zu ersparen.

Fehlgeburt. Der Tod ungeborener Katzen kann auf natürliche Ursachen zurückgehen, künstlich hervorgerufen werden oder einem Unfall zuzuschreiben sein. Natürliche Fehlgeburten sind meist die Folge einer mangelhaften Durchblutung der Plazenta, einer Infektion der Gebärmutterschleimhaut, einer Abstoßung (nach Absterben des Fötus) oder von ererbten Mißbildungen. Eine Schwangerschaft kann aber auch innerhalb der ersten zwei Wochen nach der Deckung vom Tierarzt unterbrochen werden. Ebenso können ein Sturz, ein Tritt, ein Schlag oder ein Verkehrsunfall eine Fehlgeburt auslösen.

Fellwechsel. Zu Beginn der Warmwetterperiode ersetzt die Katze die alten Haare durch das Sommerfell. Wenn eine Katze übermäßig Haare verliert und kahle Stellen auftreten, leidet sie möglicherweise an Ekzemen, an Dermatitis oder unter Parasitenbefall. Während des Fellwechsels ist das tägliche Kämmen und Bürsten besonders wichtig. Viele Hauskatzen verlieren das ganze Jahr über Haare, was durchaus normal sein kann.

Fettleibigkeit (Obesität). Übergewicht schadet den Gelenken, dem Herz und der Lunge. Die fettleibige Katze wird lethargisch. Fast immer ist Überfütterung der Grund der Fettleibigkeit. Setzen Sie eine übergewichtige Katze auf eine kalorienarme, durch Vitamin- und Mineralstoffzusätze bereicherte Diät und halten Sie diese strikte ein. Bedenken Sie auch, daß Fettleibigkeit das Narkoserisiko bei der Katze erhöht und die Zuchtfähigkeit vermindert.

Fieber. Die Normaltemperatur der Katze liegt zwischen 38 und 38,5°C. Bei Fieber (über 39°C) ist das Tier matt, hat kaum Appetit und hält sich abseits. Fieber ist Symptom einer Krankheit, die diagnostiziert werden muß.

Fremdkörper. Knochensplitter, Fischgräte oder spitzige Knöchelchen können im Gaumen oder in der Kehle der Katze steckenbleiben. Wenn sich das Tier nicht selbst von dem Fremdkörper befreien kann, ist die Hilfe eines Tierarztes nötig.

Frakturen (Brüche). Es gibt zwei Arten von Frakturen: geschlossene, bei denen der Bruch auf der Hautoberfläche nicht sichtbar wird, und offene, bei denen ein Knochen aus der Wunde ragt. Auch sind Verformungen der Beine infolge eines Bruchs meist gut sichtbar. Die Bewegungen des Tieres sind dann ungewöhnlich, und das verletzte Bein ist nicht mehr in der Lage, das Gewicht der Katze zu tragen. Gewöhnlich schreit das Tier ununterbrochen. Alle Brüche müssen vom Tierarzt behandelt werden.

Gastritis. Magenschleimhautentzündung, deren Ursache eine Verdauungsstörung, verdorbenes Futter, eine Erkältung oder Parasiten sein können. Ein Symptom ist das Erbrechen einer klaren, gelblichen Flüssigkeit. Das Tier versucht so, den Körper vom verdorbenen Futter zu befreien. Vierundzwanzigstündiges Fasten ist empfehlenswert. Es gibt auch eine akute Form von Gastritis, die nicht nur von Erbrechen, sondern auch von hohem Fieber, Durchfall und übermäßigem Durst begleitet ist. In solchen Fällen ist ein Besuch beim Tierarzt unumgänglich.

Gebärmuttervereiterung (Pyometra). Eine Infektion der Gebärmutter, an der vor allem ältere Katzen leiden, denen die Eierstöcke nicht entfernt wurden und die nie geworfen haben. Symptome sind Lustlosigkeit, Appetitverlust, großer Durst und häufiges Urinieren. Meist haben die betroffenen Katzen einen stark riechenden Ausfluß. Nur eine Totaloperation (Entfernung von Gebärmutter und Eierstöcken) befreit die Katze für immer von dem Leiden.

Geschwüre. Defekt, z.B. im Magen oder im Darmtrakt, der durch eingenommene ätzende Substanzen, Gastroenteritis (Magen-Darm-Entzündung), Stomatitis (Mundschleimhaut-Entzündung) oder durch Parasiten entstehen kann. Die Symptome sind Appetitlosigkeit, Erbrechen, Durchfall, Depression, nervöse Störungen und Schmerzensäußerungen. Geschwüre müssen vom Tierarzt behandelt werden.

Grauer Star (Katarakt). Ein Augenleiden, das ältere Katzen befällt. Die Linse des Auges trübt sich, und das Sehvermögen ist stark reduziert. Als Ursachen kommen Diabetes, eine Vergiftung, Verletzungen oder das hohe Alter in Frage. Der graue Star kann operiert werden, was besonders bei einem jungen Tier zu empfehlen ist.

Grippe. Die Symptome dieser Virusinfektionskrankheit sind Niesen, tränende Augen, Appetitverlust, Fieber, Bläschen auf der Zunge, Schwindel und Apathie. Eine richtig behandelte Grippe klingt nach sieben bis zehn Tagen wieder ab. Eine vernachlässigte Grippe dagegen kann schweren Viruserkrankungen den Weg bereiten. Es empfiehlt sich, die Katze schon bei einem leichten Schnupfen in einem warmen, vor Feuchtigkeit und Zugluft geschützten Raum unterzubringen.

Herzkrankheiten. Die vier hauptsächlichsten Arten von Herzkrankheiten sind Herzversagen durch Herztamponade, Vorstufen des Herzversagens, Herzrhythmusstörungen und Schock mit Bluthochdruck. Vor allem ältere Katzen sind anfällig. Die augenfälligsten Symptome sind Atembeschwerden, Zittern und totale Erschöpfung. Das Tier muß sofort vom Tierarzt behandelt werden.

Hinken. Wenn eine Katze hinkt oder mit einer Pfote nicht auf dem Boden auftritt, hat sie vermutlich einen Unfall gehabt. Der Tierarzt wird feststellen, ob das Bein verstaucht, ausgerenkt oder gebrochen ist oder ob das Tier nur wegen einer Wunde hinkt.

Hitzschlag. Extrem heißes, feuchtes Wetter kann bei Katzen, die sich nicht an einem kühlen Ort aufhalten können und nicht genügend Trinkwasser zur Verfügung haben, zu einem Hitzschlag führen. Symptome dafür sind erhöhte Temperatur (bis zu 43°C), Erschöpfung, strauchelnder Gang, eventuelles Erbrechen, Schwindel und Kollaps. Die Katze muß rasch an einen kühlen Ort gebracht und mit Eiskompressen gepflegt werden. Der Kreislauf kann durch Körpermassage angeregt werden. Eine Katze darf nie in einem an der Sonne stehenden Auto eingeschlossen werden. Muten Sie ihr bei ungewöhnlich heißem Wetter auch keine längere Reise zu. Für Hitzschläge sind besonders junge, übergewichtige und sehr alte Katzen anfällig.

Hygiene. Zur Hygiene zählt alles was dazu dient, den Körper des Tieres rein zu halten: Kämmen, Bürsten, Beseitigung von Parasiten, Baden, trocken Shampoonieren, angemessene Ernährung und regelmäßige Körperfunktionen.

Impfungen. Katzen sollten im Alter von wenigen Monaten (der Tierarzt wird den Zeitpunkt bestimmen) gegen Katzenschnupfen, Katzenseuche und Tollwut geimpft werden.

Infektion. Ansteckung, die durch Bakterien ausgelöst wird, die von außen in den Körper eindringen und sich dort vermehren. Katzen mit viel Auslauf, die sich ab und zu verletzen, sind besonders gefährdet. Entzündete Wunden können, wenn sie nicht oder schlecht behandelt werden, zu Abszessen führen.

Injektion. Einspritzen flüssiger Medikamente in den Körper. Wenn direkt unter die Haut gespritzt wird, spricht man von subkutanen Injektionen. Die beste Körperstelle zum Spritzen ist bei der Katze die Flanke auf der Höhe der Nieren.

Insektenstiche. Insektenstiche bemerkt man, wenn die Haut um den Einstich geschwollen ist. Ist der Stachel noch zu sehen, zieht man ihn mit einer Pinzette heraus. Wenn kein Stachel sichtbar ist und die Schwellung nicht abklingt, sollte die Katze, egal ob Atembeschwerden auftreten oder nicht, zum Tierarzt gebracht werden.

Kaiserschnitt. Chirurgischer Eingriff, um die Jungen aus dem Mutterleib zu holen. Die Indikation zum Kaiserschnitt stellt der Tierarzt.

Karies (Zahnfäule). Zerfall des Zahnschmelzes und die Entstehung von Löchern. Katzenhalter werden auf das Problem meist aufmerksam, wenn das Tier beim

Kauen Schmerzen hat. Auch schlechter Atem kann ein Anzeichen für Karies sein. Der Tierarzt entscheidet, ob der kranke Zahn saniert werden kann oder gezogen werden muß. Die Extraktion sollte unter Narkose erfolgen.

Kastration. Entfernung der Keimdrüsen. Die Kastration sollte im sechsten oder siebenten Lebensmonat vorgenommen werden. Vielleicht hält der Tierarzt aber auch einen anderen Zeitpunkt für richtig. Beim Kater handelt es sich um die operative Entfernung der Hoden durch den Arzt, bei der Kätzin um die Entfernung der Eierstöcke und/oder Gebärmutter. Um Fettleibigkeit zu verhindern, dürfen kastrierte Katzen nicht überfüttert werden. Nach der Kastration bleibt die Ranzzeit des Katers bzw. die Rolligkeit der Kätzin aus; die Tiere werden meist viel ruhiger und häuslicher. Siehe auch Sterilisation.

Katzenschnupfen. Als Katzenschnupfen werden ganz allgemein alle Erkrankungen der oberen Atemwege bezeichnet: Rhinotracheitis, Calicivirusinfektion, Pneumonie, Reovirusinfektion und Syncytia erzeugende Vireninfektionen. Die überaus ansteckenden Viren werden meist durch die Luft übertragen und erzeugen hartnäckiges Niesen und Entzündungen. Dem Katzenschnupfen kann mit einer kombinierten Impfung ab 9. Lebenswoche vorgebeugt werden. Katzenschnupfen und Katzenseuche können ebenfalls kombiniert geimpft werden. Ohne tierärztliche Behandlung verläuft der Katzenschnupfen besonders bei Jungtieren, alten und gestreßten Katzen meist tödlich.

Katzenseuche (Infektiöse Enteritis, Panleukopenie; Katzenpest, Katzentyphus, Katzenstaupe). Eine Viruserkrankung, die ohne sofortige tierärztliche Behandlung vor allem bei Jungtieren gewöhnlich tödlich verläuft. Die Symptome sind Lustlosigkeit, Appetitverlust, Erbrechen, ungewöhnlich großer Durst, erhöhte Temperatur und eine rasche Verschlechterung des Allgemeinzustandes. Wenn ein Jungtier sich erbricht und einen leidenden Eindruck macht, muß unverzüglich der Tierarzt beigezogen werden. Schnelles Handeln ist entscheidend. Alle Katzen sollten ab 7. oder 8. Lebenswoche gegen die Katzenseuche geimpft werden. Möglich ist auch eine kombinierte Impfung gegen Katzenseuche *und* Katzenschnupfen.

Katzenzucht. Ort, wo Deckkater und Weibchen gehalten und gepaart werden. Ziel der Züchter ist es, die Reinheit und Vollkommenheit der Rasse zu bewahren und Jungtiere zu verkaufen.

Klubs. Züchter, Aussteller, Richter und Besitzer einer bestimmten Katzenrasse finden sich in einem Klub oder Verein zusammen. Sie machen sich die Formulierung und Überprüfung des Standards der betreffenden Rasse zur Aufgabe und setzen sich für deren Perfektion ein. Katzenklubs und -vereine sind nicht dasselbe wie Verbände. Sie sind lokal und haben keine übergreifenden Aufgaben wie z. B. die Führung von Zuchtbüchern.

Kolik. Anfallsweise auftretender krampfartiger Schmerz im Leib und seinen Organen, z. B. in Magen, Darm, Nieren. Meist in Zusammenhang mit Krankheiten, dem Verschlucken von Fremdkörpern oder der Zusammenballung der Fäkalien. Diagnose und Behandlung sind Sache des Tierarztes. Geben Sie der Katze kein Abführmittel.

Lähmung. Eine Störung, bei der eine Schädigung des Nervensystems zum teilweisen oder völligen Verlust von Gefühl und Empfindlichkeit in bestimmten Körperteilen führt. Bei Katzen können Lähmungen durch Kalziummangel, Brüche, ein gebrochenes Rückgrat mit Rückenmarksverletzungen oder durch eine Gehirnblutung ausgelöst werden. Sofortige tierärztliche Behandlung ist unerläßlich.

Laryngitis. Kehlkopfentzündung, oft begleitet von Rachenkatarrh (Pharyngitis). Symptome sind: Reiz im Hals, Husten, Heiserkeit. Meist Folgeerscheinung einer Erkältung oder Grippe.

Lecken. Wenn eine Katze eine bestimmte Körperstelle dauernd leckt, ist dort vielleicht eine Wunde oder ein Fremdkörper oder es bildet sich ein Abszeß. Sehen Sie sich die Stelle näher an und stellen Sie die Ursache fest. Lecken gehört jedoch auch zur Körperpflege und ist völlig normal, wenn es sich nicht auf eine einzige Stelle beschränkt.

Lungenentzündung (Pneumonie). Akute Infektion der Lunge, die bei einem schwachen Tier durch eine schwere Erkältung ausgelöst werden kann. Oft tritt sie in Zusammenhang mit einer Bronchitis oder einer Brustfellentzündung auf. Symptome sind hohes Fieber, trockener Husten, Atembeschwerden, Appetitlosigkeit. Die Krankheit befällt vor allem junge Katzen. Der Tierarzt wird Antibiotika spritzen und schleimlösende Präparate verordnen. Die Katze muß in einem warmen Raum untergebracht werden. Nach ungefähr einem Monat ist sie wieder gesund.

Mastitis (Brustdrüsenentzündung). Akute Entzündung der Zitzen bei einem säugenden Weibchen, ausgelöst durch eine Verletzung, eine Infektion oder die Verstopfung der Milchdrüsen. Symptome sind Schwellung und Verhärtung der Zitzen. Manchmal verfärben sich diese dunkelrot und scheiden möglicherweise farblose, gelegentlich mit Blut vermischte Milch aus. Das Leiden kann auch nur eine einzelne Zitze befallen. Arnika-Kompressen schaffen bis zum Besuch beim Tierarzt Linderung.

Medikamente. In der Veterinärmedizin gibt es speziell für Katzen geschaffene Medikamente. Hie und da werden allerdings dieselben wie in der Humanmedizin verwendet. Die müssen besonders sorgfältig nach Vorschrift verabreicht werden, da Überdosierungen schädlich oder sogar lebensgefährlich sind.

Metritis (Gebärmutterentzündung). Infektion des Uterus, die durch mangelnde Hygiene oder durch Plazentarückstände nach einer Geburt verursacht wird. Die Katzenmutter ist matt, zeigt kaum Interesse an den Jungen und leidet unter starkem Ausfluß. Die Infektion wird durch Spülungen und Antibiotika behandelt. Katzen, die sich eine Gebärmutterentzündung zugezogen haben, produzieren für den Wurf meist zu wenig Milch. Oft wird die Milch auch giftig, so daß die Jungen künstlich ernährt werden müssen.

Nephritis (Nierenentzündung). Sie wird durch eine schwere Krankheit ausgelöst, die die Nieren übermäßig belastet. Symptome einer akuten Nierenentzündung sind Erschöpfung, Koliken, schmerzhaftes und häufiges Urinieren, Durst, Erbrechen und Appetitlosigkeit. Die Analyse des Urins ermöglicht eine genaue Diagnose. Nicht behandelte Nierenentzündungen können tödlich verlaufen.

Neurosen. Durch heftige Gemütsbewegungen, Vergiftungserscheinungen oder langwierige Krankheiten können Katzen neurotisch werden. Ihr Gemütszustand und ihr Verhalten verändern sich; sie haben Angstzustände und miauen ununterbrochen. In solchen Fällen muß die Ursache der Neurose beseitigt und eine Behandlung eingeleitet werden, die den Zustand der Katze wieder normalisiert.

Oestrus. Ovulationsperiode der Kätzinnen. Wird auch als Hitze oder Rolligkeit bezeichnet.

Otitis (O. externa). Entzündung des äußeren Gehörgangs. Das Ohr rötet sich; zudem wird im Übermaß Schmalz abgesondert. Aus diesen Gründen kratzt sich die Katze häufiger und intensiver als gewöhnlich am Ohr. Regelmäßiges Säubern der Ohren wirkt vorbeugend, da Ekzeme, Milben oder Fremdkörper der Otitis Vorschub leisten. Nicht behandelte Otitis kann zu Taubheit führen.

Paradontose (Zahnbettschwund). Nicht entzündlich verlaufender Schwund des Zahnfleisches, der, wenn er nicht behandelt wird, zu Zahnausfall führen kann. Das Leiden tritt meist nur bei älteren Katzen auf. Anzeichen dafür sind die Verweigerung harten Futters und Zahnfleischbluten. Der Tierarzt wird den Zahnbelag und den Zahnstein entfernen. Die entzündliche und rasche Form des Zahnbettschwundes heißt Paradontitis.

Parasiten. Parasiten sind Lebewesen, die von andern Lebewesen leben und bei diesen oft Unbehagen oder Krankheiten verursachen. Die häufigsten Parasiten auf der Haut einer Katze sind Flöhe, Zecken und Läuse. Sie können mit Puder, gewissen Kompressen oder mit Flohhalsbändern bekämpft werden. Innere Parasiten befallen den Magen, den Darmtrakt oder die Blutbahnen der Katze. Dazu gehören Spulwürmer, Hakenwürmer, Fadenwürmer und Bandwürmer. Untersuchungen, einschließlich einer mikroskopischen Untersuchung des Kots, verschaffen Gewißheit, ob eine Katze parasitenfrei ist oder nicht. Innere wie äußere Parasiten schwächen das Tier, wenn nichts gegen sie unternommen wird, und machen es krankheitsanfälliger.

Prognose. Vorhersage des möglichen Verlaufs einer Krankheit. Die Prognose kann «gut» sein, wenn eine Heilung wahrscheinlich ist; «vorsichtig», wenn der Ausgang ungewiß erscheint, oder «schlecht», wenn keine Aussicht auf Heilung besteht.

Prophylaxe. Ein Ausdruck, der die medizinischen und hygienischen Maßnahmen bezeichnet, die eine Krankheit verhindern oder ihr vorbeugen sollen. Maßnahmen der Präventivmedizin.

Quarantäne. Zeitabschnitt, während dem ein Tier isoliert wird, um die Verbreitung einer Krankheit zu vermeiden. Gewisse Länder wie Großbritannien, Irland, Schweden, Norwegen und Finnland schreiben für einreisende Katzen und Hunde eine Quarantäne von sechs Monaten vor. Dies soll vor allem die Einschleppung der Tollwut verhindern.

Quetschung (Kontusion). Die Folge eines heftigen Schlages mit einem nicht schneidenden Gegenstand (Sturz, Zusammenprall, Steinwurf usw.). Quetschungen sind meist von schmerzhaften Schwellungen begleitet. Manchmal entstehen auch Fleischwunden, blaue Flecken und Blutergüsse (blutunterlaufene Schwellungen). Wird die Stelle mit warmen Umschlägen oder einer Salbe behandelt, wird das Blut im allgemeinen schnell wieder absorbiert.

Rachitis. Eine Mangelkrankheit, die das Skelett angreift und Veränderungen am Knochensystem verursacht. Rachitische Erscheinungen treten vor allem bei jungen Katzen auf. Der Grund ist ein Mangel an Vitamin D oder ungenügende Ernährung. Die Jungtiere haben krumme Beine oder ein gekrümmtes Rückgrat. Häufige Knochenbrüche und allgemeine Anfälligkeit für Krankheiten sind möglicherweise ebenfalls ein Anzeichen von Rachitis. Ergänzen Sie zur Vorbeugung und Heilung den Menüplan der Katze durch Milch, Frischkäse, Mineralstoffe und Vitamin C. Reine Fleischkost führt zu einer Störung des Kalk- und Phosphorstoffwechsels. Die Gefahr, daß die Katze zu große Mengen Vitamin D bekommt, ist freilich größer. Lassen Sie sich vom Tierarzt beraten. Rachitische Verkrümmungen lassen sich bei der erwachsenen Katze nicht mehr beheben, doch kann das Knochengerüst gestärkt werden.

Rasse. Untergruppe oder Varietät einer Tierart, innerhalb derer die physischen und psychischen Eigenarten von einer Generation auf die nächste übertragen werden.

Räude (Grind). Hautkrankheit, verursacht durch Milben, die von bloßem Auge kaum sichtbar sind. Es gibt verschiedene Milbenarten, und jede befällt einen anderen Körperteil. Die Ohrmilben setzen sich im Gehörgang fest und bilden einen schwärzlich-rotbraunen Belag, der die Katze dauernd juckt. Die Kopfmilben vergraben sich am Kopf in der Haut und rufen Juckreiz und Haarausfall hervor. Herbstgras- oder Erntemilben befallen jeden Körperteil. Sie gleichen stecknadelkopfgroßen roten, gelben und orangefarbenen Punkten und verursachen heftigen Juckreiz. Alle Milbenarten bekämpft der Tierarzt mit speziell für Katzen entwickelten Insektiziden. Zugleich werden auch die befallenen Stellen gegen Juckreiz und andere Folgen behandelt.

Rheumatismus. Ein lokaler oder sich ausbreitender Schmerz in Muskeln, Gelenken und angrenzenden Organen, der möglicherweise durch Kälte und Feuchtigkeit verursacht wird. Das Tier wimmert und hinkt zeitweilig. Akute Anfälle klingen meist innerhalb einer Woche ab. Die chronischen Formen sind hartnäckig und schmerzhaft. Die Katze sollte in einer warmen, trockenen Umgebung leben und abgetrocknet werden, wenn sie naß nach Hause kommt. Außerdem ist darauf zu achten, daß sie nicht auf kalten Böden schläft. Rheumatismus ist die allgemeine Bezeichnung für verschiedene verwandte Krankheiten wie rheumatoide Arthritis, rheumatisches Fieber oder Gelenkentzündung (Osteoarthritis).

Röntgenaufnahmen. Röntgenaufnahmen müssen bei Knochenbrüchen gemacht werden, wenn die Katze an Nierensteinen leidet oder sich im Magen oder im Darmtrakt Fremdkörper befinden. Es gibt speziell für Katzen und Hunde konzipierte Röntgengeräte.

Scherpilzflechte (Trichophytie). Sehr ansteckende, von einem Pilz verursachte Hautkrankheit. Sie bewirkt ringförmige, von einem Zentrum aus wachsende Flecken, die ultraviolettes Licht deutlich sichtbar macht. Behandlung durch den Tierarzt. Bei Scherpilzflechteverdacht ist das befallene Tier mit Handschuhen anzufassen, da sich auch Menschen anstecken können.

Schuppen. Eine gesunde Katze hat eine elastische, von Schorf und Schuppen freie Haut. Schuppen deuten auf Floh- oder Bandwurmbefall, eine Hautallergie oder eine andere Krankheit hin. Fragen Sie den Tierarzt um Rat.

Schwanz. Form, Länge und Dichte des Schwanzes tragen viel zum Erscheinungsbild der Katze bei. Der Schwanz dient aber auch als Ruder und hilft der Katze, das Gleichgewicht zu bewahren. An Haltung und Bewegung des Schwanzes lassen sich Stimmung und Gefühle der Katze ablesen.

Selbstheilung. Eine kranke Katze versucht, sich selbst zu heilen: sie fastet bei Magenverstimmungen, erbricht sich bei Vergiftungen, ißt Gras, leckt offene Wunden, um sie mit Speichel zu befeuchten, oder sucht einen geschützten Ort auf, wenn sie Ruhe braucht. Alle diese Formen von Selbstbehandlung erweisen sich bei kleineren Beschwerden als sehr nützlich.

Skorbut. Durch Mangel an Vitamin C verursachte Krankheit. Sie kann Katzen jeden Alters befallen, wenn sie mangelhaft ernährt werden. Symptome sind Hautblutungen, manchmal Geschwüre im Mund, Skelettveränderungen und meist Blutarmut. Wird mit vitaminreicher Kost (frischer Leber, Milch, Gemüse, Vitamin-C-Zusätzen) und vom Tierarzt verordneten Medikamenten behandelt.

Spulwürmer (Ascariden). Runde, rosarote Würmer, 2,5 bis 10 cm lange zylinderförmige Parasiten, die in den Eingeweiden der Katzen leben. In seltenen Fällen befallen sie auch Menschen. Manchmal sind sie so zahlreich, daß sie sich zu Knäueln zusammenballen und Verstopfungen bewirken. Eine säugende Katze kann Spulwurmlarven auf die Jungtiere übertragen. Es ist daher ratsam, Jungtiere in den ersten Lebenswochen zu entwurmen. Vernachlässigter oder nicht erkannter Wurmbefall kann in fortgeschrittenem Stadium Gewichtsverlust, aufgetriebene Bäuche, mattes Fell, Erbrechen, Krämpfe und eine fortschreitende allgemeine Schwächung der Tiere nach sich ziehen. Er ist bei Jungkätzchen lebensgefährlich. Die Eier der Spulwürmer lassen sich im Kot nachweisen. Der Tierarzt verschreibt ein entsprechendes Präparat. Die Umgebung von Lager und Katzentoilette desinfizieren, um die Wurmeier zu vernichten.

Stammbaum (Pedigree). Der Familienstammbaum einer Katze ist ein Dokument, das ihre Vorfahren mütterlicher- und väterlicherseits auflistet. Grundlage der Stammbäume sind die Zuchtbücher der Züchterverbände. Wer eine reinrassige Katze kauft, hat ein Anrecht auf deren Stammbaum.

Standard. Von Edelkatzenzüchter-Verbänden aufgestellte und herausgegebene Rassenbeschreibungen. Die offiziellen Standards legen die Körpermaße, Fellfarbe und Fellzeichnung, Felltextur, Augenfarbe, Kopf- und Schnauzenform, Charakter etc. fest. In den USA gibt es sieben Verbände, die Zuchtbücher führen und für ihre Rassen Standards herausgeben. Für die meisten europäischen Länder gelten die Standards der Fédération Internationale Féline (FIFé).

Sterilisation. Unfruchtbarkeitsmachung. Bei der Sterilisation (nicht zu verwechseln mit Kastration) wird die Fortpflanzungsfähigkeit des Katers dadurch aufgehoben, daß der Tierarzt dessen Samenstränge durchtrennt. Bei der Kätzin erfolgt die Unterbindung der Eileiter. Die Hormonbildung bleibt sowohl bei Kater wie bei Kätzin durch diesen Eingriff unbeeinflußt, so daß auch die für den Menschen unangenehmen Erscheinungen bei der Ranzzeit bzw. Rolligkeit weiterbestehen. Sterilisationen haben deshalb wenig Sinn.

Stomatitis. Geschwürige Entzündung der Mundschleimhaut, verursacht durch zu heißes Futter, Zahnfleischentzündung oder eine Infektionskrankheit. Die Katze verkriecht sich, ist sehr durstig, sondert übermäßig viel Speichel ab und mag keine Nahrung zu sich nehmen. Behandlung nach Anweisungen des Tierarztes.

Symptome. Alarmierende Symptome (Krankheitszeichen), die den Besitzer veranlassen sollten, eine Untersuchung einzuleiten, sind u. a. hartnäckige Verstopfung, Durchfall, häufiges Urinieren, Husten, Gewichtsverlust, Hinken, Ausfluß aus Nase oder Augen, Niesen, verfilztes oder mattes Fell, Appetitlosigkeit, Lustlosigkeit.

Taubheit. Eine Katze kann durch Verhärtungen des Gehörgangs, Schmalzablagerungen, ein Loch im Trommelfell oder Folgen eines Katarrhs taub werden.

Tollwut (Lyssa; Rabies). Eine schwere Krankheit, die Hunde, Wölfe, Füchse, Mäuse und Katzen befällt. Der Tollwutvirus wird durch den Biß, aber auch durch Lecken und Berührung eines angesteckten Tieres übertragen. Ein Tollwutopfer sucht die Dunkelheit, ist reizbar, verkriecht sich, kratzt ohne Provokation und ist infolge einer Kehlkopflähmung unfähig zu trinken. Das Tier stirbt. Katzen werden selten angesteckt, da die Wahrscheinlichkeit, daß sie mit einer erkrankten Katze in Berührung kommen, gering ist und die Krankheit immer seltener wird. Dennoch empfiehlt es sich, seine Katze gegen Tollwut impfen zu lassen, besonders wenn man in einer Gegend lebt, in der Tollwut, vor allem bei Mäusen, festgestellt wurde.

Tränen der Augen. Gereizte Augen tränen. Als Ursache kommen Bindehautentzündungen, Hornhautverletzungen, verstopfte Tränenkanäle und Allergien in Frage. Übermäßiges Tränen kann auch durch eine Infektion des primären Atmungssystems ausgelöst werden. Bei Langhaarkatzen reizen oft Haare die Augen. Die Umgebung der Augen muß häufig gebadet und das Fell getrimmt werden.

Tumor. Fortschreitende und sich oft verschlimmernde Gewebewucherung in einem Organismus oder einem Organ. Es gibt Tumore in den innern Organen, der Haut und im Nervensystem. Meist sind alte Katzen betroffen. Gutartige Tumore lassen sich operativ entfernen und bilden sich nicht neu. Bei bösartigen Tumoren besteht die Gefahr von Metastasen: es bilden sich Tochtergeschwülste im Körper, die auch dann weiterwachsen, wenn der Haupttumor entfernt wird.

Untergewicht. Ursachen von Untergewicht sind normalerweise mangelhafte Ernährung oder Störungen des Verdauungsapparates. Wenn eine Katze mit Appetit ißt und trotzdem Gewicht verliert, liegt vermutlich eine Krankheit vor: das Tier muß tierärztlich untersucht werden. Hat eine Katze gehungert und aus diesem Grund Gewicht verloren, sollte sie nur ganz allmählich – Schritt für Schritt – wieder auf die Normalkost gesetzt werden.

Urinieren. Katzen – Kater wie Kätzinnen – spritzen manchmal den Urin gegen eine Mauer oder eine Wand, statt auf den Boden oder in die Katzentoilette zu urinieren. Mit diesem instinktiven Verhalten signalisieren sie territoriale Ansprüche oder übermitteln sexuelle Botschaften an andere Katzen. Tun sie dies aber über längere Zeit, liegt unter Umständen eine Störung im Urogenitalsystem vor. Katzen können auch Nierensteine bekommen. Dies sind kleine Körner oder

Steine, die die Harnwege verstopfen und auf die Harnröhre drücken. Wenn dadurch das Urinieren verunmöglicht wird, kann die massive Stauung giftiger Stoffe, die normalerweise durch die Nieren ausgeschieden werden, zu nicht wiedergutzumachenden Schädigungen führen.

Verband. Mit einem Verband wird eine Blutung gestillt oder der Entzündung einer Wunde vorgebeugt. Eine verletzte Katze zu verbinden, ist sehr schwierig. Das Tier ist unruhig, hat Schmerzen und versucht gewöhnlich, den Verband mit den Zähnen und den Krallen wegzureißen. Daher überläßt man das Anbringen eines Verbandes – außer in Notfällen – besser dem Tierarzt. Siehe auch Erste Hilfe.

Verbrennungen. Die meisten Verbrennungen stammen von erhitzten Gegenständen oder von siedendem Wasser. Die Schwere der Verletzung wird oft unterschätzt, denn auf der Haut sind keine Striemen sichtbar und das Fell scheint unversehrt. Fallen aber die Haare sofort aus, wenn man daran zieht, ist die Verbrennung ernst und muß sofort behandelt werden. Eiswürfel und kalte Kompressen lindern den Schmerz, bis der Tierarzt die nötigen Maßnahmen trifft. Zu Verbrennungen durch elektrischen Strom kann es kommen, wenn eine Katze mit einem Kabel spielt. Der Schlag wird meist durch das Maul aufgefangen, doch sollte der Tierarzt kontrollieren, ob die Lunge Schaden genommen hat.

Verdauungsstörungen. Verdauungsstörungen werden durch falsche Ernährung, gieriges Hinunterschlingen der Nahrung, Verschlucken von Fremdkörpern, Gastritis oder andere Faktoren ausgelöst. Die Katze ist matt, frißt nicht, hat Magenschmerzen und wimmert. Manchmal scheint es, als hätte sie einen Nervenzusammenbruch. Nach einer kurzen Fastenzeit ist das Tier meist wieder in Form. Schrittweise wieder zu normaler Kost übergehen und mit Brühe beginnen.

Vererbung. Die Übertragung physischer und psychischer Eigenschaften von den Eltern auf ihre Nachkommen. Es werden nicht alle Eigenschaften einer Generation auf die andere übertragen. Die Jungtiere können daher alle dem Vater oder der Mutter oder zur Hälfte dem Vater und der Mutter ähneln oder Züge früherer Generationen aufweisen.

Vergiftungen. Vergiftungen können durch verdorbenes Futter verursacht werden, durch vergiftete Köder zur Schädlingsbekämpfung, arsenvergiftete Mäuse, Haushalt- und Gartenchemikalien oder in böser Absicht ausgelegtes vergiftetes Futter. Zu den im Haushalt vorkommenden Giften zählen Blei, Mineralöldestillate, Reinigungsmittel, Laugen, Putzmittel, Mottenkugeln und Arzneimittel wie z. B. Aspirin. Es ist praktisch unmöglich, Vergiftungen sofort festzustellen. Es dauert einige Zeit, bis eindeutige Symptome auftreten. Zu diesen gehören übermäßige Speichelbildung, Erstickungsanfälle, Durchfall, Kollaps und nervöse Zustände. Das Tier muß so schnell wie möglich zum Tierarzt gebracht werden.

Verstopfung (Obstipation). Eine Störung der Darmtätigkeit. Oft verschafft ein Wechsel in der Ernährung Abhilfe. Frische Leber z. B. hat abführende Wirkung. Es kann auch ein Eßlöffel Vaseline- oder Weizenkeimöl verabreicht werden. Verschluckte Haare können ebenfalls zu Verstopfung führen. In ernsten, hartnäckigen Fällen kann ein chirurgischer Eingriff nötig sein.

Viren. Gruppe von Krankheitserregern, die kleiner als Bakterien und unter einem gewöhnlichen Mikroskop nicht erkennbar sind. Sie vermehren sich nur auf lebendem Gewebe und sind Ursache vieler Infektionskrankheiten. Es wird vermutet, daß gewisse Krebsarten ebenfalls auf Viren zurückzuführen sind.

Vitamine. Wirkstoffe, die für die Aufrechterhaltung der Lebensvorgänge im Organismus unentbehrlich sind. Wachstum und Gesundheitszustand der Katze hängen weitgehend von ihnen ab. Nebst Vitaminpräparaten sind rohe Lebensmittel wie Fleisch, Eier, Gemüse und Milch wichtige Vitaminlieferanten. Das als Vollnahrung deklarierte Fertigfutter deckt meist den täglichen Vitamin- und Mineralstoffbedarf einer Katze. Fragen Sie in Zweifelsfällen den Tierarzt.

Vitamin- und Mineralstoffzusätze. Frisches Futter liefert sowohl Vitamine wie Mineralstoffe. Da man unmöglich sagen kann, ob damit der Vitamin- und Mineralstoffbedarf einer bestimmten Katze gedeckt ist, verabreichen viele Katzenhalter zusätzlich hochwertige Vitamin- und Mineralstoffpräparate in Form von Tabletten, Pulvern oder Tropfen. Da die Notwendigkeit dieser Präparate in Fachkreisen umstritten ist, muß jeder Katzenhalter nach eigenem Gutdünken handeln. Überversorgung vor allem mit fettlöslichen Vitaminen kann sehr schädlich sein. Fragen Sie Tierärzte, Züchter und erfahrene Katzenhalter nach ihren Erfahrungen.

Wasser. In der freien Natur trinken Katzen nur alle vierundzwanzig Stunden. Dennoch sollte eine Hauskatze jederzeit sauberes Wasser zur Verfügung haben. Eine Katze kann lange ohne feste Nahrung auskommen; völliger Wassermangel führt aber rasch zur Austrocknung (Exsikkose). Bei Verdauungsbeschwerden sollte die Wassermenge begrenzt werden.

Wunde. Gewaltsame Trennung von Gewebszusammenhängen. Wunden haben beinahe ausschließlich äußere Ursachen. Sie sollten mit Wasserstoffsuperoxyd desinfiziert und danach mit einem flüssigen Antibiotikum oder einem antiseptischen Puder behandelt werden. Größere oder schlecht heilende Wunden müssen vom Tierarzt genäht werden.

Zahnfleischentzündung (Gingivitis). Entzündung des Zahnfleisches, verursacht durch Zahnstein, verdorbenes Futter, unverträgliche Medikamente oder Löcher in den Zähnen. Die Folgen sind Schwellungen, Blutungen und Eiterbildung. Die betroffenen Stellen müssen desinfiziert werden.

Zahnstein. Gelbbrauner Belag, der sich am Ansatz der Zähne ablagert. Er kann eine Entzündung des Zahnfleisches überdecken, ein Zeichen für die Schwächung der Zahnwurzeln oder das Vorhandensein eines Abszesses sein und so schlechten Mundgeruch verursachen. Zahnstein sollte vom Tierarzt mit geeigneten Instrumenten entfernt werden. Manchmal ist eine Narkose nötig. Katzen, die von klein auf daran gewöhnt werden, lassen sich die Zähne mit einer kleinen, harten Zahnbürste putzen.

Zuchtbuch. Genealogische Auflistung aller rassenreinen Katzen und ihrer Stammbäume. Jeder Katzenzüchterverband führt ein Zuchtbuch, in dem die Tiere seiner Mitglieder verzeichnet sind. Bevor einer Katze ein Stammbaum ausgestellt wird, muß sie ins Zuchtbuch eingetragen werden.

Bibliographie

Werke in englischer Sprache

Calcott, E. J.: Feline Medicine & Surgery, Second Edition, Santa Barbara/California 1975
Gebhardt, R. H., Pond, G. and Raleigh, Dr. I. A.: Standard Guide to Cat Breeds, New York 1979
Ing, C. and Pond, G.: Champion Cats of the World, London 1972
Kirk, R. W.: First Aid for Pets, New York 1978
Loxton, H.: Spotter's Guide to Cats, London s. a.
Loxton, H. and Warner, P.: Guide to the Cats of the World, Oxford 1975
Montgomery, J.: The World of Cats, London 1972
Shook Hazen, B.: The Concise Encyclopedia of Cats, New York 1974
Siegal, M.: The Good Cat Book, New York 1981
Warner, M.: Cats of the World, New York 1976
Wright, M., Walters, S., Stein, B. S. and Thompson, S. R.: The Book of the Cat, New York 1980

Werke in deutscher Sprache

Allcock, James: Kurzgefaßte Katzenkunde, Rüschlikon-Zürich 1982
Curtis, Patricia: Die Wohnungskatze, Rüschlikon-Zürich 1983
Fox, Michael: Versteh deine Katze, 2. Aufl., Rüschlikon-Zürich 1979
Jimmieson, Barrie C. / Hackmann, Anneliese: Katzenrassen Weltstandard, Herausgeber: 1. Deutscher Edelkatzenzüchter-Verband, Wiesbaden 1981
Leyhausen, Paul: Katzen – eine Verhaltenskunde, 5. Auflage, Berlin 1979
Manolson, Frank: K wie Katze, Das Nachschlagebuch für Katzenfreunde, Rüschlikon-Zürich 1981
Page, Susie: Katzen-Alltag, Die besten Tips und Tricks, Rüschlikon-Zürich 1982
Rubin, Sheldon: Erste Hilfe für meine Katze, Rüschlikon-Zürich 1984
Wilbourn, Carole C.: Ein Herz für Katzen, Rüschlikon-Zürich 1981

Bildnachweis

(o. = oben, u. = unten, l. = links, r. = rechts, M. = Mitte)

Creszentia und Ted Allen, Orange, New Jersey: 65 u., 81, 87, 100, 101, 111, 117, 131 o., u., 133 o., u., 143 o., u., 159 u., 163 u., 165 u., 173 u., 175 o., u., 177 o., u., 181 o., u., 183 u., 203 o., u., 207 o., u., 209 u., 227 o., u., 241 o. Alte Pinakothek, München/Kodansha Ltd., Tokio: 29 M. r. Donald Baird, Princeton University: 10. Bevilacqua-Ricciarini, Mailand: 16–17. Bibliothèque Nationale, Paris: 34. British Museum, London: 18. Hervé Chaumeton, Chamalières: 2, 8–9, 12, 14, 15, 19, 31, 38, 39, 42, 45 u., 49, 51, 54, 61 l., 63, 73 o., 75, 79, 80, 92, 93, 98, 99, 103, 107, 109, 115, 116, 119, 121, 125 o., 128–129, 137 o., u., 147 o., u., 148, 149 o., u., 151 o., u., 153 o., u., 155 o., u., 163 o., 169 o., u., 171, 189 o., u., 190, 191, 193 o., u., 197 o., 199 u., 201 o., 205 o., u., 213 o., u., 215 o., u., 219 o., 221 o., 225 o., u., 229 o., u., 231 o., 238, 239 o. Bruce Coleman Inc., New York: 72 (Jean und Des Bartlett), 82 (E. Crichton), 83 (Timothy O'Keefe), 173 o. (Hans Reinhard), 221 u. (Hans Reinhard), 241 u. (Jane Burton). Collezione Cantini, Florenz: 29 M. l. Cooper-Hewitt Museum of Design: 122. Patrick Coyle, London: 91. Culver Picture Inc., New York: 24. Anne Cumbers, London: 104. Doubleday and Co., Inc., New York: 125 u. Jal Duncan Photo, Gladstone, Oregon: 135 o. (mit Genehmigung von Linda J. Morse, Portland, Oregon), 135 u. (mit Genehmigung von Leslie Falteisek, Little Canada, Minnesota), 235 o., u. (mit Genehmigung von Barbara Gilbertson, Olympia, Washington). Mary Evans Picture Library: 20. Felix/Cosmopress, Genf: 114. Fox Photos, London: 32, 95. Will Green, London: 85. Marc Henrie A.S.C., London: 157 o., u., 159 o., 165 o., 185 o., 187 o., u., 209 o., 219 u. Eremitage Museum, Leningrad/Kodansha Ltd., Tokio: 29 u. Jane Howard, Syosset, New York: 141 o., u., 183 o., 197 u. Image Bank, Mailand: 45. The Mansell Collection, London: 13, 25, 59. Agenzia Marka, Mailand: 88. Roxanne Mc Bryde: 139 u. Metropolitan Museum, New York/Kodansha Ltd., Tokio: 112–113. Museo Nazionale Romano, Roma: 23. Museo Vinciano, Vinci (Florenz): 29 o. l. Else Nylund, Oslo: 145. Overseas, Mailand: 123. Private Sammlung: 29 o. r. Bob und Barbara Rounds, Farmington Hills, Michigan: 217 o., 217 u. (mit Genehmigung von Dr. und Beulah Viergutz). S.P.A.D.E.M., Paris: 29 o. r. Alice Su, New York: 139 o. (mit Genehmigung von Barbara Harr, Westfield, New Jersey), 161 (mit Genehmigung von Sign Lund, Tavares, Florida), 166–167 (mit Genehmigung von Ben und Judy Hymas Thomas, Pennington, New Jersey), 179 u. (mit Genehmigung von Bernie Landsman, New York), 211 (mit Genehmigung von Michael Clark, Alhambra, California), 223 o. (mit Genehmigung von Pamela Martin, Little Silver, New Jersey), 223 u. (mit Genehmigung von Ellen Weiss, New York), 237 o., u. (mit Genehmigung von Paul und Tony Kalish Henegan, Cliffside Park, New Jersey), 239 u. (mit Genehmigung von Elizabeth Naro, Brooklyn, New York). Syndication International, London: 41, 67, 73 u. The Tate Gallery, London: 52. Sally Anne Thompson, London: 48, 97, 105, 179 o., 185 u., 199 o., 201 u., 231 u., 233. United Feature Syndicate: 120. Roger Viollet, Paris: 27. Nicholas Wright: 77, 124. Die Zeichnungen stammen von Carlo Giordana und Piera Massidda.
Schutzumschlagfoto: Rolf Kleinschnittger.

Rassenverzeichnis